Will Berthold/Der befohlene Untergang

Cherie Blair will Gerechtigkeit – Akte über Top-Spion geschlossen

Österreicher verriet Hitlers Atompläne

APA-IMAGES / Mary Evans, American Institute of physics

Rosbaud (r.) spürte das Atomwaffenprogramm Hitlers auf.

Anwältin Cherie Blair, Frau von Ex-Premier Tony, tritt für einen österreichischen Agenten ein.

London. Der österreichische Top-Spion Paul Rosbaud versorgte einst den britischen Auslandsgeheimdienst MI6 jahrelang mit detaillierten Informationen über das Atomwaffenprogramm Hitler-Deutschlands. Laut *Guardian* soll er unter dem Deckmantel „Griffin" vor und während des Zweiten Weltkrieges Großbritannien über die Atompläne der Nazis unterrichtet haben.

Doch die Heldentaten des Österreichers blieben bis jetzt in den Archiven des britischen Geheimdienstes MI6 unter Verschluss. Das soll sich nun ändern: Im Auftrag des Neffen von Rosbaud, Vincent Frank-Steiner, will Cherie Blair, Frau des früheren britischen Premiers Tony Blair, als Anwältin für späte Gerechtigkeit sorgen: Rosbaud habe eine heldenhafte Tat vollbracht, die allgemein anerkannt werden sollte.

Cherie Blair fordert eine Veröffentlichung der MI6-Akte. Doch der MI6 gibt sich verschlossen: „Wir sind kein Informationsbüro." (*red*)

Rosbaud versorgte den MI6 mit Informationen.

tivmeldungen tragen nicht zum Vertrauen in die Marke bei. Nun haben sich auch noch Erste Bank und Städtische Versicherung zusammengetan, um der Bawag die Betriebsräte als Vertriebsschiene abspenstig zu machen. Sie glauben zu Recht, dass die Verbundenheit der Betriebsräte zu ihrer Bank nach dem Kauf durch den US-Fonds Cerberus schrumpft. Die Immobilien-Verkäufe leiden unter nicht gelösten Penthouse-Problemen. Der Start eines neuen TV-Senders wird den Erlös für die Bawag-Tochter ATV nicht steigern. Fürs Bawag-Personal ist zu hoffen, dass Cerberus nicht die Nerven schmeißt, wenn sich gesteckte Ziele verzögern.

Telekom-Vorstand Fischer und Investkredit-Boss Stadler sind

Feilschen um den Posten des ÖIAG

SPÖ will neuen Mann an der ÖIAG-Spitze, Finanzminister Molterer hat Entscheidung.

Bis Mitte Oktober läuft die Ausschreibung für den Posten des ÖIAG-Generals. Das Gerangel hinter den Kulissen hat aber schon begonnen. Es geht um einen einflussreichen Job: Die Staatsholding ist Hauptaktionär bei Telekom, Post, OMV und AUA. Die Situation: Der aktuelle ÖIAG-Chef, Peter Michaelis, würde gerne noch eine Periode ab 2008 weitermachen. Die SPÖ will ein neues Gesicht.

Zwar haben die Sozialdemokraten akzeptiert, dass der Posten des ÖIAG-Alleinvorstandes Finanzminister Wilhelm Molterer „gehört" und somit schwarz bleibt. Doch sie sind gegen Michaelis, dem sie Pannen bei etlichen Privatisierungen vorwerfen.

Zwei Namen sind zu hören, auf die Molterer zurückgreifen könnte. Zum einen Rudolf Fischer, Festnetz-Vorstand der Telekom. Er war schon einmal für die ÖIAG im Gespräch. Zum anderen Wilfried Stadler, Boss der Investkredit, die von den Volksbanken übernommen wurde.

Aber auch ein Weiterverbleib von Peter Michaelis ist möglich. *(alp)*

Will Berthold

DER BEFOHLENE UNTER-GANG

Das Schicksal der deutschen Luftwaffe 1939-1945

VERLEGT BEI
KAISER

Erstmals erschienen 1981 unter dem Titel
„Der Sieg, der vor die Hunde ging – Der Luftkrieg 1939–1945“

Schutzumschlag: Volkmar Reiter
Satz: Print Master GmbH, Klagenfurt
Gesamtherstellung: Gorenjski Tisk, Kranj, Slowenien

Auch der Abend bringt keine Abkühlung. Kurz vor Mitternacht werden noch 28 Grad Wärme gemessen. Hamburgs Häusermeer hat die Sonnenglut wie ein Backofen gespeichert. Die Hitze der Nacht scheint Gespenster auszubrüten.

Zehn Tage lang war kein britisches Flugzeug im deutschen Luftraum aufgetaucht. Plötzlich aber meldeten die Radargeräte mindestens hundertmal so viele Viermot-Bomber, wie die Engländer und Amerikaner zusammen überhaupt haben. Die Funkmessung ist präzise, doch die Flakbatterien ballern nur Löcher in die Dunkelheit. Und die Nachtjäger - oft bis auf 100 m an das vermeintliche Ziel herangeführt - schießen ins Leere. In der Nacht vom 24. auf 25. Juli 1943 werden massige Bomberpulks gleichzeitig über Nordfrankreich, in Holland, im Raum Köln, im Anflug auf das Ruhrgebiet, in Schleswig-Holstein geortet - aber nicht gesichtet. Die deutsche Luftabwehr ist geblufft und geblendet. In den überhitzten Befehlsständen gibt jeder jedem dafür die Schuld. Noch kann man sich den nächtlichen Spuk nicht erklären. Und Gespenster lassen sich nicht abschießen. In den Großstädten des deutschen Westens heulen die Sirenen, aber der Alarm kostet heute nicht mehr als den Schlaf.

Endlich wird Hamburg als das eigentliche und schließlich einzige Angriffsziel der 746 schweren Bomber ausgemacht. »Express Hamburg!«, rufen die Leitoffiziere die Nachtjäger. »Achtung ... Alle Nachtjäger express Hamburg!«

Der Befehl ist sinnlos. Die Tanks sind leer geflogen, und die Piloten müssen schleunigst herunter.

19 Minuten nach Mitternacht wird in der Hansestadt Voralarm 30 ausgelöst. Obwohl das heißt, dass in einer

halben Stunde die ersten Bomben fallen können, reißt es die Bewohner nicht gleich aus den Betten. Die Luftangriffe auf Hamburg sind bislang glimpflich verlaufen. 54 schwere Flak- und 22 Scheinwerferbatterien schützen es und fügten den Angreifern schwere Verluste zu. Die Bomberbesatzungen konnten sich ausrechnen, dass sie - statistisch gesehen - den zehnten Einsatz über Deutschland nicht überleben würden.
Pfadfinder-Maschinen kurven schon über der Stadt, als die Luftschutzwarte auf den Straßen noch lärmende Betrunkene einkassieren. Auch die ausgelassene Stimmung der Hochzeitsgesellschaft im Hinterhaus 2 der Glashüttenstraße 111 auf St. Pauli lässt sich nicht so einfach abdrehen. Der Bräutigam Willi Schwandner hat einen Koffer voll Schnaps aus Frankreich mitgebracht. Heute morgen um elf Uhr heiratete er die 19-jährige Doris Lüders. Die Braut trug Weiß, in der Gnadenkirche gegenüber dem Oberlandesgericht ... doch Gnade ist bei der ›Operation Gomorrha‹, die der britische Luftmarschall Sir Arthur Harris (›Bomber-Harris‹) in seinem Kommandostand High Wycombe, 50 km westlich von London und 20 m tief unter der Erde, leitet, nicht vorgesehen ... *›Dann ließ der Herr Schwefel und Feuer regnen vom Himmel herab auf Sodom und Gomorrha und verderbte die Städte und die ganze Gegend und alle Einwohner der Städte‹.*
Aus der Bibel in den Klartext des Befehls übersetzt, heißt das: Hamburg ist von der Landkarte zu streichen, Hafen und Rüstungsbetriebe sind zu zerschmettern, seine Wohnviertel niederzubrennen. Hamburg soll in rollenden Angriffen, die sich auf eine ganze Woche verteilen, vernichtet - oder wie Hitler sagen würde - ›ausradiert‹ werden.

Die Flak feuert aus allen Rohren, aber sie muss ihre Ziele über den Daumen anpeilen. Nach dem Wellensalat auf den Radarschirmen zittern die Lichtkegel der Suchscheinwerfer mit greisen Fingern nutzlos am Himmel entlang.
Ein Gotteshaus wird für die Angreifer zum Orientierungspunkt: Die ›Pfadfinder‹ suchen und finden den Turm der Nicolaikirche, stecken die Todesparzellen mit Leuchtbomben und ›Christbäumen‹ ab. Minuten später öffnen die Viermot-Maschinen der ersten Welle ihre Bombenschächte.
Die brisante Fracht rauscht in die illuminierten Ziele. Barmbek und Umgebung brennen. Die mit brutaler Wucht geführte Angriffsouvertüre verlagert sich auf die rechte Alsterseite. Flächenbombardement auf die Stadtteile Hoheluft, Eimsbüttel, Altona.
Die Katharinenkirche steht in Flammen. Das Gelände des Zirkus Hagenbeck wird zertrümmert. Die grässlichen Todesschreie der in den Flammen umkommenden Tiere überlagern kurz den Gefechtslärm. Volltreffer im Polizeipräsidium. Die Befehlsstelle des Luftschutzes ist von brennenden Geschäftshäusern umschlossen. Rings um den ›Michel‹, Hamburgs Wahrzeichen, fressen sich die Feuerzungen in die Altstadt. Flammen schlagen aus der Nicolaikirche.
Eine Luftmine beendet die Hochzeitsnacht in St. Pauli. Die Festgäste müssen noch im Treppenhaus ihr blechernes Scheppern gehört haben, bevor ihnen der Explosionsdruck die Lungen zerriss. Menschen, die in Kellern um ihre Habe zittern, werden zu tausenden von einem schleichenden Tod, dem Kohlenmonoxyd, ereilt. Man findet sie wie schlafend, oft Arm in Arm. Anderswo können die Ärzte der Bergungstrupps die Zahl

der Toten nur noch nach der Höhe der Aschenschicht schätzen: 100 Opfer, 200 Opfer, 300 Opfer.
Keller werden zu Massengräbern, Hinterhöfe zu Flammenfallen, Straßen zu Massenexekutionsplätzen. Der Sog reißt fliehenden Müttern die Kinder von der Hand und wirbelt sie ins Feuer. Menschen, denen die Flucht geglückt ist, werden von einstürzenden Fassaden erschlagen, von Bomben mit Zeitzündern zerfetzt, sie ersticken oder sterben als brennende Fackeln.
Diese Nacht ist die schauerliche Premiere des totalen Luftkriegs. Was Hitler in geifernder Wut fortgesetzt angedroht und versucht hatte - unfähig, es zu verwirklichen -, machen nunmehr die Briten wahr. Militärische Ziele sind nur mehr willkommene Abfallprodukte eines gegen die Zivilbevölkerung gerichteten Terrors. Zuerst fetzen Luftminen, so groß wie Anschlagsäulen, die Dächer von den Häusern, drücken die Scheiben ein und bereiten sie so für ihre Kremation vor. Dann Brandbomben. Dann Sprengbomben, um die aus den Kellern eilenden Löschtrupps zu töten oder zu verjagen.
Das Rezept wurde von britischen Wissenschaftlern erarbeitet: Man nehme 10.000 Tonnen Brisanz, mische Luftminen, Sprenggeschosse und Brandbomben im Verhältnis von 1 : 20 : 200 und werfe sie auf rund 1,7 Millionen Einwohner, die sträflicherweise nicht evakuiert worden sind.
»Die Schlacht um Hamburg vom Juli 1943 hatte Deutschlands ersten Feuersturm hervorgerufen«, schreibt der englische Autor David Irving: »20 km² der Stadt hatten wie ein einziges Großfeuer gebrannt. Das Phänomen war so schrecklich, dass der Polizeipräsident eine wissenschaftliche Untersuchung der Ursache

des Feuersturms angeordnet hatte, die als Warnung für die anderen Städte dienen sollte:
Der Feuersturm und seine Erscheinungsweise sind feste, aus der Geschichte der Stadtbrände bekannte Begriffe. Die Erklärung des physikalischen Vorgangs ist einfach. Durch das Ineinanderfließen einer Zahl von Bränden wird die darüber befindliche Luft so stark erwärmt, dass sie infolge ihres verringerten spezifischen Gewichtes einen gewaltigen Auftrieb erhält, der zu einem stärksten Sog umliegender Luftmengen in radikaler Richtung auf das Zentrum des Brandes führt. Durch diesen Feuersturm, insbesondere die gewaltige Sogwirkung, werden Luftbewegungen von größerer Stärke als die bekannten Windstärken ausgelöst. Wie in der Meteorologie ist also auch bei Feuerstürmen die entstehende Luftbewegung durch den Ausgleich von Temperaturdifferenzen zu erklären. Während diese in der Meteorologie im allgemeinen 20 bis 30 Grad Celsius betragen, handelt es sich bei Feuerstürmen um Temperaturdifferenzen von 600, 800 oder gar 1000 Grad Celsius. Aus diesem Umstand erklärt sich die ungeheure Gewalt der Feuerstürme, die mit bekannten und normalen meteorologischen Vorgängen nicht verglichen werden kann.«
Die düstere Prognose des Polizeipräsidenten lautete, das ein Feuersturm nach einem Ausbruch durch keinerlei Luftschutzmaßnahmen mehr eingedämmt werden konnte: »Der Feuersturm war offensichtlich ein von Menschenhand geschaffenes Ungeheuer, das kein Mensch je wieder zähmen konnte.«
Als nach zwei Stunden und sieben Minuten der erste Angriff endete, gleicht der Hamburger Hafen einem Schiffsfriedhof, und die Feuerwehr ist nicht mehr in

der Lage, die Brände zu löschen. Dabei hatten die Engländer nur ein Viertel der üblichen Verlustrate zu entrichten.
Am Sonntagmorgen herrscht in Norddeutschland strahlendes Wetter, aber in Hamburg geht die Sonne nicht mehr auf. Man findet Berge von Stanniolstreifen und weiß jetzt, durch welchen Trick es den Tommys gelungen ist, der deutschen Flugabwehr die Radaraugen auszustechen. Zum ersten Mal haben sie ihr ›Window‹-Verfahren angewandt: 50 überschnelle Maschinen flogen kreuz und quer, um falsche Spuren auszulegen. Sie warfen 40 Tonnen Stanniolfolien ab, insgesamt 92 Millionen Düppel, jeder 27 cm lang und 15 Minuten lang wirksam. Die Streifen reflektierten die Ortungsstrahlen wie Flugzeuge, und die Bordkanonen der Nachtjäger schossen auf alberne Stanniolwolken. ›Window‹ ist jetzt erkannt, aber im ganzen Jahr 43, in dem schon die Menetekel Stalingrad und Nordafrika an der Wand stehen, wird es noch kein wirksames Abwehrmittel geben.
Der Rauchvorhang über der Hansestadt lichtet sich; jetzt greifen die Amerikaner an. Dann kommen die Engländer wieder. Eine Woche lang herrscht fast stündlich Luftalarm. Bei dem fünften Großangriff in der Nacht vom 27. zum 28. bombt sich Luftmarschall Harris in die Nähe seines Vorhabens, Hamburg auszulöschen.
»Der Schwerpunkt lag jetzt in den Stadtteilen links der Alster: Rothenburgsort, Hammerbrook, Hohenfelde, Borgfelde, Hamm, Eilbek und zum Teil Barmbek und Wandsbek«, stellt die von der Bonner Regierung 1960 herausgegebene Materialsammlung ›Dokumente deutscher Kriegsschäden‹ fest: »Bereits im Verlauf einer

halben Stunde war in diesen Gebieten eine furchtbare Lage entstanden. Durch einen Bombenteppich von unvorstellbarer Dichte wurde fast völlige Vernichtung dieser Stadtteile in kürzester Frist erreicht ... Zehntausende von Einzelbränden vereinten sich zu Großflächenbränden, die zu Feuerstürmen von orkanartiger Gewalt führten. Bäume bis zu einem Meter Durchmesser wurden glatt abgedreht oder entwurzelt, Häuser abgedeckt und Menschen zu Boden gerissen oder in die Flammen hineingezogen. Großen Teilen der in den betroffenen Stadtteilen wohnenden Bevölkerung gelang es nicht mehr, dem Feuersturm zu entkommen.«

Sein Durchmesser beträgt 2,5 km. Funken fliegen bis zu 4500 m hoch. Verzweifelte versuchen, aus den Fenstern in die Wasserkanäle zu springen und landen mit zerschmetterten Körpern auf den Straßen. Andere erreichen das Fleet und ertrinken. Bis zu 24 Stunden stehen vorläufig Gerettete im Wasser, bespülen sich das Gesicht, verbrennen sich die Haare, tauchen wieder unter, während weiter die Bomben vom Himmel rauschen und Unschuldige wie Unverbesserliche massakrieren.

Bei der Flucht aus den Flammen wird in Hamm Heinrich Johannsen zweimal von brennenden Trümmern getroffen. Er kommt wieder hoch, erreicht einen freien Platz und sucht Schutz unter einem Haufen weißer Ziegelsteintrümmer. Er wühlt sich hinein, schützt den Kopf durch eine nasse Decke, hört einen kleinen Jungen schreien: »Ich will nicht verbrennen!« Johannsen kriecht zu ihm, nimmt ihn unter seine Decke. »Meine Mutti liegt dort unter den Steinen«, sagt der Knirps. »Und mein Bruder ist auch dort verbrannt.«

Im gleichen Stadtteil ist Erika Wilken aus dem Keller ihres Hauses am Gartenweg 83 in die öffentliche Toilette an der Kanalbrücke geflüchtet. Hier sitzen etwa hundert Menschen in der Falle, das rettende Wasser vor Augen.
Zwei Soldaten ziehen ihre Pistole und erschießen sich. Die anderen wagen den Sprung durchs Feuer; fast alle kommen dabei um.
Es gibt kein Wasser mehr, keinen Strom, kein Gas, kein Telefon. Momentaufnahmen einer Weltstadt im Todeskampf: Die Hammerlandstraße ist nur noch von Toten bevölkert. Sie hocken auf Treppenstufen, sitzen an Bäume gelehnt, liegen mit ausgestreckten Armen auf dem kochenden Asphalt: »Viele von ihnen hatte die Glut in fantastische, irrsinnige Stellungen gezwungen«, berichtet Gretl Büttner, die mit dem Wagen eines Instandsetzungstrupps unterwegs ist. »Aufgerissene Münder, hervorgequollene Augen ... Auf einem kleinen freien Platz beim Boonsweg lagen sie, hundert oder mehr, Männer und Frauen, Soldaten in Uniform, Kinder, Greise. Viele hatten sich in der mordenden Glut, kurz vor ihrem Tod, die Kleider vom Leib gerissen ... Da eine Mutter, an jeder Hand ein Kind. Sie lagen alle drei auf dem Gesicht, in einer fast anmutigen, gelösten Bewegung.«
Verzweifelte Männer wühlen in Leichenbergen, suchen ihre Frauen, Frauen ihre Männer, Mütter ihre Kinder. Fronturlauber gruben die Trümmer ihrer Elternhäuser um, unfähig zu begreifen, dass die geborgenen Skelette Vater und Mutter sein sollen.
»Im Zentrum der Stadt brannte alles, was brennbar war«, schreibt in seinem Buch ›The lost command‹ der britische Autor Alastair Revie: »Der Rest schmolz in

der Hitze. Menschen und Gegenstände wurden in das Inferno eingesaugt, um tausende von Metern in dieser Vulkanhitze hochgewirbelt zu werden, in glutheißen Winden mit Geschwindigkeiten von über 200 km/h. Niemand und nichts überlebte im Brandgebiet. Es war ein Schicksal von biblischen Ausmaßen, und der schreckliche Einfall, diesen Angriffen den Decknamen ›Gomorrha‹ zu geben, erwies sich als grauenhaft realistisch ... Tatsächlich hatte Hamburg dabei mehr Verwüstung und Blutvergießen und Feuertod erlitten als das gesamte britische Königreich durch die deutsche Luftwaffe während des ganzen Kriegs ...«
Fast 50.000 Menschen, unter ihnen 7000 Kinder, sind bei den Terrorangriffen umgekommen. 40.000 wurden schwer verletzt. 280.000 Häuser und 191 Fabriken - fast die Hälfte - wurden zerstört, die Hafenanlagen schwer beschädigt. 40 Millionen Tonnen Trümmer. Schäden im Schätzwert von 23 Milliarden RM.
Was veranlasste die Engländer, ein zivilisiertes Volk, das der Welt den Begriff ›Fairness‹ geschenkt hat, Not und Tod über Frauen und Kinder zu bringen?
»Ein Krieg durch demoralisierende Angriffe auf die Zivilbevölkerung widerspricht in krasser Form dem Völkerrecht«, hatte Premierminister Neville Chamberlain vor dem britischen Unterhaus erklärt. »Ich möchte hinzufügen, dass es nach meiner Meinung auch eine falsche Politik ist, denn ich glaube nicht daran, dass man jemals einen Krieg durch Angriffe auf die Zivilbevölkerung gewinnen kann.«
Zwischen dieser feierlichen Erklärung vom 21. Juni 1938 und der ›Operation Gomorrha‹ liegt eine erbarmungslose Eskalation des Luftkriegs, wie sie zunächst keine Seite gewünscht hatte.

Von der ersten Minute des Zweiten Weltkriegs an hatte die deutsche Luftwaffe den Himmel beherrscht, die Grenzen gesichert und entscheidend in die Erdkämpfe eingegriffen. Sie nahm in wenigen Tagen die Doktrin des modernen Kriegs vorweg: Wer die Luftüberlegenheit hat, gewinnt die Schlacht, wer sie sich auf Dauer erkämpft, gewinnt den Krieg. Mit dem Geheul der Jerichosirenen, mit dem Bersten der Stukabomben, mit den Flächenbombardements der Kampfflugzeuge entstand eine neue Dimension des Tötens.
Der Vertrag von Versailles hatte dem Deutschen Reich jede Art von Motorfliegerei verboten. Erst 1926 konnte - nach der Milderung der härtesten Bestimmungen - die Lufthansa gegründet werden.
Die Reichswehr der Weimarer Republik hatte die Bestimmungen durch ein Geheimabkommen mit der Sowjetunion umgangen. Sie ließ ihre Flugzeugführer schwarz im roten Russland schulen, zwischen 1923 und 1933 jährlich 240, vorwiegend auf dem Flughafen Lypeck. Als Hitler an die Macht kam und sofort durch das Arbeitsbeschaffungsprogramm Rüstung den Zweiten Weltkrieg vorbereitete, konnte er auf die Russland-Piloten, auf die Flugzeugführer des Ersten Weltkriegs und auf tausende begeisterter Segelflugsportler zurückgreifen.
Die blutige Auseinandersetzung in Spanien am Vorabend des Zweiten Weltkriegs hatte ihm in die Hände gearbeitet: er konnte seinem Gesinnungsfreund Franco beistehen, aber wichtiger war für ihn die Erprobung seiner neuen Vernichtungsmaschine. Die Me 109 zeigte sich allen anderen Jagdflugzeugen überlegen. Die Sturzkampfbomber, deren Konzept Generalluftzeugmeister Ernst Udet aus den USA nach Deutschland

mitgebracht hatte, wurden erstmals gegen Punktziele eingesetzt. Die Erfahrungen der deutschen ›Legion Condor‹ - sie hatte sich aus sogenannten Freiwilligen zusammengesetzt - ermöglichten entscheidende Verbesserungen. Kriegsreife durch Feuertaufe.
Gebannt und tatenlos hatte das Ausland Hitlers gigantische Luftrüstung verfolgt. Man nahm an, dass in Deutschland monatlich 1000 Kriegsflugzeuge produziert würden. Diese wilde Übertreibung war der braunen Propaganda nur recht. Im ganzen Jahr 1939 erhielt die Luftwaffe von den Rüstungsbetrieben lediglich 2518 Maschinen. Bei Kriegsausbruch verfügte sie über 4333 Flugzeuge, darunter 1180 Bomber und 336 Stukas. Die Generalprobe der verbesserten Ju 87, in der Flugzeugführer und Bordschützen Rücken an Rücken saßen, wurde 14 Tage vor Kriegsausbruch zu einem Fiasko: Auf dem schlesischen Truppenübungsplatz Neuhammer sollten 30 Stukas vor den Generalen Sperrle und Loerzer ihre Kampfkraft vorführen. In 5000 m Höhe flogen die drei Staffeln das Zielgebiet an. Der Wetterdienst hatte Bewölkung zwischen 900 und 2000 m gemeldet. Die Maschinen sollten die Waschküche im Sturzflug durchstoßen und Rauchbomben aus 300 m Höhe abwerfen.
Es war der 15. August 1939, kurz vor sechs Uhr. Die Meldung, dass inzwischen Bodennebel aufgekommen ist, erreichte Hauptmann Sigel nicht mehr. Er setzte zum Angriff an, kippte ab, jagte seinen Todesvogel mit 600 km/h durch das Gewölk. Zehn Sekunden, zwölf, fünfzehn.
Der weiße Dunst wurde schwarz.
Die Erde - das Ende ...
Hauptmann Sigel riss den Knüppel hoch, brüllte ins

Mikrofon: »Ziehen! Ziehen! Bodennebel!« Er fing seine Ju 87 zwei, drei Meter über der Erde ab ...
»Aber seine verzweifelte Warnung kam zu spät«, schreibt der englische Autor Peter C. Smith in seinem Buch ›The stuka at war‹: »Die meisten konnten nicht mehr gerettet werden. Mit heulenden Sirenen bohrte sich eine Maschine nach der anderen mit hoher Geschwindigkeit in den Boden. Nur wenige Flugzeugführer konnten ihre Maschinen, wie der Gruppenkommandeur, im letzten Augenblick in die Höhe ziehen. Sie blieben dann zum Teil in den Bäumen des Waldes hängen, der das Zielgebiet umgab. 13 Stukas mit ihren Besatzungen gingen in wenigen Sekunden verloren. Ein fürchterlicher Unfall ... Der erschütterte Udet hatte den Verlust von 13 seiner besten Besatzungen zu beklagen.«
Zwei Wochen später flogen die Vernichtungsmaschinen mit den geknickten Flügeln vor allen anderen Verbänden gegen den Feind: »Den ersten Angriff, 15 Minuten vor Kriegsausbruch«, berichtet in seinem Buch ›Luftkrieg‹ Janusz Piekalkiewicz, »fliegt die 3. Staffel des Stuka-Geschwaders 1 mit einem Sonderauftrag: Die strategisch wichtige Weichselbrücke bei Dirschau soll mit diesem Bombenangriff vor der von den Polen vorbereiteten Zerstörung gerettet werden. Über diese Brücke soll der Nachschub für die Truppen in Ostpreußen rollen. Die drei Ju 87 starten um 4.26 Uhr und donnern im Tiefflug, kaum 10 m hoch, über das noch friedliche Land. Die Stukas haben Order, die Zündstellen für die vorbereitete Sprengung der Brücke, dicht neben dem Bahnhof von Dirschau, mit ihren Bomben zu vernichten. Gleichzeitig soll ein Panzerzug zur Brücke vorstoßen und diese sichern. Der Stuka-

Angriff gelingt. Die Bomben sitzen genau im Ziel, aber es ist vergebliche Mühe: Die Polen flicken die zerrissenen Kabel, und um 6.30 Uhr fliegt die Brücke in die Luft.«

In seinem Buch ›Blitzkrieg‹ fasst der englische Autor Len Deighton die ersten Kriegshandlungen zusammen: »Am 1. September um 4.45 Uhr griffen fünf deutsche Armeen Polen im Norden, Westen und Süden an. Um 6.00 Uhr wurde Warschau ohne jede vorherige Warnung bombardiert. Die deutschen Luftangriffe führten zu einer fast vollständigen Vernichtung der polnischen Flugzeuge am Boden. Die deutschen Verbände griffen sofort die Eisenbahn- und Straßenverbindungen an, um eine Mobilmachung und die Bewegung der polnischen Truppen zu verhindern ...

Die polnischen Kavalleristen kämpften mit ihren Lanzen mit höchster Tapferkeit gegen die deutschen Panzer und starben ruhmreich. Erst später wurde vermutet, dass die Polen glaubten, einen großen Teil jener hölzernen, stoffbespannten Panzerattrappen vor sich zu haben, mit denen die Reichswehr in den Zwanzigerjahren im Manöver geübt hatte.

Überall bekämpfte die Luftwaffe die polnischen Truppen mit MG-Feuer und mit Bomben. Jeder Bericht über die Kämpfe, die die Polen fochten, muss unter dem Aspekt gesehen werden, dass die Deutschen den Luftraum völlig beherrschten. Es war ein Krieg ständiger Bewegung, und nirgends kam es zur Bildung einer Frontlinie, die länger bestand als ein paar Stunden ...

Und wie sah es mit den Russen aus? Am selben Tag, an dem die Deutschen die Umklammerung schlossen, erhielt das OKW die Nachricht, dass Einheiten der Roten Armee über die östlichen Grenzen nach Polen ein-

gedrungen seien. ›Gegen wen geht das?‹, fragte General Jodl, der Chef des Wehrmachtsführungsstabes, alarmiert. Hitlers Geheimabkommen zur Teilung Polens mit den Russen war so ›dicht‹, dass nicht einmal seine hohen Militärs etwas davon erfahren hatten ...«
Die Polen, den Deutschen hoffnungslos unterlegen, standen überraschend in einem Zwei-Fronten-Krieg. Wenige polnische Piloten und Besatzungen warfen sich der Roten Armee entgegen. Die Luftkämpfe hielten 24 Stunden an, dann erlahmte zusehends der Widerstand der Verteidiger. Der Kommandeur der Fliegertruppe befahl, die noch startklaren Maschinen nach Rumänien zu fliegen, um sie vor den Russen wie vor den Deutschen in Sicherheit zu bringen.
Der 17. September war ein Sonntag, und an der polnischen Westfront erreichte der Einsatz der deutschen Luftwaffe gegen den Kessel an der Bzura eine noch nie gesehene Intensität. An allen Abschnitten wurden die fliegenden Verbände abgezogen und auf diesen Schwerpunkt konzentriert. Der Verteidiger, General Kutrzeba, stellte fest: »Die heftigen Luftangriffe auf die Bzura-Übergänge haben sowohl nach der Zahl der eingesetzten Flugzeuge wie nach der Heftigkeit der Angriffe sowie nach der geradezu akrobatischen Fähigkeit der Flugzeugführer kein Beispiel. Jede unserer Bewegungen, jede Truppenansammlung geriet unter ein alles zermalmendes Bombardement ...«
Am Montag, dem 25., wurde Warschau von 400 deutschen Bombern in drei- bis viermaligen Angriffen bombardiert: »486 Tonnen Sprengbomben und 72 Tonnen Brandbomben auf Warschau«, zählt der Chronist Janusz Piekalkiewicz: »Die Brände in der Stadt können nicht bekämpft werden, da die Bomben die

Wasserleitungen zerstört haben und die Trümmer der eingestürzten Häuser die Straßen blockieren. Die Lage wird vollends hoffnungslos durch das Fehlen der Feuerwehr, die man zwei Wochen zuvor evakuiert hat.«

Warschau stand vor der Kapitulation, und damit war der Polenfeldzug praktisch beendet. Auf polnischer Seite hatten an dem ungleichen Kampf 340 Flugzeugführer, 250 Beobachter und 210 Bordschützen teilgenommen. Einem Teil der polnischen Piloten war es gelungen, ins Ausland zu entkommen. Sie schlugen sich auf Umwegen nach England durch und meldeten sich bei der Royal Air Force zur Fortsetzung des Kampfes. Schon ein Jahr später würden sie bei der Verteidigung der Insel gegen die Deutschen zu den Tapfersten und den Besten gehören.

Die meisten Verluste hatten die polnischen Luftstreitkräfte - übrigens nach eigener Angabe - durch selbstverschuldete Abschüsse erlitten. Auch die siegreiche Luftwaffe, der heiße Atem des Blitzkriegs, hatte 285 Maschinen und 734 Besatzungsmitglieder verloren. 279 Flugzeuge waren bei den Kampfhandlungen beschädigt worden.

Im Westen war es ruhig geblieben; die Franzosen hatten den verbündeten Polen nicht zu Hilfe kommen können und zudem recht umständlich ihre Zivilisten mobilisiert. Das Gros ihrer Streitkräfte hielt die Maginot-Linie, wie die Wehrmacht den Westwall. Die Luftkriegführung beschränkte sich im Wesentlichen auf Propagandaflüge, Fernaufklärung und auf der deutschen Seite auf die Bekämpfung von Schiffszielen.

Göring hatte schon vor dem Krieg laut verkündet, dass

er Meier heißen wolle, wenn es auch nur einem Feindflugzeug gelänge, die deutschen Grenzen zu überfliegen. Wenn man diese Großsprecherei nicht ganz wörtlich nahm, schien er zunächst Recht zu behalten.
Am 18. Dezember 1939 war es über der Deutschen Bucht zu einem Luftkampf zwischen 22 ›Vickers Wellington‹, 32 Me 109 und 16 zweimotorigen Me 110 gekommen. Bei zwei deutschen Verlusten wurden zwölf britische Maschinen abgeschossen und weitere drei so schwer beschädigt, dass sie später bei der Landung zu Bruch gingen.
Goebbels veranstaltete einen großen Propagandarummel. Auf einer Pressekonferenz stellte der Kommandeur der ersten Gruppe des Zerstörergeschwaders 76 fest: »Die ›Wellington‹ brennt leicht und steht schnell in Flammen.«
Die englischen Flugzeuge hatten damals noch keine selbst abdichtenden Tanks wie die deutschen. Zwar verfügte die Royal Air Force etwa über so viele Maschinen wie die Luftwaffe, aber viele von ihnen waren veraltet und schrottreif. Neben den ›Wellingtons‹ flogen die Engländer noch Bomber des Typs ›Hampden‹ und ›Whitley‹.
»Der Zustand von Beobachter und Funker war zu diesem Zeitpunkt so, dass sie sich alle paar Minuten auf den Boden legen und ausruhen mussten«, heißt es in dem Einsatzbericht einer ›Whitley‹-Besatzung, die in der Nacht vom 27. Oktober Flugblätter im Raum Frankfurt - Düsseldorf abgeworfen hat: »Die Cockpitheizung erwies sich als nutzlos. Wir froren scheußlich und besaßen keinerlei Mittel, um das abzuändern. Kommandant und Beobachter stießen die Köpfe gegen Fußboden und Kartentisch, um sich durch diesen an-

dersartigen Schmerz vor dem Sauerstoffmangel und dem Frieren abzulenken.«

Nach der Landung stellte der Kommandant in angelsächsisch kühler und knapper Manier fest: »Die ›Whitley‹ ist nicht gerade das richtige Flugzeug, um die Feinde Seiner Majestät das Fürchten zu lehren.«

Für beide Seiten war es Befehl, Angriffe zu unterlassen, wenn Zivilisten dabei gefährdet würden. Die meisten Kampfhandlungen waren zunächst ›Papierflüge‹, unternommen zum Zweck von Flugblattabwürfen, die nach Meinung von ›Bomber-Harris‹ jedoch nur den Erfolg hatten, ›die deutschen WC mit Klopapier zu beliefern‹.

»Das im Dock liegende Schlachtschiff ›Repulse‹ durfte auf ausdrücklichen Wunsch Hitlers nicht angegriffen werden«, schreibt der frühere General der Jagdflieger Adolf Galland in seinem Buch ›Die Ersten und die Letzten‹, »weil dieser damals noch unbedingt vermeiden wollte, dass auch nur eine einzige deutsche Bombe auf englisches Gebiet falle. Die deutschen Luftangriffe mussten sich ausschließlich auf militärische und maritime Ziele beschränken.«

Göring triumphierte, er konnte zunächst halten, was er versprochen hatte. Er glaubte an seine Luftwaffe und diese an ihn: Die jungen Piloten übernahmen begeistert die verwegensten Einsätze und waren dafür reichlich mit größeren Vorrechten ausgestattet, als nur die Drahtgestelle ihrer Uniformmützen in kessem Schwung zu verziehen und mit knallbunten Schals in den Einsatz - und auf Schürzenjagd - zu ziehen

Sie wurden die ersten Schlipssoldaten, die der Barras duldete und erduldete. Sie hatten die schicksten Uniformen und die üppigste Sonderverpflegung. Die blutigsten Verluste, die sie erlitten, wurden mit den höchsten Orden kompensiert. Offiziere und Soldaten der Luftwaffe erhielten zum Beispiel 1730-mal das Ritterkreuz, 192-mal das Eichenlaub, 41-mal das Eichenlaub mit Schwertern, zwölfmal das Eichenlaub mit Schwertern und Brillanten, einmal das goldene Eichenlaub.

»Göring, der Oberbefehlshaber, der ›getreue Paladin‹ - damals noch nicht so fett, faul und korrumpiert -, war die Zentralfigur und das Idol der jungen Männer«, stellte Johannes Steinhoff, Jagdfliegerass und späterer General der Bundeswehr, fest: »Der ›Pour-le-Mérite‹-Flieger, der Held der Luftschlachten in Flanderns Himmel, riss mit energischer Initiative alle mit, die sein ›Schwert am Himmel‹ schmieden sollten.«

Wie zweischneidig dieses Schwert war, zeigte ein mörderischer Zwischenfall am 10. Mai 1940.

Seit 5.35 Uhr rollt die seit November des Vorjahrs 17-mal verschobene deutsche Offensive im Westen. Der ›Fall Gelb‹ ist ausgelöst. 136 deutsche Divisionen treten unter Missachtung der holländischen und belgischen Neutralität zum Sturm auf Frankreich an. Blitzkrieg. Die Sondermeldungen jagen sich. Zum ersten Mal in der Militärgeschichte erobern Fallschirmjäger im Handstreich eine Festung aus der Luft - das Fort Eben Emael am belgischen Albert-Kanal.

Die beiden Kampfgeschwader ›Greif‹ (KG 55) und ›Edelweiß‹ (KG 51) sind im süddeutschen Raum stationiert und damit weit weg vom Schuss. In Sandkastenübungen haben sie französische Flughäfen bis zum Überdruss zerbombt, doch der Einsatz lässt auf sich warten. 17-mal ist der ›Fall Gelb‹ verschoben worden.

Am Vortag des Frankreichfeldzugs haben die ›Greif‹-Besatzungen dienstfrei. Die Offiziere genehmigen sich in Neuburg/Donau einen Herrenabend. Die Unteroffiziere und Mannschaften in Leipheim und Neu-Ulm aalen sich in der Sonne, dreschen Skat oder klopfen dumme Sprüche. Die in Gablingen stationierten Männer der dritten Gruppe gehen in Augsburg ins Kino - aber der Film hat kein Happyend: Mitten in der Vorstellung geht das Licht an und sie werden zu einer Alarmübung herausgeholt.

Kurz vor Mitternacht begreifen sie: Ernstfall.

Die Maschinen werden betankt und mit Bomben beladen. Die Bordfunker stimmen ihre Geräte ab. Einsatzbesprechung. Die Motoren sind schon vorgewärmt. Die Besatzungen stehen an ihren Mühlen. Es gibt Kaffee, Zigaretten und Latrinenparolen. Alles gratis.

Und dazu noch mieses Wetter; es wird dafür sorgen, dass sich der Sitzkrieg keineswegs fulminant in einen Blitzkrieg verwandelt.

Sie helfen einander beim Anlegen der Fallschirme. Dann klettern je fünf Mann Besatzung in eine He 111. Es ist der zweimotorige Standardbomber der deutschen Luftwaffe, von dem 5656 Stück gebaut wurden. Er ist 435 km/h schnell, braucht 20 Minuten, bis er auf 5200 m Höhe kommt und hat eine Reichweite von 2800 km. Damit ist 1940 noch Krieg zu machen, aber bald wird sich herausstellen, dass der Horizontalbomer zu schwach bewaffnet ist, einen zu kurzen Aktionsradius hat und mit 2000 kg eine viel zu geringe Bombenlast schleppt.

Die Motoren werden angelassen. Die schweren Vögel rasen über die Piste, heben ab, steigen mit vollen Touren hoch.

Und dann gibt's Bruch. Schon beim Start knallt eine Maschine in einen Krautacker. Eine andere bleibt in einem Baumwipfel hängen und schlägt unsanft auf. Eine dritte kommt wegen eines plötzlichen Maschinenschadens erst gar nicht hoch.
Die anderen ziehen westwärts, überfliegen die Grenze. Die französische Flak sorgt für einen heißen Empfang. Über Nancy schießt sie die erste He ab. Die brennenden Trümmer fallen in eine Flugzeughalle. Oberst Stoeckl, der Geschwaderkommodore, erkennt beim Anflug auf Toul Croix de Metz, dass der Nebel einen gezielten Bombenwurf ausschließt. Obwohl er seine beiden Kettenflugzeuge in der Waschküche verloren hat, kreist er 45 Minuten im konzentrierten Flakfeuer, bis er ein Ausweichziel findet.
Auch bei den ›Edelweiß‹-Kampffliegern kommt es bei der Feuertaufe zu Pannen. Die Staffeln starten von Landsberg am Lech und Bad Wörishofen aus. Schon während des Hinfluges können sich die Männer an den Fingern abzählen, dass es besser gewesen wäre, die Offensive auch noch ein 18. Mal zu verschieben.
Dann, über Frankreich, werden die Hes nicht von der Flak, aber von dichtem, milchigem Nebel empfangen. Es gibt kein Oben und kein Unten, kein Vorne und kein Hinten mehr. Gezielter Bombenwurf unmöglich. Weiterflug zwecklos.
Die ersten Maschinen wenden, kehren mit voller Bombenfracht zurück. Die Besatzungen klettern missmutig aus ihren Mühlen. »Es wollt´ ein Öchslein über'n Rhein«, albert einer der ›Kuttenzwerge‹ vom Bodenpersonal, »und kam als Ochse wieder heim.«
Sie erhalten keinen Anschiss, sondern werden für ihr Verhalten belobigt. »Nun schaut nicht so dämlich aus

der Wäsche«, sagt der Staffelkapitän. »Der Krieg dauert schon noch ein paar Tage.«
Beim zweiten Einsatz kommen sie zum Wurf. Und dann wird ihnen noch ein dritter abverlangt. Aber keiner mault, obwohl es kein Vergnügen ist, zwölf Stunden in die enge Kabine eingepfercht zu sein. Sie haben eine Ausbildung in Friedensqualität erhalten. Es fehlt ihnen lediglich die Fronterfahrung. Sie wollen fliegen und nicht töten, aber im Krieg ist das eine von dem anderen nicht zu trennen. Auf keiner Seite.
»Alsdann, Hals- und Beinbruch, Herr Leutnant!«, ruft der 1. Bodenwart einem Rottenführer der dritten Gruppe zu. 14.30 Uhr. Von ihren Basen in Landsberg und Bad Wörishofen starten 20 Kampfflugzeuge zum dritten und letzten Feindflug dieses Tages. Sie sammeln am Memmingerberg, 1500 m über Grund, und ziehen in geschlossener Formation in Richtung Schwarzwald und von da weiter zu den Vogesen. Wind und Wetter sprengen den Verband. Dicke Gewitterwolken nehmen die Sicht, und das wird grauenhafte Folgen haben.
Oberleutnant Schifferings - er führt die neunte Kette - verfranzt sich und wird über der schweizerischen Stadt Solothurn von Jagdflugzeugen angegriffen. Im letzten Moment nimmt er an, dass ihn eigene Mes versehentlich beharken. Er flucht wild vor sich hin, dann begreift er, dass es eidgenössische Piloten sein müssen, und haut ab, mit voller Pulle und nach allen Regeln der Kunst. Mit sieben Kanonentreffern, 15 MG-Einschlägen und einem schwer verletzten Funker baut er in Friedrichshafen eine erstklassige Notlandung.
Auch Leutnant Seidel ist mit seiner Kette ganz allein auf sich gestellt. Er muss sehen, wie er blind sein Angriffsziel, den Flughafen Dijon-Longvic, erreicht. Mit-

unter macht die Waschküche ein Loch auf, kommt ein Dorf in Sicht, Kirche, Häuser, Felder. Aber das ist kein Lichtblick für die Navigation, denn aus großer Höhe gleicht ein Kaff dem anderen.
Der junge Offizier addiert die Uhrzeit. Er ist knapp zwei Stunden unterwegs und erreicht entweder in den nächsten Minuten Dijon oder nie. Er könnte aufgeben, aber man hat ihm bei den Sandkastenübungen immer wieder gesagt: Ohne Beherrschung des Luftraums kein Blitzkrieg, deshalb sind in den ersten Stunden die Feindmaschinen schon am Boden zerstören.
Da, eine größere Stadt.
Er vergleicht sie mit den Luftaufnahmen, die man ihm vor dem Einsatz gezeigt hatte. Eine ziemliche Ähnlichkeit - und auch eine ziemliche Unähnlichkeit. Aber das ist ja fast immer der Fall: Die Fotografien der Luftaufklärung, aus großer Höhe aufgenommen, sind nie so genau. Keine Flak, aber die Franzmänner schlafen ja meistens. Kein Jäger, aber ein Gutes muss diese verdammte Waschküche ja haben.
»Wir sind da!«, ruft der Leutnant in sein Bordmikrofon. »Fertigmachen zum Angriff!«
Er ist nicht geradeaus geflogen, sondern einen Kreis. Er ist nicht über Frankreich, sondern über Deutschland.
Und die Stadt unter ihm ist nicht Dijon, sondern Freiburg.
Und das Ziel, das er anspricht, ist kein Flugplatz, sondern ein Kinderspielplatz im Stadtteil Stühlingen, auf dem kurz nach 16 Uhr ganze Scharen übermütiger Kinder herumtollen.
Der Freitag vor Pfingsten wird zum schwarzen Freitag der deutschen Luftwaffe. Die badische Stadt in

Deutschlands Fressecke hat sich für die Feiertage schon herausgeputzt. Längst werden die Motorengeräusche unbekannter Flugzeuge ausgemacht und zur Erleichterung der Luftabwehr richtig als deutsche Maschinen angesprochen. Kein Alarm. Die Menschen sind nicht im Keller, sondern auf der Straße.
In diesem Moment gibt Leutnant Seidel den Befehl, die Todesfracht auszuklinken.

Kurz nach 16 Uhr hängt über Freiburg-Süd ein Gewitter, aber ein ganz anderer Sturm wird über die idyllische Stadt an den Hängen des Schwarzwalds hinwegfegen. Von den Uniformen im Straßenbild abgesehen, herrscht hier im neunten Kriegsmonat noch satter Friede. Die Hausfrauen kaufen für die Pfingstfeiertage ein; es gibt noch beinahe alles in den Geschäften. In den halbdunklen Weinstuben verbrüdert der ›Kaiserstühler‹ Zivilisten und Soldaten. Im Ortsteil Stühlingen tobt sich eine Horde ausgelassener Rangen am Kinderspielplatz aus. Erwachsene lachen oder halten sich die Ohren zu.
Auf einmal starren alle nach oben. Starkes Motorengeräusch. Flugzeuge. Es ist nichts zu sehen. Das Verhängnis fällt aus bewölktem Himmel. Freiburgs Flugwache am Lorettoberg meldet an die Zentrale in Donaueschingen: »Drei He 111 ausgemacht. Anflug aus Richtung Ihringen-Breisach. Höhe 1500 bis 2000 m.«
»Verstanden. Ende«, bestätigt Donaueschingen.
Man hat nichts anderes erwartet. Seit einer Stunde ist die Rotte He 111 identifiziert. Es ist zwar merkwürdig, dass sich die Kampfflugzeuge eine deutsche Stadt als Ziel eines Übungsangriffs aussuchen, aber das geht das Flugwachkommando Donaueschingen nichts an.

Es hat Kampfstärke und Kurs eingeflogener Feindmaschinen zu beobachten, und heute wurde keine einzige im südwestlichen Luftraum gemeldet.
16.11 Uhr. Die Hes fliegen nicht mehr im Kettenkeil, die linke und die rechte haben sich - es ist die typische Angriffsformation der Kampfflugzeuge - hinter die Führungsmaschine gesetzt.
Ein plötzliches Rauschen frisst jedes Geräusch, verstärkt sich immer mehr. Es hört sich an wie ein Fernzug, der in wilder Fahrt in einen Tunnel hineinbraust.
Die ersten Bomben krepieren am Kinderspielplatz. Die Kleinen hetzen in wilder Panik davon, Richtung Kolmarer Straße, hinein in den Bombenhagel. Sie werden von Volltreffern massakriert, vom Luftdruck an der Häuserwand zerschmettert. Splitter reißen ihnen die Körper auf, zerfetzen die Schlagadern. Passanten werden von fallenden Mauern erschlagen. Als die Sirenen ›Alarm‹ heulen, ist der Spuk, der nicht einmal eine Minute dauerte, vorbei.
Die Angreifer drehen in Richtung Osten ab. Staubwolken hüllen Tote ein. Aus den Rauchschwaden schälen sich Verletzte. Endlich schlucken die Martinshörner der heranjagenden Polizeiautos, Ambulanzen und Bergungstrupps ihre grässlichen Schreie. Sie werden an Ort und Stelle provisorisch versorgt.
69 Bomben haben 22 Kinder, 13 Frauen und 22 Männer getötet und 20 Kinder, 34 Frauen und 47 Männer schwer verletzt. 22 Bomben waren - Glück im Unglück - Blindgänger, und hier sehen die Feuerwerker auf den ersten Blick, dass sie aus deutscher Produktion stammen. Anhand ihrer Kennzeichnung lässt sich umgehend feststellen, dass sie an den Fliegerhorst Landsberg geliefert wurden.

Dort landet um 17.17 Uhr - eine Stunde zu früh - Leutnant Seidel, der Führer der Kette, die schuldig-unschuldig eine deutsche 108.000-Einwohner-Stadt bombardiert hat. Es vergehen über 70 Minuten, bis die anderen He 111 vom Feindflug zurückkehren.
»Wo waren Sie denn bloß, Sie Nachtwächter!«, fährt der Gruppenkommandeur seinen Leutnant an.
Es stellt sich schnell heraus. »Leutnant Seidel gab zu«, erklärt sein Kommandeur nach der Vernehmung, »dass der von ihm angegriffene Flugplatz auch der von Freiburg gewesen sein könnte ... Insbesondere die Zeitberechnung der Rückflugstrecke vom Bombenabwurf an ließen Leutnant Seidel und mich zu der erschütternden Überzeugung kommen, dass Leutnant Seidel nach längerem Herumirren und Suchen die plötzlich vor ihm auftauchende Stadt Freiburg fälschlich als die Stadt Dijon angesprochen hatte. Leutnant Seidel war fassungslos, als ihm diese Tatsache zur Gewissheit wurde.«
Auch Hermann Göring war fassungslos, als bereits in den ersten Abendstunden Beweise auf dem Tisch lagen, dass die Zerstörungen in Freiburg das Werk seiner Luftwaffe waren. Er ordnete eine kriegsgerichtliche Untersuchung an, aber Propagandaminister Josef Goebbels entwickelte eine ganz andere Idee und setzte sich durch: Das Debakel wurde den Engländern angelastet. Die gleich geschaltete Propaganda verbreitete Hasstiraden gegen die britischen ›Kindermörder‹ und ›Mordbrenner‹, um die Kriegsstimmung gegen England anzuheizen.
»Zur Vergeltung dieses völkerrechtswidrigen Vorgehens wird die deutsche Luftwaffe in derselben Weise antworten«, stand am nächsten Tag als Pflichtartikel in

allen deutschen Blättern. »Von jetzt ab wird jeder weitere planmäßige feindliche Bombenangriff auf die deutsche Bevölkerung mit der fünffachen Anzahl deutscher Flugzeuge gegen eine englische oder französische Stadt erwidert werden.«
Die Wochenschau zeigte bis zur Grenze des Erträglichen die Opfer: Kinder, immer wieder Kinder. Die Freiburg-Legende wurde bis Kriegsende aufrechterhalten und immer, wenn es angebracht schien, von neuem aufgewärmt. Die Mitwisser hatten strengstes Stillschweigen zu wahren. Und Leutnant Seidel, der Hauptbeteiligte, ist am 12. August 1940 über Portsmouth abgeschossen worden.
Die britische Propaganda schlug zurück und schoss dabei ihrerseits weit über das Ziel hinaus, als sie behauptete, die Stadt sei von der deutschen Luftwaffe absichtlich bombardiert worden, um eine Begründung für einen schrankenlosen Bombenkrieg gegen die Zivilbevölkerung zu schaffen.
10. Mai 1940. Ein tragischer Zufall bereitete den Luftterror vor. Am gleichen Tag wird der durch das Münchner Abkommen sowie durch seine Nachgiebigkeit gegenüber Hitler schwer belastete Premierminister Chamberlain im britischen Unterhaus gestürzt und an seiner Stelle Winston Churchill zum Regierungschef gewählt.
»Vielleicht wird es sich im nächsten Krieg darum handeln, Frauen und Kinder oder die Zivilbevölkerung überhaupt zu töten«, hatte er bereits 1925 geschrieben. »Und die Siegesgöttin wird sich zuletzt voll Entsetzen dem vermählen, der dies im gewaltigsten Ausmaß zu organisieren versteht.«
Noch waren die Krieg führenden Parteien davon ent-

fernt. Die Engländer, weil ihnen die deutsche Luftwaffe überlegen war, Hitler, weil er hoffte, nach der Niederwerfung Frankreichs die Briten zu einer Kapitulation bringen zu können. Aber in einem Klima von Hasstiraden und Vergeltungsgeschrei konnten Vernunft und Menschlichkeit jederzeit untergehen. Ein unglücklicher Zufall genügte, um eine Explosion der Barbarei zu zünden.
Er kam prompt. Vier Tage nach Freiburg.

Die Sondermeldungen des deutschen ›Reichsrundfunks‹ feiern einen Vormarsch, wie es ihn in der Kriegsgeschichte noch nie gegeben hat. Panzer durchstürmen das feindliche Gebiet, ohne auf Flankenschutz zu achten, ohne Rücksicht auf Geländebeschaffenheit und auf Nachschubmöglichkeiten. Sie rasseln durch die belgischen Ardennen, erreichen schon am Pfingstsonntagabend die nordfranzösische Stadt Sedan und bereiten den Übergang über die Maas vor.
Wenn die motorisierten Kolonnen auf Widerstand stoßen, den sie nicht niederkämpfen und niederwalzen können, bomben ihnen die Flugzeuge den Weg wieder frei. Am ersten Tag der Offensive im Westen bringt die Luftwaffe eine Armada von 1120 Kampfflugzeugen, 1016 Jägern, 342 Stukas, 248 Zerstörern und 42 Schlachtflugzeugen auf. Sie starten im rollenden Einsatz bis zu neunmal täglich. Zwar sind die englischen und französischen Piloten ihren deutschen Gegnern weder an Mut noch an Können unterlegen, aber ihre Maschinen erweisen sich als hoffnungslos veraltet und purzeln wie Fallobst von dem von deutschen Jagdflugzeugen beherrschten Himmel. Die Me 109 ist mit ihrem 1100 PS starken Daimler-Benz-Motor (Benzin-

einspritzung) 570 km/h schnell, hat eine Reichweite von 660 km und kann 10.500 m hoch steigen, 945 m pro Minute.
Unter den Augen einer entsetzten, genarrten und auch bewundernden Welt tobt ein Krieg zwischen Horror und Bravour. Als sich die Holländer und Belgier nach der völkerrechtswidrigen Überrumpelung Schlaf und Bestürzung aus den Augen wischen, sind deutsche Fallschirmjäger schon mitten unter ihnen; sie setzen sich innerhalb des Verteidigungssystems fest wie Läuse im Pelz. Es sind aufgelegte und oft auch auffliegende Himmelfahrtskommandos; die Zahl ihrer Überlebenden lässt sich meistens an den Fingern abzählen. Zwei Drittel der sie absetzenden Transportflugzeuge des Typs Ju 52 werden in Holland abgeschossen oder gehen zu Bruch. Das Geschwader KG z. b. V. 2 verliert beim Landeversuch auf einem Flughafen bei Den Haag fast 90 Prozent seiner Maschinen - aber Verluste hat die Propaganda nicht zu vermelden.
Der Blitzkrieg ist bar mit Blut zu bezahlen, aber »... Gegenüber diesem neuen Konzept der Kriegführung schmolzen die Armeen Belgiens, Frankreichs und der britischen Expeditionsstreitkräfte dahin wie Schnee in der Sonne«, schreibt in seinem Buch ›The Stuka at war‹ der britische Autor Peter C. Smith: »Mit den ersten Schlägen vernichteten die deutschen Kampfflugzeuge die Masse der alliierten Luftstreitkräfte, die auf den Flugplätzen bereitstanden ...
48 Stunden nach den ersten Bombenangriffen gegen holländische, belgische und französische Flugplätze waren die alliierten Truppenbefehlshaber nicht mehr Herren der Lage. Der dann folgende fluchtartige Rückzug war katastrophal ...«

Bild 1: Die Ju 87, der Stuka, hatte am Vorabend des Krieges eine schauerliche Generalprobe. In Anwesenheit dreier Luftwaffengeneräle knallten nach einem plötzlichen Wettersturz 13 Maschinen mit ihren Besatzungen bei dichtem Bodennebel in die Erde. In Polen wie in Frankreich wurden die »Todesvögel« zur gefürchtetsten Horrorwaffe des Blitzkrieges. Zur Brisanz der punktgenau ins Ziel geworfenen 500-kg-Bomben kam noch die psychologische Sprengkraft: Im Geheul der Jerichosirenen liefen bei Stuka-Angriffen selbst gegnerische Elitesoldaten kopflos davon.

Bild 2: Ju 87 B1 kurz vor dem Start zum Flug über den Kanal.

Bild 7: Die Ju 88 war ein zweimotoriger Horizontal- und Sturzkampfbomber. Er löste die He 111 als Mittelstrecken-Kampfflugzeug ab.

Bild 8: Ju 88 nimmt Bomben auf. Diese Bombe trägt einen Schiffsfangring.

Das kleine Holland verfügt über elf Divisionen, die sich erbittert und tapfer schlagen, aber von vornherein keine Chance gegen die deutsche Übermacht haben. Die Verteidiger sprengen die Deiche, um Überschwemmungen auszulösen; sie sollen die Angreifer so lange aufhalten, bis den Niederländern Engländer und Franzosen zu Hilfe kommen. Aber alle Notrufe bleiben ohne Antwort, und die Überflutung tritt erst nach vier Tagen ein.

Deutsche Panzer stehen am 13. Mai vor Rotterdam. Das holländische Öl- und Margarinezentrum mit dem Welthafen ist keine offene Stadt, es wird von den Truppen des Obersten Scharroo energisch verteidigt. Am Morgen des 14. Mai fordert Generalleutnant Ludwig Schmidt, Kommandierender General des XXXIX. Panzerkorps, Scharroo in einem Ultimatum zur Übergabe auf, da er sonst mit allen nötigen Mitteln den Widerstand brechen müsse: »Dies kann die völlige Vernichtung der Stadt nach sich ziehen«, schreibt der General. »Ich ersuche Sie als Mann von Verantwortungsgefühl, darauf hinzuwirken, dass diese schwere Schädigung der Stadt unterbleiben kann.«

Die Drohung ist kein Bluff, wie Oberst Scharroo zunächst annimmt. Rotterdam hält den deutschen Vormarsch auf. Fällt die Stadt, wird Holland kapitulieren. In diesem Fall haben die Angreifer auch ihre Fallschirmjäger herausgepaukt, die nach einem Einsatz von fünf Tagen und vier Nächten am Ende sind.

Oberst Scharroo versucht Zeit zu gewinnen, wie jeder tüchtige Militär in seiner Lage. Er pokert, aber sein Einsatz ist zu hoch, denn 600.000 Zivilisten sind in einer umkämpften Stadt. Um 10.40 Uhr werden zwei deutsche Offiziere ins holländische Hauptquartier ent-

sandt. Die Niederländer führen sie mit verbundenen Augen durch Rotterdam. Aber erst um 12.10 Uhr stehen sie Oberst Scharroo gegenüber. Er sichert zu, um 14 Uhr einen Parlamentär zu schicken.
General Schmidt sendet einen Funkspruch an die Luftflotte 2: »Angriff wegen Verhandlungen verschoben.« Der Funker fummelt an seinem Gerät herum. Wellensalat, er kommt nicht durch.
13.30 Uhr. Das Kampfgeschwader 54 startet in Delmenhorst, Quakenbrück und Hoya-Weser zum Angriff. 100 He 111 heben sich in die Luft. Angriffszeit: 15 Uhr. Angriffsziel: ein Dreieck nördlich der über die Maas führenden Willem-Brücke in Rotterdam. Ein Verbindungsoffizier hatte es am Vorabend an Ort und Stelle mit dem XXXIX. Panzerkorps abgesprochen.
14.15 Uhr. Endlich kommt die Meldung mit der Angriffsverschiebung durch. Aber der Befehl aus dem Äther, Rotterdam zu schonen und das abgesprochene Ausweichziel anzugreifen, erreicht die in zwei Formationen fliegenden Kampfflugzeuge nicht mehr. Sie haben - typische Angriffsvorbereitungen - ihre Schleppantennen bereits eingezogen.
Der Generalstabschef der Luftflotte 2, Oberstleutnant Rieckhoff, springt in eine Me 109 und jagt hinter dem Geschwader her. Er kann die Zeit nicht überrunden, das furchtbare Schicksal der Stadt nicht abwenden.
14.45 Uhr. Die Stimmung in den deutschen Gefechtsständen ist gespannt und gereizt. Noch immer keine Bestätigung, dass das Geschwader KG 54 umgeleitet worden ist. Der Himmel ist unbewölkt, aber über Rotterdam schwebt eine Dunstglocke, dunkler Qualm steigt auf.
Motoren dröhnen. Geschwaderkommodore Oberst

Lackner erreicht mit 54 He 111 in Angriffsformation Rotterdam.

Die Generale Schmidt und Student springen aus ihrem Gefechtsstand auf die Stieltjes Straat, schießen persönlich mit ihren Leuchtpistolen rote Signale ab, die der Dunst verschluckt.

Aus den Schächten der Hes rauscht der Tod ins Ziel. Die Sprengbomben zünden Brände. Ölvorräte mästen das Feuer. Es frisst sich durch die Fachwerkbauten der Altstadt, durch ganz Rotterdam.

Die zweite Welle: 46 Hes, geführt von Oberstleutnant Höhne. Der Offizier gibt den Angriffsbefehl. Die Automatik des Abwurfs rollt ab.

In diesem Moment sieht er eine rote Leuchtkugel. Während aus der Führungsmaschine und den beiden Rotten-Hes die Bomben nach unten fallen, gibt Höhne den nachfolgenden Flugzeugen des Verbands den Befehl zum Abdrehen. »Ich habe«, so berichtet er danach, »später keinen den Begleitumständen nach so dramatischen Angriff mehr geflogen.«

43 Bomber fliegen ein Ausweichziel an. Aber die 97 Tonnen Sprengbomben, die auf Rotterdam fallen, haben in der dicht besiedelten Stadt grauenhafte Folgen. Auf den Straßen, in den Kellern, in provisorischen Unterständen werden Frauen und Kinder erschlagen. Die Feuerwehr, mit veralteten Handpumpen ausgerüstet, muss zusehen, wie die Stadt niederbrennt, insgesamt 11.000 Gebäude mit 25.000 Wohnungen. 80.000 Menschen werden obdachlos.

General Schmidt entschuldigt sich persönlich beim Oberbürgermeister und bei Oberst Scharroo für einen Angriff, den er nicht gewollt hatte, aber auch nicht mehr verhindern konnte. Eine faire Geste, die freilich

die mehr als 900 toten Zivilisten auch nicht wieder lebendig machen kann.
Rotterdam: Eine Kette unglücklicher Zufälle wird zu einem Alarmsignal der Unmenschlichkeit, Die alliierte Propaganda macht aus einem unaufhaltsamen - allenfalls fahrlässig ausgelösten - Verhängnis einen vorsätzlichen Terrorakt, erhöht die Zahl der Todesopfer auf 30.000, übertreibt ein Grauen maßlos, das keiner Steigerung bedurfte.
»Im Anschluss an den verheerenden deutschen Bombenangriff auf Rotterdam hob der neue britische Premierminister Winston Churchill am 15. Mai die Sperre gegen zivile Ziele in Deutschland auf«, schreibt in seinem Buch ›Battle over the Reich‹ der englische Autor Alfred Price: »Noch in der gleichen Nacht griff ein Verband von 99 Bombern Öl- und Eisenbahnziele im Ruhrgebiet an. Die strategische Bomberoffensive gegen Deutschland hatte damit ernsthaft begonnen.«

Die ersten Angriffe auf das Ruhrgebiet richten mehr Verwirrung als Schaden an. Die Navigation liegt noch im Argen, nach eigener Beobachtung der Royal Air Force fallen bei Nachtangriffen die Bomben meistens bis zu drei Kilometer neben das Ziel, und das heißt, dass sie je nach Zufall ins leere Gelände knallen oder in dicht besiedelte Wohnblocks. Zum ersten Mal erscheint in den deutschen Wehrmachtsberichten die stereotype Formel: ›Die Zivilbevölkerung hatte Verluste.‹ Noch ahnt niemand, dass sie bei Kriegsende über eine halbe Million Menschenleben betragen werden.
Schon wenige Tage nach Rotterdam lässt Churchill von seiner Kraftmeierei über dem Kohlenpott wieder ab: An der Frankreichfront brennt´s, und er braucht

jede verfügbare Maschine, um sein Expeditionskorps zu retten.
Die Lage ist hoffnungslos: Im Garten des Quai d´Orsay in Paris werden bereits die Akten verbrannt. Aber die Panzerkolonnen rollen nicht, wie erwartet, auf die französische Hauptstadt zu, sondern drehen - nach dem ›Sichelschnitt‹-Plan - nach Flandern ab und schließen die Engländer ein.
Das Vormarschtempo ist unvorstellbar. Von ihrer Bereitstellung in Deutschland bis zur Kanalküste benötigt die Panzergruppe nur elf Tage. Diesen Gewaltmärschen kann der Nachschub auf dem Landweg nicht folgen. Transport-Jus müssen ihn möglichst direkt an die Hauptkampflinie heranschaffen.
Die Jagdflugzeuge sind Großverbraucher an Sprit, deshalb verlegt man ihre Einsatz- oder kurz: E-Häfen so nahe wie möglich an den Feind. Mitunter landen die Mes auf schmalen Graspisten, die noch umkämpft werden. Zwischen den einzelnen Starts liegt oft kaum mehr als eine halbe Stunde. Bei dem Jagdgeschwader 27, das sich mit dem Jagdgeschwader 51 die E-Häfen rings um St. Pol teilt, steht der Rekord zur Zeit bei 13 Feindflügen in 24 Stunden.
Und dann ist´s Sense. Nach dem Morgenstart sind die Tanks der schnittigen Messerschmitts leer wie die Schampusflaschen, mit denen die Männer des Jagdgeschwaders 27 über Nacht die 18 Luftsiege von gestern gefeiert haben. Hauptmann Baltasar konnte an diesem 23. Mai 1940 allein drei, Leutnant Franzisket zwei Abschüsse verbuchen.
Die jungen Flugzeugführer sind auf Sieg dressiert; das Programm rollt nach Wunsch, wenn man davon absieht, dass gestern Leutnant von Weyer östlich von

Ypern gefallen ist, dass Leutnant Beckert beim Start auf dem überfüllten E-Hafen eine einschwebende Ju 87 gerammt hat - drei Tote, zwei Totalschäden - und dass Unteroffizier Wimmer seit seinem letzten Einsatz vermisst wird. Außerdem sind am Vortag ein Leutnant und ein Feldwebel aus ihren brennenden Kisten in ein ungewisses Schicksal abgesprungen.
Die vorletzte Me landet. Jetzt steht nur noch Neumann aus. Es ist nicht ungewöhnlich, entweder säuft der Motor seiner Kiste weniger, oder er fliegt sparsamer als die anderen. Jedenfalls versteht es der Oberfähnrich, sich bei freier Jagd auf dem Rückflug vom Begleitschutz ein paar Minuten länger in der Luft zu halten als seine Staffelkameraden.
Spazierflug. Strahlendes Wetter, leichter Rückenwind. Die Me schwebt sanft zwischen Himmel und Erde. In der Niederung die Vormarschstraße: Qualmende Ruinen. Umgestürzte Fahrzeuge. Daneben die Toten mit ausgestreckten Armen, mit geballten Fäusten, mitunter noch mit den Füßen in ihre Fahrzeuge eingeklemmt. Gefallene neben Pferdekadavern, aus deren aufgerissenen Leibern die Gedärme quellen. Franzosen neben Deutschen. Die Fliegen krabbeln über die schwärzlichen Gesichter mit den aufgerissenen Augen, ob Feind, ob Freund - Stillleben des Heldentods.
Das kann Neumann natürlich nicht sehen. Als Angehöriger des fliegenden Personals steht er ohnedies hoch über den Dingen. Momentan an die 1500 m. Er zieht den Kopf zwischen die Schultern und seine Me automatisch etwas höher, wiewohl das mehr Sprit kostet und die rote Warnlampe längst aufgeflammt ist. 1700 m, 1900 m, 2000 m. Er überfliegt eine Ebene mit Granattrichtern. Die Erde trägt eine Gänsehaut.

Lille, vorwiegend verteidigt von Betrunkenen, randalierenden Zuhältern und kreischenden Nutten, liegt längst hinter ihm. Mit Rücksicht auf die Zivilbevölkerung bombardiert die Luftwaffe die Stadt nicht - das gibt es noch im Jahr 1940. Über Neumann, 2000 m höher, zieht auf Gegenkurs eine Staffel He 111 in Richtung Calais. Westlich von ihm ist eine Stuka-Formation auf dem Rückflug vom Einsatz. Der Oberfähnrich zählt sieben Ju 87: Entweder sind zwei Stukas zu wenig gestartet, oder die Staffel hat zwei Maschinen verloren.

Noch 25 km zum E-Hafen. Vielleicht nur 20. Der Saft reicht gerade noch. Da sieht Neumann zwei ›Hurricanes‹. Er reißt seine Me hoch, jagt sie in eine gefährliche Steilkurve, fliegt blind in den Glutball der Sonne, fängt sie kurz vor dem Überziehen ab, zwingt sie in eine Schleife, sucht die Tommys.

Sie haben einen kleinen Vorsprung gewonnen. Es nützt ihnen nichts, die Me ist gut 100 km/h schneller. Der Verfolger ist jetzt hinter ihnen. Und über ihnen. Sie fliegen stur weiter. Kein Ausweichmanöver. Offensichtlich haben sie den Angreifer nicht gesehen, auf jeden Fall aber die Weltkrieg-I-Weisheit, die man ihnen auf der Fighter-Schule eingebläut hat, vergessen: ›Denk´ an den Hunnen in der Sonne!‹

Volle Pulle. Neumann nimmt Maß bei der linken ›Hurricane‹, fetzt von oben heran. Endlich merkt der Pilot, dass er angegriffen wird, versucht, nach links abzudrehen.

Zu spät. Der Oberfähnrich, bis auf 50 m herangekommen, hat die ›Hurricane‹ im Visier und haut auf die Abzugsballen.

Schon der erste Feuerstoß sitzt.

Während er seine Me hochreißt, sieht er, dass der Motor der ›Hurricane‹ brennt. Wo steckt die zweite? Sie bleibt verschwunden; verfolgen kann der Oberfähnrich sie nicht. Neumann wendet, fliegt ohne zu feuern noch einmal auf die brennende Maschine zu. Steig doch aus, Junge! Wirf das Scheißkabinendach ab! Nicht so pomadig, Mensch, du hast doch schon genug Feuer unter´m Arsch.
Neumann sieht, wie sich die Maschine endlich auf die Seite legt, wie das Dach abgeworfen wird, wie der Tommy versucht, auszusteigen: Er verfolgt, dass der Mann irgendwie mit den Beinen hängen bleibt, wild mit den Armen rudert und endlich loskommt. Aber er muss die Reißleine seines Fallschirms zu früh gezogen haben - der halboffene weiße Pilz verfängt sich im Höhenruder.
Die herrenlose Maschine trudelt nach unten.
Endlich löst sich ein Punkt, wird schneller, knallt in den Boden, ein paar Hundert Meter neben dem Aufschlagbrand der ›Hurricane‹.
Neumann geht wieder auf Kurs, starrt auf die rote Warnlampe, aber er sieht nur das Gesicht des Engländers, Sekunden vor dem Ende. Die Augen, die Nase, die Stirn. Es ist wie bei einer Hinrichtung, aber da streift man dem Delinquenten wenigstens eine schwarze Binde über - vielleicht zum Schutz der Zuschauer.
Der Oberfähnrich drückt die Me nach unten, wo ihm Infanteristen zuwinken, die den einseitigen Luftkampf verfolgt haben.
Er beißt die Schneidezähne in die Unterlippe, drückt die Kiste tiefer. Der Auspuff spuckt schon. Weg über die Baumkronen. Ein harter Ruck. Die Maschine rollt

aus, bleibt knapp vor dem Staffelgefechtsstand stehen, einem ausrangierten Zirkuswagen, dem Beutestücke aller Art zu unerwartetem Komfort verholfen haben. Benommen klettert er aus der Maschine. Der Abschuss hat sich herumgesprochen, obwohl Neumann nicht mehr dazu gekommen ist, mit den Tragflächen zu wackeln. Gratulanten heben ihn auf die Schultern, aber nach seinem zweiten Abschuss wirkt der Oberfähnrich eher verstört als siegessicher. Einer schiebt ihm eine brennende Zigarette zwischen die Lippen, ein anderer reicht ihm die Feldflasche. Halb Kaffee, halb Kognak, noch ohne das Pervitin, das sie später alle brauchen werden, um überhaupt vom Boden hochzukommen - sofern sie später überhaupt noch leben.
Neumann wirft sich in den Schatten, wartet, bis das Gesöff wirkt. Die Erde zittert unter dem Wummern schwerer Kaliber. Ringsum dröhnen Motoren. Panzerketten rasseln, Sirenen heulen. Wenn einen Moment lang der Geräuschvorhang beiseite geschoben wird, hört man irgendwo das Gebimmel einer Kirchenglocke, Neumann geht wieder zu den anderen.
Der Blitzkrieg frisst seine eigenen Rekorde ... und die Jagdstaffel wartet noch immer auf den verdammten Sprit: »Dann drehen wir eben Däumchen«, sagt einer.
»Und die anderen sahnen ab«, giftet der bullige Feldwebel Frommleben, der noch immer das Rätsel aufgibt, wie er bei den Alarmstarts seinen kolossalen Körper so rasch in die Me-Kabine zwängen kann.
»Die Konkurrenz schläft nicht«, sagt der Oberfähnrich Müller zwo, den sie den Professor nennen, weise.
»Regt euch nicht auf, Sportsfreunde«, schaltet sich Oberleutnant Gellert, der stellvertretende Staffelkapitän, in das Palaver ein. »Ihr werdet eure Ärsche

schon wieder früh genug in den Himmel hängen.« Er lächelte schräg. »Der Krieg dauert schon noch´n paar Tage.« Der Offizier ist schlank und hager, als sei er magenkrank oder würde er nie satt. Er ist Luftmillionär, ein alter Flugkapitän der Lufthansa, und er verfügt über Mumm und Hirn, ein zu Zeiten des frischfröhlichen Luftkriegs recht rares Zusammentreffen. Elf Jagdflugzeuge stehen schutzlos auf dem kleinen französischen Beuteflughafen St. Pol, nur eines zur Hälfte betankt. Der Krieg ist erst acht Monate alt, und der Westfeldzug geht in die dritte Woche. Die Piloten stehen herum, warten auf die dicken Jus mit den Spritfässern.

Sie starren nach oben, aber ihre Augen stanzen nur Löcher in die Luft.

»Dabei fließt der Sprit wie Milch und Honig«, sagt Oberfähnrich Neumann, der sich allmählich von seinem Luftsieg erholt hat. »Aber vielleicht füllen die sich hinten erst ihre Feuerzeuge auf.«

»Oder sie haben sich verfranzt«, brummelt Frommleben und räkelt seinen massiven Körper wie Rübezahl, der Riese.

»Oder die ›Hurricanes‹ haben ihnen aufgelauert«, bekennt sich der Professor wieder zu einer Binsenweisheit. »Es wäre sicher besser, wir würden für unseren eigenen Nachschub Begleitschutz fliegen, statt für diese verdammten Jus.«

Plötzlich spritzen sie auseinander und hauen sich in den Dreck. Im Tiefflug brausen Schlachtflieger heran, eigene, auf dem Rückflug von der Front.

»Blödmänner«, brummelt Neumann und verfolgt, wie Frommleben sich mühselig und umständlich erhebt wie ein Karawanenkamel.

Frankreich wird in einem wahnwitzigen Tempo überrannt. Ein unaufhaltsamer Panzerkeil dividiert die französischen Armeen auseinander, trennt das britische Expeditionskorps von seinen Bundesgenossen, steckt es im Raum Calais - Dünkirchen in einen gewaltigen Sack, prall gefüllt mit einer Million Soldaten. Die Engländer sind bisher kaum zum Schuss gekommen. Sie hatten erst 500 Mann verloren. Auf ihren Transportwagons stand noch immer in Schlämmkreide: ›Hitler we´re on the way‹, aber es konnte keine Rede mehr davon sein, dass sie unterwegs zu Hitler waren.
Nach den ersten Panikszenen kämpften die Poilus tapfer, aber sie waren miserabel geführt und wurden in kombinierten Panzer- und Stuka-Angriffen überrollt und einkassiert. Die Angreifer hatten keine Zeit, sich um die vielen tausenden Gefangenen zu kümmern. Sie warfen einfach die Waffen der Kapitulanten auf einen Haufen, walzten sie mit ihren Panzerketten zu Schrott und schickten die Franzosen unbewacht nach hinten.
Der Vormarsch ist so wahnwitzig schnell, dass der auf dem Landweg herangekarrte Nachschub auf den verstopften Straßen strandet. Transport-Jus fliegen seitdem den Brennstoff heran, aber knapp bleibt er immer, und auf Mes kann man gegebenenfalls keine Fässer schnallen wie auf die Panzer. Sie können auch nicht jeden Sprit tanken, sie brauchen Flugzeugbenzin, und so kommt es vorübergehend zu dem absurden Befehl, dass die Piloten erst starten dürfen, wenn für den nächsten Einsatz genügend Vorrat sichergestellt ist.
Die Kuttenzwerge, das Bodenpersonal, waren deshalb in jeder freien Minute unterwegs, um zu organisieren: sie zapften die gelandeten Transportmaschinen an, die

Stabs- und die Reiseflugzeuge, einmal sogar die als Kuriermaschine eingesetzte Ju 52 Hitlers. Sie ließen dem Flugkapitän Baur nur so viel Benzin im Tank, dass er gerade noch ins Führerhauptquartier zurückfliegen konnte.

Die Sonne steht im Süden, wieder verdunkelt von Rauchschwaden und Pulverbeize. Einer hängt immer an der Strippe, kann aber den explosiven Saft auch nicht herbeizaubern. Die Männer rauchen und fluchen. Der Professor hockt, angeschnallt, in seiner unbetankten Maschine und übt Schattenluftkämpfe.

Feldwebel Frommleben stopft Unmengen von Weißbrot und Käse in sich hinein, leert dazu eine Buddel Blauburgunder und redet mit vollem Mund von den zentnerschweren Weibern, die er sich in Paris vorknöpfen wird. »Wulä-wu, Mademoiselle?«, albert er und grinst, aber das Thema eins zündet heute nicht.

Eine einzige halb betankte Maschine steht am Rand der Rollpiste. Sie gehört Hauptmann Adolf Galland. Der spätere General der Jagdflieger hat sehr zu seinem Ärger den Gefechtsstand - einen ausrangierten Zirkuswagen - zu hüten und ist mit Papierkrieg beschäftigt. Er dient den Jagdstaffeln als Einsatzberater. Seine Frontflüge kann er allenfalls als Freizeitbeschäftigung einplanen.

Die Motor- und Waffenwarte vertreten sich nervös die Beine. Von den Jus ist nichts zu sehen. »Sie kommen!«, brüllt ein bulliger Feldwebel vom Bodenpersonal plötzlich, und sein Ruf pflanzt sich wie Donnerhall über den E-Hafen fort.

Die Männer starren nach oben. Ein kleiner Punkt. Die erste Transportmaschine kommt in Sicht, wird größer. Dahinter die nächste. Die vordere ›Tante Ju‹ setzt zur

Landung an. Betulich, mit sattem Motorengebrumm. »Die lassen sich vielleicht Zeit«, schimpft einer.
Und dann sagt keiner mehr ein Wort. ›Spitfires‹: Der von den Engländern erstmals eingesetzte Dernier Cri des Luftkriegs. Sie greifen an, drei, vier braungrüne Raubvögel. Ein ganzer Schwarm. Sie stürzen sich von oben auf die wehrlose Ju an der Spitze.
Ein Feuerstoß - ein Feuerball.
Die Trümmer der Transportmaschine fliegen den entsetzten Männern über die Köpfe.
Und den Übrigen wird es nicht besser gehen.
Oben rackert der Flugzeugführer der zweiten Ju um sein Leben. Er ›pumpt‹ den schweren Vogel, drückt ihn nach unten, reißt ihn wieder hoch, mühsam, immer wieder. Und das mit Benzinfässern an Bord.
Hauptmann Galland jagt über den E-Hafen, springt auf die linke Tragfläche seiner Me, reißt das Kabinendach hoch, schwingt sich in den Sitz. Während er sich anschnallt, hastet sein Bordwart aus dem Splittergraben, reißt die Bremsklötze weg, steckt das Anlasserkabel in die Maschine.
Der Pilot drückt auf den Starter. Die Me springt an. Der Propeller dreht sich, wird immer schneller. Die Maschine flitzt über die Graspiste, erreicht die Abhebegeschwindigkeit, löst sich vom Boden. Inmitten des Infernos zaubert der Offizier einen Blitzstart.
Seine Me bleibt ganz knapp über dem Boden; es sieht aus, als würde sie die Baumwipfel rammen. Der Pilot klebt so tief an der Erde, um sich, ungesehen von den ›Spitfires‹, in Angriffsposition hochzuschrauben.
Der linke Motor der zweiten Ju brennt. Plötzlich wird der gedrungene Wellblechrumpf zu einer einzigen Fackel - und fliegt noch immer.

Endlich fällt die Fackel vom Himmel, knallt in den Wald neben der Piste. Eine riesige Stichflamme markiert den Aufprall. Die dreiköpfige Besatzung hat das Material für ihre formlose Feuerbestattung gleich mitgebracht.
Oben greift Hauptmann Galland an, er hat eine ›Spitfire‹ im Visier, zielt mit der ganzen Maschine, feuert mit der Bordkanone. Gleichzeitig, offensichtlich befohlen, dreht der ganze ›Spitfire‹-Schwarm nach Westen ab - und in diesem Augenblick landet die dritte Ju unversehrt.
Die festgezurrten Benzinfässer werden vorsichtig aus ihrem Bauch geholt. Das Entsetzen weicht der Geschäftigkeit. Die leeren Mes werden sofort betankt.
Gallands Me kommt vom Blitzstart zurück. Der Pilot klettert aus dem Cockpit, ein drahtiger Offizier: dunkle Augen, korrekter Schnurrbart auf der Oberlippe. Hauptmann Galland ist mit neun Luftsiegen schon legendär und noch immer leger, wenn auch nicht gerade der nordische Modetyp seiner Auftraggeber.
Die Improvisation gehört ebenso zum Blitzkrieg wie die schnellen Panzerdurchbrüche ohne Flankensicherung, die Luftüberlegenheit, Majore mit 25, und schließlich auch Generale unter 30, Truppenführer, die im Führungspanzer saßen, um sich selbst ein Bild von der Lage zu machen, statt in ihrem Hauptquartier auf Meldungen zu warten. Typisch dafür war der jüngste Kommandeur einer Panzerdivision, Erwin Rommel.
»Rommels dramatischer Durchbruch durch die Maginot-Linie war ein Beispiel«, schreibt in seiner ›Rommel-Biografie‹ der britische Autor David Irving: »Zwischen dieser Bunkerlinie und der französischen Grenze lag ein großes Waldgelände, in dem die Franzosen

starke vorgeschobene Stellungen hatten. Am 16. Mai 1940 erreichte Rommel den Wald bei Cerfontaine. Er wollte hier so schnell wie möglich durchstoßen, um die Bunker selbst noch vor Einbruch der Dunkelheit zu erreichen. Aber wie sollte er das anstellen, ohne die Besatzung der Maginot-Linie zu alarmieren? Rommel nahm das Mikrofon und befahl allen Panzerkommandeuren, diesmal ohne einen einzigen Schuss durch den Wald zu fahren ...

Als sie den Wald hinter sich hatten, befahl Rommel der letzten Panzerabteilung, kehrtzumachen und in Deckung zu gehen, falls der Gegner sich doch noch entschließen sollte zu kämpfen. Inzwischen waren Rommels Panzer hinter einer langen Hecke in Stellung gegangen. Auf sein Zeichen schossen sie Nebelgranaten auf bestimmte Bunker, während Stoßtrupps der Pioniere herankrochen und die benachbarten Bunker mit Flammenwerfern ausräucherten. Vom Feuerschein beleuchtet, rollte die 7. Panzerdivision um Mitternacht durch die in die Bunkerlinie gesprengte Bresche. Panzerspitzen schossen nach vorn in die Dunkelheit hinein, während der Rest Breitseiten abfeuerte, um den Gegner niederzuhalten. Als die Panzer in schnellem Tempo nach Westen rollten, begann ein höllisches Artilleriefeuer. Rasselnd fuhren sie durch kleine französische Ortschaften, wie Solre-le-Château, Sars-Poteries und Semousies. Durch den Lärm wurden die Dorfbewohner aus dem Schlaf gerissen. Fenster flogen auf. Mit angstverzerrten Gesichtern kauerten Zivilisten und französische Soldaten im Straßengraben. Von den Flüchtlingen im Stich gelassene, mit Hausrat beladene Karren wurden umgestoßen oder von den Panzerketten zermalmt ...«

Rommel fuhr weiter. Immer an der Spitze. Seine Panzer rollten bei Avesnes. »Ein einziger schießwütiger Franzose hätte genügt, und Rommels Laufbahn wäre hier in diesem Augenblick zu Ende gewesen. Er dachte gar nicht daran, seinen Rang oder seine Person zu verbergen. Durch seine schicke Uniform, die hohe Schirmmütze, die Orden und seine laute Stimme hob er sich deutlich von seinen Panzerkommandeuren ab. Er aber lebte sein wie durch Zauber beschütztes Leben weiter, wie zahlreiche Ereignisse zeigen. Da sehen wir Rommel weithin sichtbar oben auf einem Bahndamm stehen und die Schlacht leiten, während seine Männer, einer nach dem anderen, von schottischen Scharfschützen aufs Korn genommen werden; oder er geht durch einen Geschosshagel auf einen bewegungslosen deutschen Panzer zu und klopft an den Turm, um festzustellen, warum er nicht feuert ...«

Kommandeure wie Rommel waren die Faust des Blitzkriegs, dessen theoretische Grundlagen der vor dem Zweiten Weltkrieg verstorbene italienische Fliegergeneral Giulio Douhet geschaffen hatte und dessen Rezeptur auf den Satz hinauslief: »Widerstand am Boden leisten und die Entscheidung in der Luft suchen.«

Die Eroberer Frankreichs hatten dabei noch an Stelle des Widerstands den stürmischen Vormarsch gesetzt. Der militärisch brillante und politisch umstrittene General Heinz Guderian war der Schöpfer der modernen Panzerwaffe. Die Sandkastenspiele über die Zusammenarbeit zwischen gepanzerten Kolonnen und fliegenden Verbänden bestätigten während des Sechs-Wochen-Feldzugs in Frankreich schier unglaublich ihre Realität.

Während die alliierten Befehlshaber befürchteten, die

Panzer mit dem Balkenkreuz würden in einer einzigen Kraftanstrengung bis Paris durchbrechen, drehten die Spitzen in einer halbkreisförmigen Bewegung zur Küste ab, trennten so das Gros der französischen Armee von der ›British Expeditionary Force‹ (BEF). Dünkirchen war eingekreist. Die Falle von Flandern hatte sich für die Engländer geschlossen. Am 24. Mai, dem ersten Tag, an dem die neuen ›Spitfires‹ die deutsche Luftüberlegenheit in Frage stellten, war General Guderian mit seinen Panzern noch eine Stunde vom letzten britischen Brückenkopf entfernt. Alles, was Flügel hatte, zog in den Hexenkessel an der Kanalküste. Nichts konnte die Briten retten - oder doch?

»Am 23. Mai hielt ein rollendes Hauptquartier in einem kleinen Bahnhof bei Münster-Eifel«, schreibt der französische Autor Raymond Cartier in seinem Standardwerk über den Zweiten Weltkrieg: »Göring rief den Führer an. Er hatte allen Grund zu triumphieren. Seine Luftwaffe war, noch mehr als die Panzer, die entscheidende Waffe in den Kämpfen seit dem 10. Mai gewesen. Aber Göring beklagte sich in seiner grenzenlosen Ruhmsucht, die Luftwaffe werde nicht in ausreichenden Maße herangezogen. Die Lorbeeren würden ihm von der Armee genommen, deren Generale die nationalsozialistische Bewegung im Grunde verachteten. Göring verlangte seinen Anteil. Er forderte insbesondere, es ihm zu überlassen, die britische Armee zu vernichten, die in der Falle von Dünkirchen gefangen saß. Er bot sich an, England durch Zerstörung seiner Häfen zur Kapitulation zu zwingen ...«

Hitler befiehlt: Panzer und Infanterie bleiben stehen. Dünkirchen gehört der Luftwaffe. Zwei Luftflotten sollen über 400.000 alliierte Soldaten durch Bombar-

dierung zur Kapitulation zwingen oder vernichten. Die klassische Fehlentscheidung fällt unter dem dezenten Kopfschütteln und verschluckten Protestgemurmel der Generale. Erstens ist die Luftwaffe vom Wetter abhängig. Zweitens wird sie nicht nur in Dünkirchen, sondern als Feuerwehr der Front in Calais, bei Amiens und bei Lille gebraucht. Und zum Dritten steht die Kampfstärke der fliegenden Verbände oft nur auf dem Papier: Vor allem die Kampfflieger haben seit Beginn des Frankreichfeldzugs durch Abstürze, Abschüsse, Unfälle und Materialverschleiß bis zu 50 Prozent Ausfälle hinnehmen müssen.
Aber sicher hatten nicht nur Görings Prahlsucht, sondern auch gewichtigere Überlegungen dazu geführt, den Blitzkrieg anzuhalten. Auch die Panzer hatten Verluste und unübersehbaren Verschleiß. Was bei einem - auch siegreichen - Angriff auf Dünkirchen von den Verbänden dezimiert würde, stünde dann bei der noch zu schlagenden Schlacht um Frankreich nicht mehr zur Verfügung.

Am 26. Mai 1940, einem Sonntag, ist auf der Britischen Inselgruppe der Frühling nicht zu sehen, als wäre auch er in Deckung vor den deutschen Stukas und He-111-Bombern gegangen. Über Londons Häusern hängen dicke, trächtige Wolken, so tief, als könnte ihnen der Glockenturm von Big Ben die Haut aufschlitzen. So weit die Politiker, Bankiers und Wirtschaftsleute, die in dunklen Anzügen und mit ernsten Gesichtern in die düstere Westminster Abbey strömen, die Kriegslage kennen und von militärischen Dingen etwas verstehen, wissen sie, dass in den nächsten Tagen, den berühmten ›nine days of Dunkirk‹, das Schlechtwetter für ihr Land der einzige Lichtblick ist – denn das Expeditionskorps sitzt in der Falle. Dünkirchen ist bis auf die Meerseite eingeschlossen, und niemand weiß, wann die Panzer mit dem Balkenkreuz am Turm ihre Motoren wieder anwerfen. Der neue Regierungschef, Winston Churchill, erst seit 16 Tagen im Amt, hat mit dem Räumungsbefehl eine schwere Entscheidung getroffen, sehr spät, von englischer Warte aus gesehen, vielleicht zu spät. Und jetzt wird die Evakuierung des britischen Brückenkopfs in Frankreich in der Krönungskirche - mit dem Grabmal des Unbekannten Soldaten - durch einen Bittgottesdienst eingeleitet. Es ist eine kurze, stumme und würdige Zeremonie, ob sie nun Frömmigkeit oder Ohnmacht offenbart.

»Den Engländern widerstrebt es, ihre Gefühle zur Schau zu stellen«, schreibt Kriegspremier Winston Churchill später in seinen - mit dem Nobelpreis ausgezeichneten - Memoiren, »aber in meinem Sitz im Chor konnte ich die verhaltene, leidenschaftliche Bewegung der Gemeinde spüren und auch ihre Angst - nicht vor Tod und Wunden und materiellen Einbußen, sondern vor der Niederlage und dem Zusammenbruch Englands.«

Um 18.57 Uhr des gleichen Tages gibt Vizeadmiral Bertram Ramsay in Dover den Befehl zum Anlaufen der ›Operation Dynamo‹, die britische und französische Soldaten vom Brückenkopf in Flandern auf die Insel schaffen soll. Die Engländer hoffen, jeden zehnten Mann retten zu können, insgesamt vielleicht 45.000. Und die Zahl des ersten Tages gibt diesem Pessimismus durchaus Recht: Nur 7669 Soldaten des Expeditionskorps erreichen die rettende Seite des Kanals.

Aber auch die Deutschen haben ihre Sorgen. »Na, Richthofen«, wendet sich Generaloberst von Kluge, der Oberbefehlshaber der 4. Armee, nach der befohlenen Erstarrung des Blitzkriegs an den Kommandierenden General des VIII. Fliegerkorps: »Haben Sie Dünkirchen schon aus der Luft genommen?«
»Ich habe es noch nicht angegriffen, Herr Generaloberst«, erwidert der Fliegerführer verärgert.
Am Dienstag muss die Luftoffensive wegen Regens wieder ausfallen - und 17.804 Engländer und Franzosen gelangen auf die Insel.
Jetzt endlich, nach zweieinhalb Tagen, werfen die Panzer ihre Motoren an. Hitler hat einen harten, letzten Sturm auf Dünkirchen befohlen, und nunmehr beginnt eine Entscheidungsschlacht, aus der beide Seiten, die Deutschen wie die Engländer, gleichermaßen als Sieger wie Besiegte hervorgehen werden.

Seit dem verspäteten, doch verheerenden Eröffnungsbombardement auf Dünkirchen vom Montag, dem 27. Mai, herrscht über dem kleinen, fast tausend Jahre alten Hafenstädtchen groteske Ruhe. Zwar treten von der Landseite her die deutschen Panzer, die ein unsinniger Hitler-Befehl 60 Stunden lang aufgehalten hatte, zum Sturm an, aber sie kommen im energischen Abwehrfeuer nur mühsam voran. Der direkte Marschweg wird ihnen zudem durch künstlich herbeigeführte Überschwemmungen versperrt. Und die Flugzeuge, die ihnen den Weg freibomben sollen, bleiben aus, denn sie können wegen der ›Waschküche‹ nicht starten. Göring, der Dünkirchen aus der Luft nehmen wollte, hatte vergessen, dass er das Wetter nicht kommandieren kann. Eineinhalb Tage lang fällt auf den

britischen Brückenkopf keine einzige Bombe. In den neun Tagen, die Weltgeschichte machen werden, wird die Luftwaffe nur an zweieinhalb zu konzentrierten Einsätzen kommen.
Der Himmel hängt so tief, dass es aussieht, als würde der Turm der mittelalterlichen Kirche Saint-Eloi bis zu den Wolken reichen. Viele Bewohner - sie sprechen Flämisch - sind noch in der Stadt, weil sie der rasche deutsche Vormarsch überrumpelte. Im Hafen und am Strand nutzt die ›Operation Dynamo‹ die Gunst des Wetters. In mustergültiger Disziplin besteigen Soldaten des Expeditionskorps dicke Pötte und winzige Nussschalen.
Die Engländer nennen ihre seltsame Evakuierungsflotte spöttisch ›Mücken-Armada‹. Die Admiralität hat die Schlepper von der Themse und die Rettungsboote der Luxusdampfer, Krabbenkutter, Fischerboote, Schaluppen und Prähme, Privatjachten und Ausflugsdampfer requiriert. Holländische Küstenfahrer und britische Kanal-Postschiffe stehen im Dienst einer scheinbar aussichtslosen Rettungsaktion. Nachts laufen die Schiffe in den südlichen und südöstlichen Häfen der Insel aus. Manche, die ein privates Motorboot haben, verschwinden aus ihren Büros in London, schließen sich, in einer nützlichen Verbindung von Patriotismus und Abenteuerlust, der Mücken-Armada an und stampfen, tuckern und rattern über den Kanal nach Dünkirchen. Nur segeln können sie nicht; es rührt sich kein Windhauch: »Das Meer erwies sich wieder einmal als alte Freundin Englands und blieb völlig ruhig«, schreibt Raymond Cartier: »Die geringste Brandung hätte den Strand unbenutzbar gemacht und die Zahl der Evakuierten um die Hälfte verringert.«

Am Dienstag überqueren 17.804 britische Elitesoldaten unbehelligt den Kanal und sammeln sich in Dover. Auch am nächsten Tag steht eine geschlossene Wolkendecke 200 m über der Erde. Nichts deutet darauf hin, dass Dünkirchen ein blutiger Mittwoch bevorsteht, aber gegen Mittag reißt der Wind die Wolken auf.

Der Vorhang sollte sich zu einem unvorstellbaren Drama heben.

Die Jagdflieger sitzen bereits angeschnallt in ihren Maschinen und warten auf die Jus 87. Nach 20 Minuten nähern sich die Formationen der Stukas, brummend, lahm, schwer befrachtet. Die Ju 87 ist ein beinahe hilfloser Vogel, doch das Gesicht des Blitzkriegs wurde von ihr bestimmt.

Die Propeller der Mes drehen sich, wirbeln Sand auf. Die Jäger starten, einer hinter dem anderen; sie holen ihre Schützlinge ein, setzen sich neben und über sie. Die Piloten fliegen mit gedrosselten Motoren und verdrossenen Gesichtern. Sie haben den Befehl - geschehe, was da wolle -, an der Seite der Stukas zu bleiben und jeglichem Luftkampf auszuweichen.

Inzwischen sind auch im Rhein-Main-Gebiet, im Raum Düsseldorf und von notdürftig geflickten E-Häfen in Holland aus weitere Kampfverbände gestartet. Am Himmel herrscht Platznot, ein hundertfaches Dröhnen und Grollen kündigt den flandrischen Weltuntergang an. Großflugtag: Masseneinsatz - Massentod ...

Die Angreifer schwenken zum Kanal ein, wild von der britischen Flak in den Dünen beschossen. Sie fliegen langsam auf ihre Ziele zu, kreisen über dem Schiffsgewimmel, suchen sich die dicksten Dampfer aus.

848 Schiffe aller Art, nur durch einige Zerstörer geschützt, bieten sich als Zielscheiben an und ermöglichen Churchills ›glorreichen Rückzug‹; insgesamt 235 von ihnen werden vernichtet. Die Todesvögel nehmen Maß, schalten die automatische Abfangvorrichtung und Jerichosirenen ein, fahren die Sturzflugbremsen aus, stellen sich auf den Kopf, stoßen wie Falken nach unten, mit 600 km/h, auf das Punktziel zu.
Immer wieder wandert es aus dem Visier. Die Schiffe ziehen mit dem Heck einen Halbkreis. Die Bomben klatschen ins Wasser. Die Flugzeugführer fangen ihre Todesvögel ab, ziehen sie hoch, versuchen es immer wieder im ›Treppensturz‹. Sie bringen den Tod - oder sie sterben selbst.
Frühere Luxusdampfer brechen mittschiffs auseinander, drei überfüllte Zerstörer versinken im schmutzigen Kanalwasser, sieben werden schwer beschädigt. Die Fährschiffe ›Queen of the Channel‹, ›Fenella‹, ›Normannia‹, ›Lorina‹, ›King Orry‹ zerbersten im Bombenhagel. Zwischen den Wracks treiben hunderte Schiffbrüchiger, ersticken oder ertrinken, werden gerettet und erneut angegriffen. Abgeschossene Stukas knallen in die brennenden Deckaufbauten ihrer Opfer. Die Verluste sind auf beiden Seiten fürchterlich - der Krieg frisst seine Helden.
Rollender Einsatz der Hes, Dos, Jus und Mes. Dünkirchen ist ein Hexenkessel, der auf tausend Feuern kocht. Pulverbeize färbt die Gesichter der Verteidiger schwarz, Blut das Hafenbecken rot. Tote mit aufgequollenen Leibern und aufgerissenen Augen treiben schlingernd neben ausgebrannten Wracks.
Öltanks explodieren. Riesige Rauchschwaden verdunkeln für die nächste Welle die Angriffsziele. Aus der

Hauptpost schlagen hohe Stichflammen. Das Rathaus brennt. Die Docks sind zerschmettert. Der Hafen ist so schwer getroffen, dass sich bei Ebbe seine Schleusen nicht mehr schließen lassen. Und weiter rollen die Luftangriffe. Unter ›gesättigten‹ Bombenteppichen sterben die Menschen und ihre Träume, ihre Kinder und ihre Häuser.

Es stirbt auch die deutsche Luftüberlegenheit.

Die Jagdwaffe der Royal Air Force, das Fighter Command, hat mit den ›Spitfires‹ eine böse Überraschung aus der Geheimhaltung gezaubert. Piloten wie Maschinen sind auf einmal den deutschen Jägern ebenbürtig und mitunter überlegen. Wer das bessere Auge hat, die schnellere Reaktion, die stärkeren Nerven und wer Glück hat, ist nunmehr im Luftkampf Mann gegen Mann Sieger - ob seine Maschine das Balkenkreuz zeigt oder die Kokarde.

Die erstmals eingesetzten 200 ›Spitfires‹, die über Dünkirchen ihre Feuertaufe erleben, haben einen gewaltigen Vorteil. Sie starten von den nahen Basen an der Küste, setzen mit einem Sprung über den Kanal, ihre kurzen Anflugwege machen sie allgegenwärtig. Und auch die langsameren ›Hurricanes‹. 16 Staffeln setzt das Fighter Command über Dünkirchen ein. Sie schießen 262 deutsche Maschinen ab, bei 133 eigenen Verlusten.

Leutnant RR. Stanford Tuck von der 32. Staffel aus Hornchurch erledigt schon am ersten Tag seines Fronteinsatzes drei Messerschmitts, darunter zwei des zweimotorigen Zerstörers vom Typ Me 110. Gleich populär wird auf Anhieb Captain Douglas Bader. Da er bis zu den Oberschenkeln doppelamputiert ist, nennt ihn die englische Presse ›Wunder ohne Beine‹.

Die deutschen Panzer können Dünkirchen noch immer nicht nehmen. Die Verteidiger verkaufen ihre nackte Haut mit Verve und Todesmut, seit Tagen auf halbe Ration gesetzt. Die Munition ihrer Artillerie geht zur Neige, aber die Kanoniere jagen Granate um Granate aus den heißen Rohren. An der mondänen Strandpromenade von Malo-les-Bains stehen die englischen Soldaten mit den Füßen schon im seichten Wasser, geduldig hintereinander. Stunde um Stunde, lassen sich von Kampfflugzeugen bombardieren, von Tieffliegern beharken. Deckung gibt es nicht, aber der Sand schluckt wenigstens die Bomben, mildert ihre Detonationen.
Dass das Empire, seit über einem Jahrhundert unbesiegt, eine Niederlage erleiden würde, geht über ihren Horizont. In dieser reichlich aussichtslosen Situation werden Gerüchte kolportiert und geglaubt; eines lautet, dass eine französisch-englische Sturmspitze tief nach Deutschland eingedrungen sei, bis nach Koblenz, wobei die Royal Air Force über tausend deutsche Flugzeuge vernichtet hätte.
»Was die Männer mit sich schleppten, verriet ihren Optimismus«, berichtet in seinem Buch ›Dünkirchen‹ der britische Autor Richard Collier: »Die meisten hatten dabei an die Zukunft gedacht. Der Gefreite David Minton von den ›Hampshires‹ wollte nach dem Krieg ein eigenes Friseurgeschäft eröffnen. Er hatte fünfzig Haarschneidemaschinen in seinem Gepäck. Der Obergefreite Sidney Huntlea hatte ein Barometer aus einem zerstörten Haus mitgenommen. Es hängt heute noch in seiner Wohnung in Newcastle. Hauptmann Morton Fisher von den ›Cameronians‹ warf zwar betrübt seine neue warme, wollene Unterwäsche weg, behielt aber seine Angelrute. Obergefreiter Sidney Morris trug das

Flugzeug für seinen kleinen Sohn. Andere hatten gewichtigere Beute. Der Gefreite Herbert Stern vom Nachschubkorps sah am Rand des Verteidigungsgürtels Männer mühsam ihre Fahrräder führen, an deren Lenkstangen Radioapparate mit Plattenspielern und Kühlschränke hingen. Der Pionier Georges Lawson, ein ehemaliger Jahrmarktschausteller, schleppte eine Teekiste voller Puppen mit sich. An der Küste von La Panne eilte ein Mann auf Oberleutnant John Crosby von der ›Oriole‹ zu und fragte ihn: ›Können Sie mein Motorrad mitnehmen? Es hat erst vierhundert Kilometer drauf.‹

Einige dachten sogar an die Nachwelt. Leutnant Anthony Noble von der ›Lincolns‹ wollte ursprünglich zu einem Schiff hinausschwimmen, entschied sich dann aber anders, weil das Salzwasser der hübschen deutschen Schmeisser-Maschinenpistole schaden konnte, die er für das Regimentsmuseum mitgenommen hatte. Der Musiker George ›Jekyll‹ Hyde vom Royal Sussex Regiment hielt den Ort der Handlung selbst für erinnernswert. Er nahm in einem Briefumschlag Sand von Dünkirchen mit.

Ein grausiges Souvenir trug der Kraftfahrer Rowland Cole mit sich - acht Kugeln, die bei einer standrechtlichen Erschießung in Tournay acht Spione getötet hatten. Cole hatte sie mit dem Klappmesser einzeln herausgebohrt, zum eigenen Gedenken daran, welche Hölle der Krieg war.

Für tausende ist Dünkirchen noch heute der Inbegriff der größten Menge unversteuerten Tabaks, die sie je gesehen haben. Kaum einer hatte nicht mindestens 500 Zigaretten in der Patronentasche, im Rucksack oder sogar im Stahlhelm.

Major Edward Poulton hielt in Nieuport am Verteidigungsring einen Unteroffizier an: ›Haben Sie wohl eine Zigarette für mich? Ich habe keine mehr.‹ Als der Unteroffizier ihm einen Karton mit 200 Stück geben wollte, wehrte Poulton ab: ›Nein, nein, behalten Sie noch etwas für sich, ich möchte mir nur zwei Schachteln nehmen.‹ Doch der Unteroffizier drängte mit der ausgelassenen Großzügigkeit eines Partygastes, dessen Zigarettenetui voll ist: ›Bitte, behalten Sie den Karton, Sir, ich habe 10.000 Stück.‹

Scharenweise hatten die Männer ihre Lieblingstiere bei sich. Die englische Tierliebe war stärker als das Blutbad ringsum. Hauptmann Edward Bloom hatte den Wolfsspitz Hugo, der Obergefreite Eric Stocks immer noch Tippy, den Dackel, der aus einem Rucksack heraussah; andere wateten mit Kanarienvögeln in Käfigen hoch über dem Kopf in die See. Ein völlig nackter Mann drückte ein schwarzweißes Kaninchen in einem Korb an sich ...«

So weit die Soldaten überlebten, lohnte sich ihre Geduld. Selbst am blutigen Mittwoch erreichen 47.310 Mann die britische Seite des Kanals. Kein Flugwetter am Donnerstag: 53.823 Engländer und Franzosen entkommen dem Inferno. Und weiter läuft die Rettungsaktion; das Schiffskarussell dreht und dreht sich, zur Ostmole, zur Westmole.

Am 1. Juni bessert sich das Wetter, und die dezimierten deutschen Bomberverbände mit den viel zu langen Anflugwegen setzen zum blutigen Finale an, das noch vier Tage dauern wird. Zu den Angreifern gehört das Lehrgeschwader 1, das im Raum Düsseldorf startet. Es ist mit der brandneuen Ju 88 ausgerüstet, die von der Propaganda bereits als ›Wunderbomber‹ verkauft

wird. Sie schleppt 2500 kg Last (später 3500), erreicht 470 km/h (später fast 600) und hat eine Reichweite von 3120 km. Die Ju 88 ist in erster Linie ein Mittelstreckenbomber, wird aber auch als Horizontal- und Sturzkampfflugzeug, als Nachtjäger und Aufklärer eingesetzt. Die Vielzweckmaschine hat eine so starke Feuerkraft, dass sie sich auch ungeleitet Feindjägern stellen kann.
Nicht immer mit Erfolg.
Oberleutnant Erich von Oelhaven ist der Kapitän der sechsten Staffel des LG 1. Er wird über Dünkirchen von mehreren ›Spitfires‹ angegriffen. Seine Ju fängt plötzlich Feuer. Er muss aussteigen, kommt aus der Maschine, aber was zur Erde schwebt, ob Freund, ob Feind, wird von Kugeln durchsiebt.
»Während er langsam an seinem Fallschirm nach unten sank«, schreibt in seinem Buch ›Dunkirk‹ der britische Autor Robert Jackson, »platzten rund um ihn Geschosse. Doch wie ein Wunder blieb er unverletzt. Er landete in den Dünen, mit leichtem Seitenwind. Von Oelhaven konnte sich selbst vom Fallschirm lösen und fand sich einer Gruppe bewaffneter britischer Soldaten gegenüber. Ihre erschöpften, übernächtigten Gesichter ließen keinen Zweifel, was passieren würde, wenn er versuchte, zu fliehen. Er hob die Hände.
Schon während der nächsten paar Stunden konnte v. Oelhaven erfahren, was es hieß, auf der Empfängerseite der eigenen Bomben und Granaten zu stehen. Zusammen mit den britischen Soldaten, die ihn gefangen genommen hatten, suchte er Deckung in einem oberflächlichen Fuchsloch in den Dünen, während rund um sie Fontänen von Sand und Dreck aufspritzen. Angetrieben von einem Gewehrlauf, wechselte v. Oelhaven

in der Dämmerung mit den Soldaten zum Rand des Wassers hinab. Hier war eine Landungsbrücke aus verlassenen Armeefahrzeugen gebildet worden. An ihrem Ende wartete ein Trawler.
Wenn er erst einmal an Bord eines Schiffes war, das wusste der abgeschossene Oberleutnant, gab es nur zwei Möglichkeiten: von den Bomben der Luftwaffe versenkt zu werden oder in einem Gefangenencamp in England überleben. Wenn er flüchten wollte, musste es in den nächsten paar Minuten geschehen, wenn die Schlange der kampfdreckverschmierten Soldaten langsam von Lastwagen zu Lastwagen schlurfte, dem wartenden Schiff entgegen. Verstohlen blickte er sich um. Die Engländer neben ihm schliefen fast im Stehen.
Unbemerkt wechselte v. Oelhaven an das Ende der Schlange. Dann holte er tief Luft und sprang ins Wasser. Er hörte noch eine konfuse Schießerei, dann schloss sich das Wasser über seinem Kopf. Er tastete sich an den Lastwagen entlang, presste sich zwischen zwei von ihnen, tauchte hoch, schnappte nach Luft. 30, 40 cm über ihm dienten ein paar Bretter als Brücke zwischen zwei Vehikeln. Sand rieselte beständig hindurch, während die Soldaten darübertrampelten ...
Die Stunden der Dunkelheit erschienen v. Oelhaven endlos. Das Wasser, das immer wieder über ihn schlug, war rot vom Feuer über Dünkirchen, und der faulige, ölige Geschmack ließ ihn sich immer wieder erbrechen. Am Anfang konnte er aufrecht im Wasser stehen. Seine Füße berührten den Boden, doch als die Flut kam, musste er angestrengt rudern, um an der Oberfläche zu bleiben. Als sie am höchsten stand, konnte er den Kopf in eine kleine Luftblase zwischen Wasser und Planken hineinzwängen.

In der Morgendämmerung hörten die Bewegungen auf dem Landungssteg auf. Das letzte Truppenkontingent duckte sich in die Dünenlöcher ... Inzwischen bombardierten deutsche Stukas und beschoss die Artillerie unaufhörlich den immer kleiner werdenden Brückenkopf. Nach und nach zersplitterte der ›Landungssteg‹ im Bersten der Bomben und Granaten.
Der Tag begann, v. Oelhaven wurde von Hunger und Durst gequält. In der Tasche seiner Kombination hatte er eine Notration, aber die schützende Verpackung war aufgerissen, der Inhalt ein pappiger Brei. Er versuchte, etwas von dem Zeug hinunterzuwürgen, aber sein Magen streikte. Der Durst war das Schlimmste, gesteigert noch durch das ungenießbare Wasser rings um ihn.
Die Nacht brach herein, und die Verladung der Soldaten begann von neuem. Von Oelhaven wühlte sich vorsichtig aus seinem Versteck, riskierte einen Wechsel zurück ins seichtere Wasser, arbeitete sich mühsam an den Lastwagen entlang, bis er Grund unter den Füßen spürte. Dann suchte er wieder Deckung unter den Planken. Er war hier noch enger hineingepresst als vorher, aber wenigstens teilweise aus dem Wasser.
Als die Sonne an diesem 4. Juni aufging, verstärkte sich der deutsche Beschuss. Von Oelhaven folgerte daraus, dass das Ufer noch in britischer Hand sein musste, und entschied sich, zu bleiben, wo er war. Gegen zehn Uhr tauchte er aus dem Wasser in eine unwirkliche Stille. Das Ufer war verlassen ...
Er stolperte durch das seichte Wasser und brach im Sand zusammen. Das Letzte, was er fühlte, bevor er in einen Erschöpfungsschlaf fiel, war die Wärme der Sonne auf seinem Rücken - und so fanden ihn etwas später deutsche Soldaten.«

Wochenlang wurden noch die Leichen Gefallener an den Strand von Dünkirchen gespült. Insgesamt waren 338.000 Elitesodaten - unter ihnen 123.000 Franzosen - nach Dover entkommen, wenn auch unter Zurücklassung ihrer Waffen und Ausrüstung. Die letzten 34.000 Verteidiger, Franzosen, die bis zuletzt selbstlos den Rückzug ihrer Bundesgenossen gedeckt hatten, gerieten in Gefangenschaft. Viele Kilometer lang war der Strand von Dünkirchen mit Fahrzeugen, Geschützen, Waffen und Gepäckstücken übersät; von 600 Panzern hatten von den Briten nur neun, von 1000 Geschützen nur zwölf auf die Insel zurückgeschafft werden können. Trotzdem war die Entscheidungsschlacht von Dünkirchen für die Deutschen ein verschenkter Sieg und für die Briten eine siegreiche Niederlage.
»Das ›British Expeditionary Force‹ schloss praktisch den gesamten Bestand des englischen Friedensheeres ein«, stellt Len Deighton fest: »Wäre dieses Heer verloren gewesen, dann hätte man in England selbst kaum noch gut ausgebildete aktive Soldaten besessen, die nötig waren, um ein neues Heer aufzubauen. Abgesehen davon war die geglückte Flucht so vieler tapferer junger Männer ein großer moralischer Rückhalt. Zwar waren die Überlebenden durch die starken Angriffe der Deutschen geschockt und von der Tapferkeit der Deutschen, ihrer Ausrüstung und ihrer Organisation beeindruckt, doch diese Gefühle wichen sehr schnell dem Wunsch, den Krieg fortzuführen. Die Engländer erinnerten sich der Theorie, wonach ihr Land jede Schlacht verlieren mag, die letzte aber noch immer gewonnen hat. Wäre das BEF in Gefangenschaft geraten, wie es schließlich beim größten Teil des französischen Heeres der Fall war, dann hätte Hitler diese Männer

ohne Zweifel als Faustpfand für eine Beendigung des Kriegs benutzt.«

Die Propagandamaschinen liefen heiß, auf beiden Seiten. Die Landungsorte auf der englischen Seite des Kanals glichen Überlebensbasaren. Die Geretteten wurden von Blaskapellen empfangen, von Bürgermeistern mit flotten Reden begrüßt. Sie erhielten Tee mit Rum und Zigaretten, hübsche Mädchen überreichten ihnen Blumen und gaben ihnen Küsschen. Spätestens jetzt, da die ausgemergelten Gestalten, die eher Piraten als Soldaten glichen, von einer patriotischen Inseljungfrau umarmt wurden, sollten sie erfassen, dass sie dem Inferno entkommen waren.

Sie wurden registriert und neu ausgerüstet, größtenteils mit Gewehren aus dem Ersten Weltkrieg. Aber sie standen nunmehr allein, schienen verloren. Bei einer Besichtigung fand Churchill in Saint Margaretes Bay - hier war mit großer Wahrscheinlichkeit die deutsche Invasion zu erwarten - drei Pakgeschütze auf fünf Meilen vor. Insgesamt verfügte die bedrohte Insel über 178 leichte und 81 mittlere Panzerwagen, über 786 Geschütze, verteilt auf zwölf schlecht ausgebildete Divisionen, zu denen jetzt noch die Dünkirchen-Flüchtlinge kamen. Die am meisten bedrohten 800 km Küste wiesen über 1000 ›verwundbare Punkte‹ auf.

Das französische Oberkommando rechnete damit, ›dass der Insel in drei Wochen der Hals umgedreht würde, wie einer Henne der Kragen‹. Weniger drastisch, aber gleich hart in der Sache, drückten sich amerikanische Militärs aus, und auch der US-Botschafter in London, Joseph Kennedy - der Vater des späteren Präsidenten John F. Kennedy -, erklärte, das Rennen sei bereits gelaufen.

Bild 9: Eine Bristol Blenheim versenkt vor der französischen Küste einen deutschen Tanker (Foto: Imperial War Museum).

Bild 10: Eine Rotte deutscher Stukas greift im Schutze der Wolken einen englischen Geleitzug an.

Bild 11: Ju 87 B2. Der Staffel- oder Gruppenkommandeur (siehe gelber Schwanz am Seitenruder) setzt als Erster zum Sturz an - Abschwung über die linke Fläche.

Bild 12: Einschlag einer 500-kg-Sprengbombe mit Verzögerungszündung im weichen Erdreich.

Bild 13: In Deutschland wurden bereits zwölf- bis vierzehnjährige Jungen und Mädchen an elektronischen Flakgeschützen ausgebildet.

Bild 14: Englische Flak im Großraum London im Abwehrkampf (Foto: Imperial War Museum).

Aber zunächst ging es noch um Frankreich. Am 5. Juni wurden die deutschen Panzer zu einem Angriff auf die neue französische Verteidigungslinie an der Somme und Aisne angesetzt. Die 49 Divisionen - 47 französische und zwei britische, die in Frankreich geblieben waren - setzten sich in den ersten beiden Tagen erbittert zur Wehr.
Die Poilus hatten den Respekt vor den Stukas verloren und hielten ihrem Bombenhagel stand. Auch die französischen Flugzeuge stiegen wieder auf und kämpften um den Luftraum. Werner Mölders, ein Idol seiner Zeit - mit damals 25 Luftsiegen der erfolgreichste deutsche Jagdflieger -, geriet mit seiner Staffel in einen Schwarm französischer ›Morane‹-Flugzeuge. Er beobachtete, wie eine seiner Mes brennend nach unten trudelte, bekam einen Gegner ins Visier und verfolgte ihn. »Ich kurve kurz ab, um dann stark in die Sonne zu ziehen«, schilderte er in der Luftwaffen-Propagandazeitschrift ›Der Adler‹ sein Fiasko vom 5. Juni: »Mein Gegner muss mich verloren haben, denn er dreht in entgegengesetzter Richtung ab und verschwindet tief nach Süden.
Unten schlagen sich noch zwei Mes mit einer letzten ›Morane‹ herum. Ich betrachte den Kampf, der in Tiefflug übergeht, wobei die ›Morane‹ durch dauerndes Kurven sich wirksamem Beschuss entziehen kann. Ein Blick zurück, nach oben hinten, alles noch voll von kurvenden Mes. Ich bin etwa 800 m hoch. Da plötzlich knallt und funkt es durch meine Kabine, dass mir schwarz wird. Der Gashebel wird zerschossen, der Steuerknüppel haut nach vorn, senkrecht geht´s nach unten ... Jetzt raus, sonst ist´s aus.
Ich fasse den Abwurfhebel, das Kabinendach fliegt ab,

da bäumt sich mein braver Vogel noch einmal hoch und gibt mir die letzte Gelegenheit, die Gurte zu lösen und mich aus dem Sitz zu heben.
Frei - ziehen an der Reißleine, ich habe sie plötzlich abgerissen in der Hand -, ein unheimlicher Schreck durchfährt mich - ich greife nach oben -, aber da hat sich der Fallschirm geöffnet ...
Ja, und nun wurde es ganz ruhig. Noch einmal sehe ich meine Maschine steuerlos, die linke Fläche stark aufgerissen - kurz über dem Boden bäumt sie sich noch einmal auf, als ob sie es selbst nicht glauben wollte, dass sie nun doch nach 25 Siegen auch einmal besiegt wurde, um dann senkrecht aufzuschlagen und restlos zu verbrennen. Ganz ruhig hänge ich am Fallschirm. Er trägt mich ganz leise dem Boden zu, und der gehörte noch Frankreich, 60 km hinter der Front, westlich Compiègne.
Ich ziehe meine Pistole und entsichere sie, um sie dann in die Hosentasche zu stecken. Unter mir fassen zwei Bauern ihre Pferde zusammen und türmen. Noch eine kurze Geländeorientierung lässt ein kleines Waldstück erkennen, sonst alles Wiesen. Der Boden kommt plötzlich schnell näher, ich hocke die Beine an - Aufprall verhältnismäßig weich. Ich bin sofort vom Fallschirm los und renne auf den Wald zu. Von seitwärts kommen Franzosen gelaufen. Am Waldrand - rums! - haut mir ein Schuss um die Ohren. Ich werfe meine Pelzjacke fort und laufe, dass mir der Atem knapp wird, zum anderen Ende des Wäldchens. Hier drinbleiben hat keinen Zweck, denn das Wäldchen werden sie sofort systematisch durchsuchen ...
Auf Ellbogen und Knien robbe ich weiter, ab und zu vorsichtig das Gelände sondierend. Etwa eine halbe

Stunde konnte ich mich so ungesehen weiterarbeiten. Doch da sah ich plötzlich, wie auch dieses Feld abgesucht wurde und Männer von vorn auf mich zukamen. Ich legte mich ganz flach in das Feld - 10 m links von mir ging ein Bauer vorüber, schon glaubte ich, die Gefahr sei vorüber, da wurde ich von hinten angerufen - aus!
Ich stand ganz ruhig auf und sah jetzt erst überall Soldaten und Bauern, die das ganze Gelände absuchten. Während des Aufstehens knallte mir noch mal so ein wild gewordener Poilu einen Schuss um die Nase, ohne jedoch zu treffen. Also, hoch die Hände: Gefangen!«
Aus dem Jagdfliegerass war ein Prisonnier de guerre geworden, der eines der 935 deutschen Flugzeuge pilotiert hatte, die in 46 Tagen von der französischen Armee de l`air und ihren britischen Verbündeten vom Himmel geholt worden war. Den französischen Fliegern fehlten weder Mut noch Können und noch weniger Maschinen. Nach dem Zusammenbruch der Schlacht um Frankreich stellte sich groteskerweise heraus, dass die Franzosen über mehr einsatzfähige Flugzeuge verfügten als zu Beginn der Offensive.
Zwischen dem 10. Mai und Anfang Juni hatte die französische Flugzeugindustrie auf vollen Touren gearbeitet und laut bewiesener Angabe 1131 moderne Typen, 668 Jäger und 335 Bomber, der Kampftruppe übergeben. Die französischen Heeresgenerale, denen die Piloten unterstellt waren, verschliefen ihre Macht.
»Beinahe jeden Abend musste ich selbst die Initiative ergreifen«, stellte der Fliegergeneral d´Astier de la Vigrie fest: »Die Kommandeure einer Armee oder Heeresgruppe anrufen und ihnen mitteilen, dass ich für den

nächsten Tag über eine gewisse Zahl von Formationen ohne Einsatzbefehl verfügte und anfragen, ob sie irgendwelche Aufgaben erfüllen könnten.«
General Girier, Kommandeur einer Kampftruppe von 40 Jägern und 30 Bombern, kommentierte: »Obgleich ich mühelos 40 Einsätze am Tag hätte übernehmen können, erhielt ich nie von einem Armeestab, nicht einmal von dem Truppenteil, dem wir zugeteilt waren, einen Befehl zu einem Einsatz mit bestimmten festgelegten Zielen.«
General Massenet de Marancour zählte in Tours 200 einsatzfähige Flugzeuge mit ausgebildeten Besatzungen, die nur den Zweck erfüllten, Bombenziele für die deutschen He-111- und Ju-88-Geschwader zu sein.
Unter den französischen Piloten machten zwei später berühmt gewordene Romanciers, Sergeant Roman Gary, Besatzungsmitglied eines ›Bloch-210-Bombers, und Capitaine Antoine de Saint-Exupéry, untilgbare Erfahrungen. Auf dem Flugplatz von Bordeaux, wo Gary nach seinem letzten Einsatz landete, stieß er auf eine Ansammlung teils abenteuerlicher Maschinen, die in Platznot herumstanden: »Das Flugfeld wurde zu einer Art von Musterschau sämtlicher Flugzeugtypen, die im Laufe der letzten 20 Jahre für die Armée de l´air entwickelt worden waren; bevor sie starb, erinnerte sich die französische Luftwaffe noch einmal ihrer Vergangenheit ...
Ich sah einen jungen Marinepiloten mit einer der eindrucksvollsten Ordensspangen, die je die Brust eines Kriegers geschmückt hat, aus dem Führersitz seiner Maschine klettern. In seinen Armen trug er ein schlafendes kleines Mädchen, das er während des Flugs auf seinen Knien gehalten haben musste. Ich sah einen an-

deren Piloten aus seiner ›Goeland‹-Maschine in Gesellschaft von Damen steigen, die offensichtlich Insassinnen eines drittklassigen Provinzbordells waren. In einer ›Simoun‹-Maschine sah ich einen weißhaarigen Unteroffizier und eine Dame in Hosen mit zwei Hunden, einer Katze, einem Kanarienvogel, einem Papagei, zwei zusammengerollten Teppichen und einem Gemälde von Hubert Robert, das an der Seitenwand des Führersitzes lehnte ... Ich sah - und ich werde sie nie vergessen - die Gesichter meiner Kameraden, der Piloten der Jäger vom Typ ›Dewoitine 520‹ und ›Morane 406‹, die mit zerschossenen Tragflächen aus ihrem letzten Kampf zurückgekehrt waren und deren junger Kommandeur sich sein Croix de guerre abriss und am Boden zerstampfte. Ich sah an die 30 Generale, die sinnlos wartend beim Kontrollturm herumstanden ... Und überall die ziemlich merkwürdige Ansammlung einer Flugzeugfauna, die dem Himmel noch einmal entflohen war ...«
Capitaine Saint-Exupéry gehörte zu den Fernaufklärerpiloten, die verbittert den Niedergang erlebten, der ihrer Meinung nach durch klare Befehle und exaktes Zusammenspiel der Waffengattungen aufzuhalten gewesen wäre: »Es ist Ende Mai 1940, mitten im Rückzug, im vollen Zusammenbruch. Besatzungen werden geopfert, als gieße man glasweise Wasser in einen Waldbrand. Wie soll einer die einzelne Gefahr auch abwägen, da alles zusammenbricht? Für ganz Frankreich sind wir noch 50 Fernaufklärerbesatzungen. 50 Besatzungen zu je drei Mann. Davon haben wir 23 in unserer Gruppe II/33. In drei Wochen haben wir 17 von unseren 23 Besatzungen verloren. Wie Wachs in der Sonne sind wir zusammengeschmolzen. Gestern

habe ich zu Oberleutnant Gavoille gesagt: ›Erst nach dem Krieg werden wir dahinterkommen.‹ Und Gavoille antwortete mir: ›Sie denken doch wohl nicht, diesen Krieg zu überleben, Capitaine?‹ ...«

Nach zwei Tagen erbitterter hin und her wogender Kämpfe brach am 7. Juni ein deutsches Panzerkorps nach Rouen durch. Vorausverbände der Angreifer überschritten die Seine. Die Verteidigung wurde zum Desaster. In der Champagne traten die deutschen Verbände am 9. Juni zur Offensive an. Sie lief und lief, und einen Tag danach beeilte sich der verspätete Mussolini, in den Krieg einzutreten, um an der sicheren Beute zu partizipieren, was die Franzosen besonders verbitterte.

Am 11. Juni wurde die Marne überschritten und bei Besancon die Schweizer Grenze erreicht. Die Wehrmachtsverbände schnitten dadurch die französischen Streitkräfte in der Maginot-Linie ab. Premier Paul Reynaud wandte sich in einem ebenso pathetischen wie utopischen Appell an den US-Präsidenten Franklin D. Roosevelt: »Wir werden vor Paris kämpfen, wir werden hinter Paris kämpfen, wir werden uns in der Provinz verschanzen, und wenn man uns von dort verjagt, nach Nordafrika zurückweichen.«

Zu diesem Zeitpunkt hatte der französische Oberkommandierende, Maxime Weygand, seiner Regierung längst und dringend geraten, die Deutschen unverzüglich um Waffenstillstand zu ersuchen. Er meldete unverblümt, dass auch die Schlacht an der Somme verloren sei.

»Am 11. flog Churchill nach Tours und versuchte vergeblich, die französischen Führer zu ermutigen«, berichtet in seinem Buch ›Geschichte des Zweiten Weltkriegs‹ der englische Militärexperte Liddell Hart: »Am nächsten Tag erklärte Weygand vor dem Kabinett, der Kampf sei verloren. Er gab den Engländern die Schuld an beiden Niederlagen und sagte dann: ›Ich fühle mich verpflichtet, deutlich zu sagen, dass die Einstellung der Feindseligkeiten eine Notwendigkeit ist.‹ Zweifellos hatte er mit dieser Einschätzung der Lage Recht; denn die französischen Armeen zerfielen nun in Fragmente, und die meisten taten wenig, um standzuhalten, sondern lösten sich in einem Strom nach Süden auf. Das Kabinett schwankte jetzt zwischen Kapitulation und der Fortsetzung des Kriegs von Nordafrika aus, beschloss dann jedoch nur, sich nach Bordeaux abzusetzen, während es Weygand anwies, möglichst an der Loire standzuhalten.

Am 14. Juni rückten die Deutschen in Paris ein und stießen auf den Flanken weiter vor. Am 16. erreichten sie das Rhônetal. Inzwischen forderte Weygand weiterhin den Abschluss eines Waffenstillstands und wurde dabei von allen wichtigen Befehlshabern unterstützt ...

Hitlers Bedingungen wurden den französischen Unterhändlern am 20. überreicht - im gleichen Eisenbahnwagen im Wald von Compiègne, in dem die deutschen Kapitulanten den Waffenstillstand von 1918 unterzeichnet hatten. Der deutsche Vormarsch ging unbeeinflusst jenseits der Loire weiter, während noch die Verhandlungen liefen, aber am 22. wurden schließlich die deutschen Bedingungen angenommen. Der Waffenstillstand trat dann am 25. Juni um 1.35 Uhr morgens in Kraft.«

Die deutschen Truppen besetzten den Norden und den Westen des Nachbarlandes; der Süden und der Osten wurden zunächst der Vichy-Regierung unterstellt. Hitlers Blitzkriegtaktik - ermöglicht durch die Geschwader der deutschen Luftwaffe - war zur Legende geworden. Nach einem Sechs-Wochen-Feldzug war - wie in Polen, in Dänemark, in Norwegen, in Holland, in Belgien, in Luxemburg - ein beispielloser Erfolg errungen worden.

Es war der Sieg, der vor die Hunde ging - aber nichts deutete es an. Aus verschiedenen Gründen, doch ausnahmsweise übereinstimmend, rechneten Sieger wie Besiegte nach dem gleichen Schema, aus Übermut die einen, die anderen aus Verzweiflung. Beide Seiten machten - wenn auch entgegengesetzt - denselben Fehler: Die deutschen Luftstreitkräfte überschätzten, die englischen unterschätzten ihre Schlagkraft, und keine der Parteien rechnete damit, dass der Krieg noch über 1700 Tage dauern könnte.

Hitler stützte sich nunmehr auch auf die weitgehend intakten Rüstungsanlagen Frankreichs, Hollands, Belgiens und Luxemburgs. Ganz Europa produzierte, freiwillig oder gezwungen, für seine Kriegsmaschinerie. Zu dem materiellen Zugewinn kam noch ein psychologischer:

»Nur wenige Menschen in der westlichen Welt ließ die Nachricht, dass Frankreich gefallen war, unberührt«, kommentierte Len Deighton: »Es war eine zweite Heimat für Millionen von Menschen, die auch einmal dort gewesen waren. Sie lasen die Literatur Frankreichs, sangen seine Lieder, bewunderten seine Kultur, betrachteten seine Filme und aßen seine Spezialitäten. Für viele dieser Menschen - und nicht wenige von ihnen waren Deutsche - war die Nachricht ein Schock, der an körperliche Schmerzen grenzte. Frankreich war bis dahin als der letzte Zufluchtsort von vielen Menschen angesehen worden - nicht nur von Russen, die Anhänger des Zaren waren, von deutschen Juden, italienischen Kommunisten, amerikanischen Schriftstellern und spanischen Republikanern, sondern auch von solchen Menschen, die sich zu Hause oder in der Schule herumquälten und die Hoffnung in sich trugen, dass Frankreich ihnen eine Heimat geben werde, und sei es nur in der Fremdenlegion.«

Hitler beherrschte Europa. Mit den Sowjets verbanden ihn ein Nichtangriffspakt und ein Lieferabkommen. Der russische Außenminister Molotow bestellte den deutschen Botschafter zu sich in den Kreml und gratulierte herzlich zu dem großartigen Sieg über seine späteren Verbündeten. In Amerika stand ein Wahlkampf bevor, und beide Präsidenten-Kandidaten, F. D. Roosevelt und Wendel Willkie, beteuerten um die Wette, ihrem Land um jeden Preis den Frieden erhalten zu wollen. Die Engländer zeigten eine bewundernswerte Haltung, aber schon erhoben sich Stimmen, die eine Beendigung des Kriegs und dadurch eine Unterwerfung unter Hitlers Aggression forderten.

»Zahlreiche englische Patrioten befürchteten, dass die Bevölkerung sich im Ernstfall lau und gleichgültig verhalten werde«, resümierte Raymond Cartier: »Eine ganze Anzahl von Theaterstücken, Romanen und Satiren beschäftigte sich mit diesem Thema: Ein Gedicht lautete:

Golf
Ich gab mich hin dem edlen Sport,
Als unsere Feinde landeten,
All unsere Truppen rannten fort,

Und Englands Schiffe strandeten.
Als ich die schlimme Nachricht hörte,
Sie beinah´ mich beim Golfspiel störte.

Keine Voraussage wurde aber jemals derart Lügen gestraft. Es wäre übertrieben zu behaupten, England sei ›zu den Waffen geeilt‹. Es hatte ja kaum welche.« Die Briten riefen zu einer Sammlung auf und erhielten zum Teil Gewehre aus dem vorigen Jahrhundert. Die ›Home Guard‹, eine Art Landsturm, auf dem Papier eine Million Milizsoldaten, war vorwiegend mit Knüppeln, Schaufeln und Mistgabeln armiert und wurde sofort als ›Besenstielarmee‹ verspottet. Die Kirchenglocken wurden stillgelegt; sie sollten erst beim Absprung deutscher Fallschirmjäger läuten. Sie bimmelten prompt, wenn abgeschossene britische Piloten am Schirm zur Erde glitten. Zu ihrem Schutz wurde nunmehr verfügt, das ›Fallschirmjäger‹ nur dann angegriffen werden dürften, wenn sie in Gruppen von mehr als sechs aufträten; das größte britische Flugzeug hatte nur fünf Mann Besatzung. Die Verteidiger bestückten ihre Fußballplätze mit Hindernissen zum Schutz gegen deutsche Lastensegler. Mit Hilfe von Blech und Wellpappe maskierten sie ihre Golfplätze als Fliegerhorste, und bald schon sollten deutsche Bomben die Attrappen in den Potemkinschen E-Häfen zertrümmern.

»Die Engländer haben den Krieg verloren, aber sie wissen es noch nicht«, sagte Hitler zu General Jodl: »Man muss ihnen ein wenig Zeit lassen, aber dann werden sie es von selber begreifen.«

Von der Insel, die seit Wilhelm dem Eroberer kein Feind mehr betreten hatte, trennten Hitler an der engsten Stelle nur noch 36 km. Dazwischen freilich lag der Kanal.

Am 19. Juli 1940 ist Berlin ein einziges Flaggenmeer. Begeisterungsstürme fegen über die Straßen. Alte Mütterchen haben sich schon am frühen Morgen auf die mitgeführten Schemel gesetzt, strickend und häkelnd, bis ihnen Stunden später beim Auftauchen der Führerkolonne die Schauer der Geschichte über den Rücken laufen. Die Hitlerjugend schreit mit hellen Stimmen. Mitunter stranden Regierungsfahrzeuge in der Menge, die immer wieder die Absperrungen durchbricht, wie Schiffe an Land. Besonnene werden hysterisch, Hysteriker stumm. Der Sieg reißt die Zögernden mit und verunsichert Hitlers Gegner im eigenen Land. Generalfeldmarschall Keitel - später als La Keitel verspottet - bezeichnet Hitler als den ›größten Feldherrn aller Zeiten‹, was der Volksmund in Gröfaz abkürzt. Und Großadmiral Dönitz beteuert, dass er sich wie ein kleines Würstchen fühle, wenn er vom Führer komme. Der ›böhmische Gefreite‹, der in Berlins Kroll-Oper seinen Triumph feiert, hat nicht nur die Engländer und Franzosen, sondern auch seine eigenen Generale besiegt, von denen er zur Vorsicht gemahnt worden war; jetzt schenkt er zwölf von ihnen den Marschallstab. Göring, durch Dünkirchen eigentlich der einzige Versager der Luftwaffe, wird zum Reichsmarschall ernannt und mit einem eigens ihm vorbehaltenen Orden, dem Großkreuz, ausgezeichnet.
Natürlich geht es dem Diktator, der seinen Generalen den Blitzkrieg beigebracht hat, auch darum, einen alten Vasallen zu ehren; tatsächlich aber soll es eine Auszeichnung für die Luftwaffe sein, die sich glänzend

geschlagen hat. Jetzt steht ihr Nimbus im Zenit. Die neue Waffengattung, fraglos in dieser Zeit den feindlichen Luftstreitkräften noch überlegen, gilt auf beiden Seiten als Wunderwaffe, die den Sieg im Westen ermöglichte. Als in der Kroll-Oper - seit dem Reichstagsbrand 1935 Sitz einer nicht gewählten, sondern ernannten und als reine Claque dienenden Volksvertretung aus bewährten Nationalsozialisten - Stürme der Begeisterung sich minutenlang austoben, weiß niemand, dass Hitler, der sich in milder Siegerpose gibt, bereits vor zwei Tagen die Weisung Nummer 16 unterschrieben hat, einen Geheimbefehl unter dem Decknamen ›Seelöwe‹, der anordnet, die Landung auf der Insel vorzubereiten.

»In dieser Stunde fühle ich mich verpflichtet, vor meinem Gewissen noch einmal einen Appell an England zu richten«, stellt der Diktator in seiner Rede fest. »Ich glaube, dies tun zu können, weil ich ja nicht als Besiegter um etwas bitte, sondern als Sieger für die Vernunft spreche.«

Er ist überzeugt, dass die Engländer bald zu (Haken-) Kreuze kriechen würden, aber er täuscht sich gründlich. Winston Churchill verheißt seinen Landsleuten ›Blut, Schweiß und Tränen‹. Schon am 4. Juni hatte er vor dem Unterhaus gesagt: »Wir werden auf Meeren und Ozeanen kämpfen. Wir werden mit wachsendem Vertrauen und zunehmender Kraft in der Luft kämpfen. Wir werden unsere Insel um jeden Preis verteidigen. Wir werden an den Stränden und auf den Landeplätzen kämpfen, auf Feldern und in den Straßen. Wir werden in den Bergen kämpfen, aber wir werden nie kapitulieren.«

Am Vorabend der Schlacht um England besichtigte

Großbritanniens Premier an der Ecke Saint James Park-Storey´s Gate seine neue unterirdische Kommandostelle: »Die verlasse ich nur als Sieger wieder oder, falls Hitler gewinnen sollte, mit den Füßen voran«, sagte er und gab Anweisung, den Getränkeschrank für seine Whiskyvorräte zu vergrößern. Der Mann, der in seinen ›Battle-Apartments‹ im rotgoldenen Schlafrock die Schlacht um Untergang und Überleben seines Landes leitet, verfügt in erster Linie über die Macht des Wortes. Aber es fragt sich, ob es damit gelingen wird, die deutsche Wehrmacht aufzuhalten, die in weniger als einem Monat die britische, französische, belgische und holländische Armee vernichtend geschlagen hatte. Hitler braucht lange, bis er begreift, dass Englands energische Haltung kein Bluff ist. Er steht seltsam lustlos dem ›Unternehmen Seelöwe‹, dem Sprung auf die Insel, gegenüber. Auch den Luftkrieg lässt er auf der Stelle treten. Im ganzen Monat Juni fällt keine Bombe auf England, und im Juli werden nur einige Häfen der Südküste angegriffen.

Am 16. Juli entscheidet Hitler: »Nachdem England, trotz seiner militärisch hoffnungslosen Position, kein Zeichen seiner Verhandlungsbereitschaft erkennen lässt, habe ich beschlossen, eine Landeoperation gegen Großbritannien vorzubereiten und, wenn nötig, durchzuführen ...«

»Nach dem Zusammenbruch Frankreichs war die deutsche Armee in keiner Weise für ein Unternehmen wie die Invasion Englands vorbereitet«, kommentiert Liddell Hart: »Der Generalstab hatte nichts dergleichen erwogen, geschweige denn sich damit beschäftigt. Die Truppen waren in Landungsunternehmen von See her nicht ausgebildet, und es standen keine für diesen Zweck geeigneten Landefahrzeuge bereit. So konnte man nur versuchen, rasch Lastkähne aus Deutschland und den Niederlanden zu den Kanalhäfen zu schaffen und den Truppen etwas Übung im Ein- und Ausschiffen zu geben. Nur die vorübergehende ›Entblößung‹ der britischen Streitkräfte, nachdem sie die meisten Waffen und Ausrüstungsgegenstände in Frankreich verloren hatten, konnte bei einem solch übereilten, unvorbereiteten Unternehmen Erfolg versprechen ...

Die deutschen Generale waren sich der Risiken voll bewusst, die ihre Truppen eingehen würden, wenn sie das Meer überquerten. Sie zweifelten daran, dass Marine und Luftwaffe die Durchfahrt freihalten könnten und drängten darauf, dass die Invasion auf einer genügend breiten Front durchgeführt werden sollte (von Ramsgate bis Lyme Bay), um die englischen Verteidigungskräfte zu verzetteln und abzulenken. Die deutschen Admirale hatten noch größere Befürchtungen darüber, was geschehen würde, wenn die britische Flotte am Schauplatz auftauchte. Sie hatten wenig oder kein Vertrauen in ihre eigene Fähigkeit, ein solches Eingreifen zu verhindern. Daher betonten sie, dass dem Plan des Heeres, der nach einer breiten Invasionsfront verlangte, unmöglich Deckung gegeben werden könne und dass die Überquerung auf einen relativ schmalen, minengeschützten Korridor mit kleineren Heeresstreitkräften beschränkt bleiben müsste - Einschränkungen, die wiederum die Zweifel der Generale vertieften. Vor allem betonte Admiral Raeder, dass die Luftüberlegenheit in der Überfahrtszone unentbehrlich sei.

Nach einer Besprechung mit Raeder am 31. Juli akzeptierte Hitler die Ansicht der Marine, dass ›Seelöwe‹ nicht vor Mitte September gestartet werden konnte. Aber die Operation war noch nicht endgültig bis 1941 aufgeschoben, da Göring versicherte, die Luftwaffe könne sowohl das Eingreifen der britischen Marine verhindern als auch die britische Luftwaffe vom Himmel verjagen ...«

Dünkirchen hatte Göring längst vergessen, ebenso, dass seine Geschwader vom Wetter abhängig waren und dass die Briten über Fighter des Typs ›Spitfire‹ verfügten, die jeden Vergleich mit der Me 109 aushielten und in einigen Bereichen sie sogar überboten. Der Reichsmarschall in der Operettenuniform mit den roten Saffianstiefeln und dem eigens für ihn geschaffenen Großkreuz um den Hals, schwadronierte, dass er die Royal Air Force binnen 14 Tagen vernichten würde. Seine Kampfflugzeuge erhalten den Befehl, die Insel zu blockieren, die Luftüberlegenheit herzustellen und die Briten durch einen absoluten Luftkrieg in die Knie zu zwingen.

Anfang Juni griffen 90 Stukas des StG 2 den aus dem Atlantik auf die Insel zuschwimmenden Geleitzug O. A. 168 an. Sie versenken vier dicke Schiffe bei nur einem Verlust. Bei einem weiteren erfolgreichen Angriff auf einen Konvoi wurden acht Stukas abgeschossen. Die Kanalzone wird heiß, für die Belagerten wie für die Angreifer.

Als die deutsche Kriegsmarine eine Flotte von 168 Transportschiffen, 1910 Schleppkähnen, 419 Schleppern und 1600 Motorbooten zusammenzieht, wissen die Briten, dass die Frist, die ihnen Hitlers Säumigkeit schenkte, abgelaufen ist. »Wir warten auf euch«, ruft Churchill den deutschen Truppen zu: »Und die Fische auch.« Er selbst weiß am besten, dass er dem erwarteten Feind vorwiegend nur Pathos entgegenstellen kann.

Er schreibt jeden Tag an den US-Präsidenten Franklin D. Roosevelt einen Brief voller Wünsche und Befürchtungen. Die Engländer haben im Mai und Juni 959 Flugzeuge verloren. Trotzdem lässt Churchill gleich nach Dünkirchen seine 500 Mittelstreckenbomber wieder von der Kette und startet eine Luftoffensive über Deutschland. Entgegen dem Wortlaut des Einsatzbefehls geht es ihm dabei weniger darum, nächtens im Reichsgebiet Bahnhöfe, Flugplätze und Rüstungsfabriken - und damit zwangsläufig auch Wohnviertel - zu bombardieren, als den eigenen Landsleuten vorzuführen, dass sie noch eine Air Force haben. Im Durchschnitt bringen die Hampdens, Blenheims, Wellingtons und Whitleys täglich an die 100 Einsätze hinter sich; die sind abenteuerlich. Die britischen Bomber werden einzeln über den Kanal geschickt, das Ziel ist festgelegt, aber die Angriffszeit dürfen sich die Besatzung selbst auswählen.

Im Juli und August werfen sie 1450 Tonnen Bomben ab, vorwiegend über dem Ruhrgebiet und in Norddeutschland, doch die Sendungen aus England sind fast immer ›Muster ohne Wert‹, die Kartoffeläcker umpflügen oder mächtige Trichter in die Landschaft bohren. Volltreffer gibt es nur in der britischen Propaganda. Die Zielgeräte der Angreifer stammen noch aus dem Ersten Weltkrieg, und die Sprengsätze der Bomber sind nach der Rezeptur aus dem Jahre 1918 gefertigt.

Der Luftkrieg kostet vorerst kaum mehr als den Schlaf, aber schon heulen im Heimatgebiet die Sirenen ihren schaurigen Nachtgesang, und damit ist Görings Prahlerei, kein Feindflugzeug könne je die deutschen Grenzen überfliegen, widerlegt. Die englischen Piloten kämpfen mit beispielloser Verve: Am 2. Juli 1940 greifen drei Hampdens der 83. Staffel mit neuartigen, panzerbrechenden Bomben den im Trockendock des Kieler Hafens liegenden Schlachtkreuzer ›Scharnhorst‹ an. Sie stürzen sich aus 200 m Höhe auf das Kriegsschiff. Der Pilot der ersten Maschine wird vorübergehend bewusstlos und dreht ohne Bombenwurf ab. Die Geschosse der anderen beiden verfehlen das Ziel um mehr als eine Meile und detonieren in den Wohnvierteln.

Inzwischen sind auf deutscher Seite drei Luftflotten für die Vorbereitung der Invasion bereitgestellt worden. Diese soll mit einem Donnerschlag eröffnet werden. Die Luftwaffe verfügt jetzt wieder über 1000 Bomber, 870 Jäger, 330 Stukas und 270 Zerstörer. Die Ju 87 können, ebenso wie die Mes, von E-Häfen am Kanal aus starten.

Aus Südnorwegen sollen Ju 88 gegen England fliegen. Die Einsatzzeit hängt nur noch vom Wetter ab. Nach Möglichkeit Anflug in den Wolken, Angriff bei strahlendem Sonnenschein.

Aber noch vor dem Startbefehl stehlen die Briten dem ›Adlertag‹ durch einen Prestigeangriff die Schau. Ausgesuchte und sorgfältig trainierte Besatzungen der 49. und 83. Staffel greifen mit fünf Hampdens den durch starke Flakabwehr und Sperrballone geschützten Dortmund-Ems-Kanal nördlich der Stadt Münster aus 60 m Höhe an. Die ersten beiden Maschinen werden im Anflug abgeschossen; die anderen drei schwer beschädigt. Ihre Bomben aber krepieren im Ziel. Aus dem

zerstörten Staudamm schießt das Wasser. Der lebenswichtige Kanal ist für die nächsten zehn Tage blockiert.
Während England diesen verwegenen Präzisionsangriff feiert, starten die deutschen Geschwader zum ›Adlertag‹. Die ersten Verbände werden bereits um 5.30 Uhr über Amiens festgestellt, ein zweiter bei Dieppe, ein dritter über Cherbourg. Das Wetter ist ideal, aber sowie die Verbände den Wolkenschutz verlassen, sind die ›Spitfires‹ und ›Hurricanes‹ da und stürzen sich auf die Angreifer, treffen und werden getroffen. Während sich die Jäger wilde Luftschlachten liefern, sind die Kampfflieger ungeschützt. Rund um die Uhr hetzt Göring seine Verbände in die Schlacht, aber nur selten treffen sie die neun ausgesuchten Ziele in Südostengland.
Abfangjäger sprengen auch die zweite Welle noch vor dem Bombenwurf. Und die dritte. Den ganzen Tag tobt eine blutige und erbarmungslose Luftschlacht. Die He 111 zerplatzen am Himmel. Aus den Ju 88 springen die Besatzungen in die Gefangenschaft ab. Und die lahmen Ju 87 erwischt es oft noch beim Rückflug über den Kanal. An diesem Tag verlieren die Deutschen 55 und die Engländer 13 Flugzeuge. Der Nimbus der Luftwaffe beginnt zu verblassen. Der ›Adlertag‹ - eher einer des Pleitegeiers.
Schon bei der Eröffnung der ›Battle of Britain‹ deutet sich ein Verschleiß- und Abnutzungskampf an, der Werner Mölders - Ass, Idol und erster General der Jagdflieger - später bekennen ließ: »Ich habe hundert Alpträume erlebt. Als die Luftschlacht zu Ende war, war ich ein alter Mann ...«
Bayerische Gebirgsjäger üben an der Steilküste des

Cap Gris Nez die Erstürmung der Klippen von Folkestone; sie geben es auf, die fliegenden Verbände der Luftwaffe zu zählen, die über ihre Köpfe nach England ziehen. Pioniere und Infanteristen rings um Calais sehen mit bloßem Auge die Stelle, an der sie landen sollen, sobald die Luftwaffe die Royal Air Force zerschlagen hat, nach Rechnung Görings in 14 Tagen. Bis dahin wird die Kriegsmarine 1.200.000 Tonnen Schiffsraum für die Invasion auf die Insel zusammenziehen.

Der 13. August, der ›Adlertag‹, war flügellahm, aber ein Fehlstart ist noch kein verlorenes Rennen. Am 14. verhindert das schlechte Wetter massive Luftoperationen, aber heute, am Donnerstag, klart es am späten Morgen überraschend auf, und das bedeutet, dass sich der Himmel in ein Schlachtfeld verwandeln wird.

Als Vorauskommando starten Jagdstaffeln, mit dem Kampfauftrag, die Einzelräume für die nachfolgenden Bombenverbände feindfrei zu fegen. Die Mes donnern über die Pisten im Pas de Calais und auf der Halbinsel Contentin.

Sie schrauben sich steil hoch, sammeln in 5000 bis 6000 m Höhe über dem Kontinent und klettern während des halbstündigen Anflugs auf die britische Küste auf 7000 bis 8000 m hoch. Die Luftkämpfe verlagern sich immer näher an die Stratosphäre heran, da die Flugzeugführer nach wie vor bestrebt sind, sich von oben her auf die feindlichen Piloten zu stürzen.

Die ersten Me-Schwärme haben die weißen Kreidefelsen von Dover überflogen und fallen zielstrebig in den ›Garten Englands‹, die Grafschaft Kent, ein. Sie haben keine Feindberührung, als sie die feudalen Herrensitze

und verfallenen Burgen, die mittelalterlichen Kathedralen und die riesigen Obstplantagen überfliegen. Die Landschaft wirkt schön und friedlich, von keiner Sprengwolke verunstaltet - aber die Idylle erweist sich als trügerisch und hinterhältig.
Kurz vor London - das ein Führerbefehl ausdrücklich zum Sperrgebiet für alle deutschen Flugzeuge erklärt - wenden die Mes, fliegen zum Kontinent zurück. Noch immer keine englischen Jäger im Einsatzraum. Das Fighter Command hat seine Jagdstaffeln nach hinten verlegt und benutzt die küstennahen Einsatzhäfen nur noch zum Auftanken oder für Notlandungen. Die Zeit der großen, blutigen Luftschlachten zwischen den Jagdverbänden ist vorbei. Die englischen Piloten haben strikten Befehl, Duellen mit Mes auszuweichen und ihre geballte Kampfkraft auf die Bomber und Stukas zu richten. Vor den Alarmstarts kauern sie in Sitzbereitschaft in unmittelbarer Nähe ihrer gut getarnten Maschinen.
Über dem Kanal begegnen die zurückfliegenden Jäger den ersten Stuka-Staffeln im langsamen Anflug auf die Flugplätze Hawkinge und Lympne. Mit einem Schlag verwandelt sich Englands südöstliches Paradies in ein feuerspeiendes Inferno. Sperrballons werden mir Raketen bis zu 1800 m hoch geschossen, um die Flughäfen und Rüstungszentren vor Tieffliegern zu schützen. Die Flak feuert wild und zielsicher, und plötzlich sind die ›Spits‹ und ›Hurris‹ da, picken sich rücksichtslos aus den Verbänden ihre Opfer heraus, sprengen die Angriffskeile noch vor dem Bombenwurf, stellen sich jetzt auch den deutschen Begleitjägern zu verwegenen Zweikämpfen. Die Ju 87 des StG 1, die Vorreiter des Angriffs, müssen sich quer durch die britischen

Jagdstaffeln pflügen. Der Spießrutenlauf durch die je acht Bord-MGs der ›Spitfires‹ fordert einen hohen Blutzoll. Die langsamen Todesvögel lassen sich über die Tragflächen abrutschen. Die Verfolger schießen an ihnen vorbei wie Jagdhunde an einem kleinen Vierbeiner, der sie mit einem Haken austrickst. Aber sie kommen wieder.
Oder sie suchen sich andere Ziele. Verbände von 80 bis 150 Maschinen sind im rollenden Einsatz. Drei Luftflotten setzen jede startklare Maschine ein und bringen so das höchste Aufgebot zusammen, das je während des Zweiten Weltkriegs die Insel angreifen wird. 1786 Flugzeuge sind eine Übermacht, die ausreichen müsste, die Royal Air Force so anzuschlagen, dass ein Kanalübergang unter deutschem Luftschirm zum Ausflug auf die Insel wird.
Die Kampfszenen wechseln ständig, aber die Briten zaubern. Jeder anfliegende Verband wird schon vor dem Ziel abgefangen und aufs Korn genommen. Wo immer Kampfflugzeuge mit dem Balkenkreuz auftauchen, ob über Middlewallop, West Malling oder Martelsham, die ›Spitfires‹ stehen zum Empfang bereit, immer im rechten Moment, stets am bedrohten Ort. Sie kennen das Angriffsziel, als hätten sie an den Einsatzbesprechungen ihrer Gegner teilgenommen. Es ist wie in der Fabel, in der sich der Hase zu Tode hetzt, weil der Igel immer schon vor ihm am Ziel ist.
Im Süden Englands liegen die Ziele dicht beieinander. Es ist zu erwarten, dass die Briten den letzten Piloten und die letzte Maschine in die Schlacht werfen. Für heute hat sich die Luftwaffe eine besondere Überraschung ausgedacht: einen Angriff in die Flanke. Bomben auf den bisher stummen Kriegsschauplatz Mittel-

england, von Skandinavien aus. Im norwegischen E-Hafen Stavanger startet das Kampfgeschwader 26. Die He 111 werden von 21 Zerstörern des Typs Me 110 begleitet. Von Aalborg in Dänemark fliegen die Ju 88 des KG 30 ohne Begleitschutz die Insel an. Es ist ein langer Weg über die Nordsee, einschließlich Rückflug und Ausweichmanövern muss mit einer 1800-km-Strecke gerechnet werden. Um sie zu bewältigen, haben sich die Zerstörer einen 1000-Liter-Tank unter den Rumpf geschnallt, den ›Dackelbauch‹, er lässt sich nicht abwerfen und bietet so für Angreifer ein bequemes Ziel.
Ein Treffer macht aus der zweimotorigen Maschine einen Feuerball.
13.30 Uhr. Genau auf Kurs ziehen die beiden Geschwader - getrennt - auf die vermutlich schlafende Küste zu. In einer guten halben Stunde sollen krepierende Bomben sie wecken.
Da geschieht es: Englische Jäger fallen aus der geschlossenen Wolkendecke über die Me 111 und die Zerstörer her - die Deutschen, die überraschen wollten, werden selbst überrumpelt. Die ›Spitfires‹ der 72. Staffel, stationiert in Acklington, sprengen den geschlossenen Verband, greifen die abgedrängten Maschinen an, die versuchen, in die ›Wolke vom Dienst‹ zu flüchten. Einigen gelingt es, andere knallen brennend ins Meer. Die Zerstörer sind 200 km/h langsamer als die ›Spitfires‹ und im Kurvenkampf plump wie Elefanten. Die Me 110, der Schutz der Hes, erweisen sich selbst als schutzlos. Als ihr Sprit knapp wird, drehen sie ab und versuchen zu entkommen. Jetzt stürzen sich die Staffeln 41, 79, 605 und 607 auf die verlassenen Kampfflugzeuge. Das Geschwader wird zerrupft.

Im Notwurf knallen die Bomben ins Meer.
Auch der Ju-88-Verband wird vor seinem Überraschungsangriff bereits 150 km von der Küste entfernt geortet und überrumpelt. Unbegreiflich, aber die Besatzungen haben nicht viel Zeit, darüber nachzudenken. Sie ziehen sich in die Wolken zurück und fliegen weiter ihrem Ziel entgegen. Unter schweren Verlusten greifen sie den Bomberflugplatz Driffield an, treffen vier Hallen, zerstören zehn zweimotorige Whitley-Bomber und jagen eine Munitionsfabrik in die Luft. Aus Scarborough haben sich ihnen vier Staffeln des Fighter Command entgegengeworfen. Der ›Wunderbomber‹ hält sich besser als die He 111, erleidet aber so schwere Verluste, dass auch die Ju 88 künftig keine Tagangriffe mehr ohne Jagdschutz fliegen kann. Die 5. Luftflotte kostet es jedes achte Kampfflugzeug und jeden fünften Zerstörer, und die entkommenen Besatzungen fragen sich noch auf dem Rückflug, wieso die Briten den Angriff so frühzeitig ausgemacht haben.
Die Luftwaffe verliert, was vor allem ihre Blitzsiege ermöglichte: den Vorteil der Überrumpelung. Wo sie zum Angriff antritt, wird sie abgefangen. Die Jagdabwehr ist immer präsent, immer auf dem Posten, ob die deutschen Maschinen an fünf oder zehn Stellen gleichzeitig auftauchen, ob sie durch Scheinangriffe ablenken wollen oder zu anderen Finten greifen.
Zuerst hält man das für einen Zufall. Aber so viele Zufälle gibt es nicht, und auf die Dauer bleibt das Glück im Krieg neutral. Die nächste Erklärung ist, dass das Fighter Command über weit mehr als 700 Maschinen verfügt.
Aber selbst bei diesem Bestand grenzt die Allgegenwart der ›Spits‹ und ›Hurris‹ an schwarze Magie.

Es ist elektronische Hexerei, und sie heißt Radar. Die Funkmessung kennt man auch in Deutschland, aber da man hier alle Defensivwaffen vernachlässigt, legt man ihr keine besondere, die spezielle Förderung rechtfertigende Bedeutung bei und begreift deshalb auch nicht, wie wirksam Englands lange Küsten von stummen elektronischen Wächtern geschützt werden.
Als am 12. August, am Vorabend der Luftoffensive, die vorgeschobene Station Ventmoor auf der Insel Wight und noch sechs andere Anlagen im Süden Englands von Kampfflugzeugen und Zerstörern vernichtet wurden, verloren die Briten erstmals und vorübergehend ihre stoische Gelassenheit. Sie sahen ihr bestgehütetes Geheimnis entdeckt und fürchteten die nächsten Schläge gegen Radarstationen. Sie konnten nicht begreifen, warum die Deutschen nicht systematisch die bis zu 80 m hohen Funktürme der ›Chainhome‹ zerbombten. Auffällig genug waren diese Ziele, aber schwer zu treffen. Einzelne Besatzungen versuchten es immer wieder, mehr auf eigene Faust als auf Befehl. Was die britische Fähigkeit, mit Hilfe elektronischer Impulse auf große Entfernungen zu sehen, anbelangt, bleiben ihre Gegner während der ganzen ›Battle of Britain‹ mit Blindheit geschlagen. Nach der ersten Großkampfwoche wird Göring seine Piloten Angriffe auf Radarstationen sogar verbieten; sie sollen sich auf ›lukrativere‹ Ziele konzentrieren.
»Schon über dem Pas de Calais wurden unsere, noch in der Sammlung befindlichen Verbände erfasst und nicht mehr aus dem Radarauge gelassen«, schreibt in seiner Autobiografie ›Die Ersten und die Letzten‹ der deutsche Jagdfliegergeneral Adolf Galland: »Jede unserer Bewegungen projiziert sich auf die nahezu

lückenlosen Luftlagebilder in der britischen Jägerzentrale, auf Grund deren das Fighter Command in der Lage war, seine Jagdkräfte zum günstigsten Zeitpunkt und am günstigsten Ort in die Schlacht zu führen.
Wir waren auf unser eigenes menschliches Auge im Kampf angewiesen. Die britischen Jäger konnten sich auf das sichere und um ein Vielfaches weiter reichende Radarauge verlassen. Unsere Einsatzbefehle waren etwa drei Stunden alt, wenn wir in Berührung mit dem Gegner kamen, die britischen nur so viel Sekunden, wie von der Erfassung der jüngsten Lage mittels Radar bis zur Übermittlung des entsprechenden Angriffsbefehls an den in der Luft befindlichen Verband von der Jägerzentrale aus notwendig waren.«
Am Nachmittag des 15. August schießt der damalige Major Galland (III. JG 26) in vier Einsätzen drei Feindmaschinen ab, seine Gruppe 18. Alle sieben am Kanal stationierten Jagdgeschwader sind jetzt im Einsatz und greifen an allen Brennpunkten ein. Auf einmal spielen die britischen Radarschirme verrückt: Der Impulssalat lässt keine brauchbare Auswertung mehr zu. Für ein paar Stunden werden die elektronischen Augen blind, und die in Kirchtürmen, auf Hügeln und Dächern vorsorglich für den Radarausfall eingenisteten Beobachter der ›Home Guard‹ sind ein schwacher Ersatz.
Neben blutigen Durchbrüchen gelingen jetzt auch Überraschungsangriffe. Der Jagdflugplatz Martlesham Heath wird von 24 Jagdbombern angegriffen. Die Bombentrichter ruinieren die Piste. Mehrere Hallen stehen in Flammen. Dann greift die Gruppe des KG 3 mit 30 Do 17 - dem fliegenden Bleistift - die alte Römerstadt Rochester mit ihrer ehrwürdigen Kathedrale

und der normannischen Burgruine an. Die Bomben rauschen in die Flugzeugwerke am Rand der Stadt und unterbrechen für einige Wochen die Produktion der bereits entstehenden Viermot-Bomber, die später das Schicksal Deutschlands entscheiden werden.
Am Abend ist die Erprobungsgruppe 210 wieder im Einsatz. Der Verband verfranzt sich und greift nicht den Jägerleitplatz Kenley an, sondern bombardiert Londons Flugplatz Croydon, der mitten im Sperrgebiet liegt. Göring tobt und droht, den Verantwortlichen vor ein Kriegsgericht zu stellen, aber das kann er nicht; Hauptmann Rubensdörffer, der den Einsatz leitete, wird auf dem Rückflug von einer ›Spitfire‹ abgeschossen.
Das Gemetzel in der Luft dauert bis zum Einbruch der Dunkelheit. Die Jagdstaffeln fliegen teils ›angelegt‹ an die Kampfverbände oder in freier Jagd über Südostengland. Die Me 109 ist auch in dieser Entscheidungsschlacht das beste Flugzeug der Luftwaffe, aber sie kann sich nur 80 Minuten in der Luft halten und dadurch nur 20 Minuten über der Insel operieren. Die Jagdflieger haben wiederholt darum gebeten, abwerfbare Zusatztanks zu entwickeln, aber sie stehen noch nicht zur Verfügung, deshalb müssen sie den Kanal achtmal und noch öfter überqueren. Beim Rückflug über die Meerenge von Dover signalisieren die roten Warnlampen, dass der Sprit zu Ende geht. Das Jagdgeschwader 54, das Begleitschutz für einen Kampfverband flog, verlor bei einem einzigen Einsatz ohne Feindeinwirkung zwölf Maschinen: sieben stürzten mit leerem Tank in den Kanal, fünf gingen bei Bauchlandungen an der französischen Küste zu Bruch.
Zu einem der letzten Verbände, die nach Frankreich

zurückbrummen, gehört die Gruppe Steinhoff. Die Engländer nennen ihre Gegner achtungsvoll die ›Abbéville-Boys‹. Jetzt haben sie ihren Sprit verflogen und ihre Munition verschossen. In dieser Situation können sie sich auf keine Kämpfe mit ihrem Gegner mehr einlassen, und so stehlen sie sich heimwärts. Es herrscht strikte Funkstille, um die Engländer nicht auf die ›Spätheimkehrer‹ aufmerksam zu machen.
Plötzlich meldet sich ein Flugzeugführer, der zurückgeblieben ist: »Ich bin allein«, schreit er in Panik. »Bin ganz allein!«
»Sei ruhig, du dummer Hund«, ruft einer seiner Staffelkameraden in das externe Mikrofon: »Du bist nicht allein. Eine ›Spitfire‹ hängt an deinem Arsch!«
Es herrscht wieder Funkstille. Das ›Holzauge‹, so nennt man das Schlusslicht eines fliegenden Verbandes, bleibt schweigsam.

Die erschöpften Besatzungen dieses Kampftages, den die Luftwaffe den ›Schwarzen Donnerstag‹ nennt, hörten am Abend erstaunt aus dem Radio, dass die Royal Air Force kurz vor dem Zusammenbruch stünde. Sie rauchten und schwiegen, tranken und warteten darauf, dass der eine oder andere vermisste Staffelkamerad im Kanal aufgefischt worden war oder sich nach dem Fallschirmabsprung aus einem französischen Kaff melden würde. Das kam öfter vor, aber per saldo mussten sie doch mehr Kondolenzbriefe an die Angehörigen schreiben. Die Männer hatten ihre Staffelkapitäne verloren oder ihre Rottenflieger, die eigene Maschine, nicht aber ihren Mut, obwohl abzusehen war, dass aus dem Aderlass ein Opfergang werden würde.
Die Briten behaupteten, mit Sicherheit 180 Flugzeuge

und wahrscheinlich 53 weitere abgeschossen zu haben. Auch die Deutschen schwelgten in Fantasiezahlen.
Beide Seiten logen wie (in den jeweiligen Wehrmachtberichten) gedruckt. Einheitlich handelten die Gegner nach dem Schema, die eigenen Verluste etwa zu halbieren und die feindlichen zu verdreifachen. Wären die damaligen Angaben zutreffend gewesen, hätten die Deutschen bereits in der letzten Augustwoche keine Bomber und die Briten keine Jäger mehr gehabt. Nach dem Krieg korrigierte Churchill die deutschen Verluste des 15. August auf 76 Maschinen. Auch wenn es nur 55 gewesen sein sollten - wie eine deutsche Quelle angibt -, war dieser Blutzoll und Maschinenverschleiß nicht mehr länger tragbar. Schon vor Ablauf der Frist, die sich Göring gestellt hatte, wurde klar, dass er sie nicht einhalten konnte, auch wenn in den bombensicheren Kellern bereits die Plakate vergilbten, auf denen die britische Zivilbevölkerung in ihrer eigenen Sprache unter Androhung schwerer Strafen zum Wohlverhalten gegenüber der deutschen Besatzung aufgefordert wurde. Inmitten eines tatenlosen Invasionsheeres langweilte sich auch der bereits für Großbritannien ernannte höhere SS- und Polizeiführer, der nach der Landung 2000 auf seiner Geheimliste verzeichnete englische Persönlichkeiten verhaften sollte.
Bald gab es keine Zweifel mehr, dass sich die deutsche Luftoffensive in die Länge ziehen würde. Es ging nicht mehr um die taktische Zusammenarbeit zwischen fliegenden Verbänden und schnellen Panzerkolonnen: Der nunmehr zu führende strategische Krieg gegen Jägerplätze und Rüstungswerke war für die sieggewohnten Geschwader Neuland.
Im ersten Stadium wurde die Luftschlacht über Eng-

land zerfahren geführt, einfach nach dem Motto: Die Masse macht´s. Ein riesiges Aufgebot am Himmel sollte - wie immer - den Sieg auf der Erde ermöglichen. Die Zielgebung war unklar und die Feindaufklärung miserabel. Unter schweren Verlusten wurden unbedeutende Ziele angeflogen und kriegsentscheidende verfehlt. Das Zusammenspiel der Luftflotten war schlecht. Es traten Angriffspausen von mehreren Stunden ein, die den britischen Jagdfliegern Zeit ließen, aufzutanken, Munition zu fassen, kleine Schäden auszubessern und sich dann bei der Jägerleitstelle wieder einsatzbereit zu melden.

Das Fighter Command kämpfte gewissermaßen auf eigenem Platz. Das bedeutete zunächst kurze, radargelenkte Anflugwege. Während abgeschossene deutsche Flugzeugführer, die sich durch Fallschirmabsprung retten konnten, in Gefangenschaft kamen, saßen englische Piloten oft schon Stunden später wieder in einer Ersatzmaschine. Es war ein entscheidender Vorteil, denn auf beiden Seiten gab es Jagdflieger, die vier- oder fünfmal und noch öfter durch Fallschirmabsprünge aus ihren brennenden Maschinen ›außerplanmäßig‹ Geburtstag feierten. Flugzeuge waren zu ersetzen, die Männer am Knüppel nicht.

Die Schlacht ging mit gleicher Härte und Erbarmungslosigkeit weiter. Dem ›Schwarzen Donnerstag‹ folgte ein wechselvoller Freitag. Den Stukas des StG II gelang am Nachmittag ein schulbuchmäßiger Angriff auf den Flugplatz Tangmere. Sie unterflogen die Radarkette, schlichen sich unbemerkt an. Ein Debakel für die britische Luftabwehr: sie bemerkten die gierigen Todesvögel erst, als diese zum Angriff hinabtauchten. Zwar schraubten sich jetzt ›Hurricanes‹ in einem

Alarmstart hoch, aber sie konnten das verheerende Bombardement nicht mehr verhindern. Die Ju 87 warfen ihre brisante Fracht auf das Stabsgebäude, auf Rollbahnen und Unterkünfte, und sie zerstörten dabei 14 Maschinen am Boden.
Beim Abflug bezahlten sie für ihr Husarenstück: Neun Stukas wurden abgeschossen, drei weitere schwer beschädigt. Es war der letzte erfolgreiche Angriff - die Stukas, fliegende Symbole der Blitzkriegfeldzüge, hatten auf diesem Kriegsschauplatz von nun an nichts mehr zu bestellen. Beim Abflug zogen die nur 250 km/h schnellen Einmot-Maschinen ›Spitfires‹ und ›Hurricanes‹ auf sich wie Honig die Fliegen (Adolf Galland). Ihre Formationen wurden in ganze Jagdrudel verpackt, aber beim Finale mussten die Mes sie allein lassen, denn die Jagdflugzeuge hatten keine Sturzflugbremsen. Ihre Schützlinge waren genau dann ungedeckt, wenn die ›Spitfires‹ zuschlugen. Sie hatten gelernt, den Schwächemoment der Stuka-Piloten auszunützen: Während des Angriffs waren diese Fliehkräften ausgesetzt, die das Vier- bis Fünffache der Erdanziehung ausmachten. Sie hatten Durchblutungs- und Sehstörungen. Dann verlangsamte sich ihre Fahrt abrupt. Sie mussten die Sturzflugbremsen einfahren, den Bombenzündkasten abstellen, das Höhenruder eintrimmen, die Kühlerjalousie wieder öffnen und die Luftschrauben verstellen.
Bevor die Begleitjäger der ›Parterreakrobatik‹ folgen konnten, waren die Flugzeuge mit den Knickflügeln und dem starren Fahrwerk risikolos abzuknallen wie Tontauben. Ab 17. August wurden die Ju-87-Geschwader ganz aus der Luftschlacht genommen, nachdem sie bei einem Einsatz jede fünfte Maschine verloren hat-

ten. Immer wieder gelangen deutsche Durchbrüche, aber die hohen Verluste machten sie zu Pyrrhussiegen. Die Geschwader begannen am Himmel zu verbluten und die Generale, die sie hinausschickten, zu verzweifeln. Selbst den Fantasten wurde klar: Der Sieg war weder leicht noch schnell zu erringen, und wenn er überhaupt angepeilt werden sollte, musste die deutsche Angriffstaktik schleunigst geändert werden.

Der Mann, der Großbritannien vor der Erstürmung durch die Deutschen bewahren sollte, war ein Sonderling und in einer früheren Mädchenschule etabliert, in einem großen gotischen Haus in Bentley Priory, auf einem Hügel in Londons nordwestlicher Peripherie. Air Chief Marshal Sir Hugh Dowding, seit zwei Jahren Chef des Fighter Command, war 54, ein großer, fast schwächlich wirkender Mann mit einem knochigen Gesicht und leicht stechenden Augen. Raymond Cartier bezeichnete ihn als die ›farbloseste und kälteste Persönlichkeit‹ der englischen Fliegerei. Daher wohl auch sein Spitzname ›Stuffy‹, was etwa mit ›der Muffige‹ zu übersetzen wäre. Er hatte eine entschiedene Abneigung gegen Uniformen und kleidete sich, wann immer es ging, wie ein konservativer Advokat. Er hauste allein, war Spiritist und verkehrte mit den Geistern gefallener Piloten. Seine technischen Fähigkeiten und seine Willenskraft machten ihn aber zu einem einzigartigen Chef.
Er hatte das Fighter Command geformt und war auch sein Kommandeur während der härtesten Kämpfe des Kriegs.
Vor dem Krieg hatte ›Stuffy‹ hartnäckig die Priorität der Jäger beim Bau von Flugzeugen gefordert und mit

aller Energie 53 Staffeln geschaffen, davon 51 für die Metropolitan Air Force. Er hatte zwei Typen von Jagdflugzeugen bauen lassen, ›Hurricane‹ und ›Spitfire‹; als die ›Spitfire‹ sich als das bessere erwies, veranlasste er die Industrie, mit Vorrang diesen Typ zu bauen. Bei Kriegsbeginn konnte er nur 39 Staffeln mobilisieren, doch begann er sofort ein wildes Ringen mit Ministern und Generalen, um diese Staffeln in England zu behalten: »Für mich begann die Schlacht um London im September 1939«, sagte er. Dank seines Egoismus verfügte er, als England allein stand, über 446 Jäger, darunter 331 einsatzbereite ›Hurricanes‹ und ›Spitfires‹ - das Minimum für die Verteidigung Englands.

Dowding war erst mit 32 Pilot geworden. Er verfügte über keinerlei Fähigkeiten, sich Freunde zu schaffen. Sein einziges Hobby war Skilaufen; hier hatte er es zum Präsidenten des Skiclubs von Großbritannien gebracht, aber der Wintersport spielte zu dieser Zeit auf der Insel kaum eine Rolle. Seit seiner überraschenden Beförderung zum Chef der britischen Jagdfliegerei führte Dowding einen ununterbrochenen Krieg gegen sein eigenes Luftfahrtministerium, gegen die Franzosen, gegen die Deutschen. Jedermann wusste, dass ihn der eigene Premier nicht leiden konnte, auch wenn er auf ihn angewiesen war wie nie zuvor.

»Ein schwieriger Mann«, urteilte der britische Flakgeneral Sir Frederick Pile, »ein rechthaberischer Mann, ein sehr bestimmter Mann und ein Mann, der über alle erdenklichen Aspekte des Luftkriegs besser und genauer Bescheid wusste als sonst irgendeiner.«

Dowding leitete von Bentley Priory aus die Abwehrschlacht. Er sorgte dafür, dass die letzte Maschi-

Bild 15: Feldflughafen. Wie ein Hornissenschwarm steigen dicht hintereinander Stukas auf.

Bild 16: Die Londoner Docks während der Bombardierung am 8. September 1940 (Foto: Imperial War Museum).

Bild 20: Werner Mölders mit dem Ritterkreuz des Eisernen Kreuzes und Eichenlaub, Schwertern und Diamanten (1941). Er begann seine Karriere wie Galland als Kampfflieger in Spanien. Mit 115 Luftsiegen wurde er der populärste Jagdflieger des 2. Weltkrieges. Auf dem Flug von der Ostfront zum Begräbnis Ernst Udets starb er im November 1941 beim Absturz seiner Heinkel-Transportmaschine.

Bild 21: Adolf Galland (ganz links) schaut auf Walter Oesau, der von Adolf Hitler eine Auszeichnung für 40 abgeschossene Feindflugzeuge überreicht bekommt.

ne, der übermüdetste Pilot, darunter sein eigener Sohn, der schon als Zweijähriger die Mutter verloren hatte, in den Einsatz ging. Es kam vor, dass ein eben abgeschossener ›Spitfire‹-Pilot nach einer hastig gerauchten Zigarette in einer Ersatzmaschine sofort wieder in den nächsten Einsatz startete. Im Kampfgeist waren sich die Gegner ebenbürtig, wie die ›Spits‹ und die Mes.

Ein britischer Jäger wurde während der Luftschlacht 17-mal abgeschossen und startete erneut, getreu der Royal-Air-Force-Dienstvorschrift über die Luftkampftaktik: »Der Jagdflieger bleibt, bis er entweder seine Munition verschossen, den Gegner abgeschossen hat, er selbst abgeschossen wurde oder seine Maschine fluguntauglich geworden ist.«

Die englischen Jagdflieger haben eine hervorragende Kampfmoral, Radar führt sie auf direktem Weg in die Nähe der Angreifer. Töten oder sterben müssen sie selbst. Wie es bei ihnen aussieht, schildert ›Spitfire‹-Pilot und Oxford-Absolvent Richard Hillary in seinem Buch: ›The last enemy‹. Er gehörte zur Staffel 603, die auf dem E-Hafen Hornchurch, zwölf Meilen östlich von London, stationiert war. »Als ich auf den Anlasser drückte und der Motor dröhnend aufheulte, trat der Monteur zurück und kreuzte bedeutungsvoll die Finger: Ich hatte das übliche flaue Gefühl in der Magengegend, wie vor einer Ruderregatta.

Wir flogen Südostkurs und gewannen schnell an Höhe. In etwa 12.000 Fuß stießen wir durch die Wolken. Wie Schlagsahnetupfen lagen sie unter uns. Die Sonne blendete so stark, dass es bisweilen schwierig war, die Bewegungen der eigenen Maschine zu verfolgen. Ich spähte besorgt nach vorn, denn die Kontrollstation hatte uns mindestens 50 in großer Höhe anfliegende feindliche Flugzeuge gemeldet. Als wir sie plötzlich bemerkten, gab niemand ein Signal, vermutlich, weil wir sie alle gleichzeitig sahen. Sie mussten 500 bis 1000 Fuß über uns gewesen sein und stießen nun wie ein Schwarm Heuschrecken direkt auf uns herunter. Ich erinnere mich, dass ich fluchte und mich automatisch in Linie einordnete. Im nächsten Augenblick waren wir zwischen ihnen, und jeder von uns war auf sich selbst angewiesen. Als sie uns entdeckten, schwärmten sie aus und setzten zum Sturzflug an. In den nächsten zehn Minuten herrschte ein völliges Durcheinander von herumwirbelnden Maschinen und Leuchtspurgeschossen. Eine Messerschmitt rauschte brennend zu meiner Rechten in die Tiefe, und eine ›Spitfire‹ folgte ihr, sich halb überschlagend. Ich kurvte herum und versuchte verzweifelt, an Höhe zu gewinnen, während die Maschine praktisch nur am Propeller hing. Dann sah ich links, direkt unter mir, was ich dringend erwartet hatte. Eine Messerschmitt, die im toten Winkel zur Sonne aufstieg. Ich näherte mich ihr auf 200 m und verpasste ihr eine doppelte Salve. Die Tragflächenbespannung riss, schwarzer Rauch drang aus der Maschine, sie stürzte jedoch nicht ab. Wie ein Verrückter ließ ich nicht locker und bedachte sie mit einer weiteren dreifachen Salve. Rote Flammen schossen heraus, die Maschine verschwand trudelnd aus meinem Blickfeld. In diesem Augenblick erfolgte eine entsetzliche Explosion, die mir den Steuerknüppel aus der Hand schlug und die ganze Maschine wie ein todwundes Tier erschütterte. Sofort stand das Cockpit in Flammen: instinktiv griff ich nach oben, um die Haube zu öffnen. Sie wollte sich nicht bewegen. Ich riss meine

Gurte herunter und brachte es fertig, den Deckel zurückzupressen. Dies kostete Zeit, und als ich auf den Sitz zurückfiel und den Steuerknüppel packte, um die Maschine auf den Rücken zu drehen, war die Hitze so brennend, dass mir die Sinne schwanden. Ich erinnere mich an einen sekundenlangen rasenden Schmerz, weiss noch, dass ich dachte: Jetzt ist es aus!«
Richard Hillary wurde im Kanal aufgefischt und mit schweren Brandwunden ins Lazarett eingeliefert. Von seinem Fenster in Margate aus konnte er die Luftkämpfe verfolgen, bei denen alle seine Freunde und Studienkollegen vor dem Feind blieben. Nach seiner Genesung meldete er sich wieder als ›flying officer‹ an die Front, wo er später gefallen ist, einer der RAF-Piloten, über die Churchill später sagen wird: »Niemals in der Geschichte menschlicher Kämpfe sind so viele so wenigen so sehr verpflichtet gewesen.«
Die Frist, die sich Göring gestellt hatte, um die Royal Air Force zu zerschlagen, war längst abgelaufen. Die Luftschlacht, vorwiegend noch immer eine Schönwetterangelegenheit, führte zu Siegen und Niederlagen auf beiden Seiten und blieb letztlich - in mathematischer Gerechtigkeit - unentschieden. Aber die Angreifer erlitten enorme Verluste, und die Verteidiger flickten ihre angeschlagenen Bastionen gewissermaßen über Nacht wieder zusammen.
Die Führungsstäbe der Luftwaffe änderten nunmehr schlagartig ihre Taktik: Nur noch kleine Kampfverbände griffen unter starkem Jagdschutz sorgfältig ausgewählte Ziele an. Es war ein Rückzug in die Vernunft, der sich besser auszahlen würde als die wahllosen Bombardements.
Als die deutschen Luftflotten nunmehr die Quantität

ihrer Angriffe durch Qualität ersetzt hatten, verschlimmerte sich für die Engländer die Lage rapid. Systematisch wurden ihre Sector Stations, ihre Jägerleitstände, zerbombt. Die Fighter-Basen rund um London - Kenley, Biggin Hill, Hornchurch und Northweald - waren weitgehend zerstört. Falls das angeschlagene Fighter Command seine E-Häfen noch weiter nach hinten verlegen musste, verlor es den entscheidenden Vorteil kurzer Anflugwege. Und wenn die Angriffe mit gleicher Heftigkeit weitergingen, war es in einigen Tagen, spätestens einer Woche, so weit. Churchill erkannte, dass die Deutschen dabei waren, die Luftherrschaft zu gewinnen, und das bedeutete: Invasion auf die Insel.

Es war ihm klar, dass eine Art Luftröhrenschnitt nötig war. Auch während der ›Battle of Britain‹ hatten englische Bomber ihre Störflüge über dem Reichsgebiet fortgesetzt. Es waren Angriffe, die eigentlich mehr die Briten beruhigen sollten, als sie die Deutschen beunruhigen konnten. Aber Hitler - so stand es in den Berichten des amerikanischen Geheimdienstes, die dem britischen Regierungschef zugespielt wurden - reagierte ungewöhnlich gereizt, fast hysterisch auf diese Nadelstiche.

Während Churchill noch überlegte, wie er diese Überreaktion weiter steigern konnte, fielen in der Nacht zum 25. August einige Bomben, die den Öltanks von Thameshaven galten, auf das Londoner Stadtgebiet: »Es ist unverzüglich zu melden«, befahl Göring in einem Fernschreiben, »welche Besatzungen Bomben in den Londoner Sperrraum geworfen haben. Der Oberbefehlshaber der Luftwaffe behält sich vor, die betreffenden Kommandanten selbst zu bestrafen und zur Infanterie zu versetzen.« Churchill, ohnedies nicht sehr zimperlich, hatte jetzt eine Rechtfertigung für einen Gegenschlag; er trommelte sein Bomber Command zusammen und befahl, Berlin anzugreifen. Die RAF-Kommandeure waren zu höflich, um sich an die Stirn zu tippen. Berlin war sechsmal so weit von der Insel entfernt wie die deutschen Kampfflieger von der Kanalküste. Für einen Großangriff fehlten die Maschinen. Und wie konnten sie den Weg dorthin finden? Und wie sollten sie von der durch Flakbatterien hervorragend geschützten deutschen Reichshauptstadt jemals zurückkehren?

Der 25. August 1940, ein Sonntag, beschert den Berlinern noch einmal Sonne und Wärme. Als am Abend Heerscharen von Ausflüglern von den umliegenden Seen und Wäldern in das Häusermeer zurückströmen, verdichten sich die Wolken am Himmel zu einer geschlossenen Decke. Manche sehen sich im Kino den ›Postmeister‹ an, oder, wenn sie leichtere Kost wünschen, ›Die Nachtigall von San Remo‹ im Primuspalast oder gehen auf eine Molle in ihre Stampe an der Ecke. Sie können keine großen Sprünge machen im Krieg, aber viel spürt die Reichshauptstadt von ihm noch nicht, sie ist, scheint´s, weit weg vom Schuss.
Wie immer platzen Sondermeldungen in das Gespräch. Fanfarengeschmetter, ›Bomben auf En-gelland‹. Es muss schlimm aussehen in Großbritannien, aber der Krieg wird bald aus sein, jedenfalls glauben und hoffen das fast alle.
Während Stammtischstrategen auf Bierfilzen die Landung auf der Insel aufzeichnen, gehen von ihren Stützpunkten in Ostengland 81 ›Wellington‹- und ›Hamp-

den‹-Bomber auf die gefährliche, fast 2000 km lange Reise nach Berlin. Um so weit zu kommen, wurden sie mit Zusatztanks ausgestattet, und das bedeutet, dass sie auf das entsprechende Gewicht an Bomben verzichten müssen. Das aufziehende Gewölk erschwert die ohnedies primitive Navigation noch mehr. Nur 29 Maschinen kommen in die Nähe der Reichshauptstadt und werden von wildem Flakfeuer empfangen. 27 finden das Ziel nicht und fliegen mit ihren Bomben wieder nach Hause oder werfen sie in die Nordsee. 18 greifen Ausweichziele an. Aber 22 Tonnen Sprengstoff fallen - völlig unerwartet - auf Berlins nördliche Vororte.

Der Schaden ist gering. Tausende von Neugierigen besichtigen am nächsten Morgen die zerbombten Häuser in Reinickendorf. Es wird bald keine Gaffer mehr geben. Diese Nacht ist der Start einer Serie von Angriffen. Die Engländer kommen wieder.

Bereits am nächsten Tag. Diesmal fallen Brand- und Sprengbomben in Geschäftsviertel und Wohnanlagen rings um die Cottbusser Straße. Als um 3.19 Uhr endlich die Entwarnung kommt, zählt man die ersten Toten und Ausgebombten. Am 29. August meldet der Wehrmachtsbericht: »Britische Flugzeuge griffen in der Nacht planmäßig Wohnviertel der Reichshauptstadt an. Durch Brand- und Sprengbomben wurden zahlreiche Zivilpersonen getötet, verletzt und an den Wohnhäusern Dachstuhlbrände und Schäden verursacht. Eine britische Maschine konnte noch vor Erreichen der Stadt von der Flak abgeschossen werden.«

Es waren zwölf Tote und 28 Verletzte.

Die Angriffe gehen weiter. Nacht für Nacht. Brandbomben zerstörten die Christuskirche in Neukölln und

durchschlagen das Dach des Bethesda-Krankenhauses. Das Ärztehaus an der Lindenstraße wird getroffen. Bei weiteren Angriffen fallen Bomben auf das Regierungsviertel. Ein Geschoss detoniert 200 m neben Hitlers unbewohntem Schlafzimmer in der Reichskanzlei.
Es ist der ziemlich harmlose Auftakt eines schrankenlosen Luftkriegs.
Hitler geht in die Falle. Er reagiert, wie Churchill es erwartet hatte, stellt die Vergeltung über die Taktik und befiehlt, kurz bevor die britischen Jagdleitstände ganz ausfallen, einen Zielwechsel.
Von nun an soll London mit allen verfügbaren Flugzeugen angegriffen werden.

Schon im Morgengrauen des 7. September herrscht auf den nordfranzösischen E-Häfen der deutschen Luftwaffe die Unruhe vor dem Sturm. Obwohl die Maschinen längst startklar sind, fummeln die Bordwarte noch an ihnen herum. Die Besatzungen wissen, dass der massierte Schlag erst am Nachmittag erfolgen soll, aber sie sind vorzeitig aus ihren Zelten, Baracken und Bauernstuben gekrochen und hören oder verzapfen Latrinenparolen.
Der Angriff gilt Loge.
Eine Stadt dieses Namens ist auf keiner Karte zu finden. Loge steht für London. Der Angriff auf die Weltstadt soll Vergeltung für Berlin sein, zugleich aber die dezimierte Jagdwaffe der RAF - die erwartungsgemäß die Themse-Metropole erbittert verteidigen wird - endgültig vernichten.
»Sie kommen in der Nacht, werfen Bomben wahllos und planlos auf zivile Wohnviertel«, hatte Hitler in seiner Rede zur Eröffnung des Winterhilfswerks am 4.

September getobt: »Ich habe das drei Monate nicht beantworten lassen in der Meinung, dass sie diesen Unfug einstellen würden. Herr Churchill sah darin ein Zeichen unserer Schwäche ... Wenn sie unsere Städte angreifen«, schrie er mit überschnappender Stimme in den überfüllten Sportpalast, »dann werden wir ihre Städte ausradieren.«

Zwei Tage danach ergeht an die Kampfgeschwader der Befehl zum ›verschärften Luftkrieg‹. Damit ufert die Unmenschlichkeit noch einmal aus, wenngleich man vor dem letzten Terror noch zurückschreckt: Militärische Ziele dürfen nunmehr auch dann angegriffen werden, wenn zu erwarten ist, dass die Bomben auch die Zivilbevölkerung treffen - es ist die gleiche Auslegung des Kriegsrechts, die sich die Engländer zur Zeit über Berlin leisten, die Vorstufe eines schrankenlosen Luftkriegs gegen Frauen und Kinder. Beide Seiten sind jetzt dazu entschlossen, sein Ausbruch wird nicht durch humane Überlegungen gebremst, sondern allenfalls durch den Stand der Rüstung verzögert.

Kurz vor dem Massenstart der deutschen Geschwader kommt - keine Feier ohne Meier - der Reichsmarschall an die Kanalküste. In seinen weißen Uniformmantel wie in ein Korsett gezwängt, entsteigt er seinem Sonderzug ›Asien‹, der so luxuriös ausgestattet war, dass ihn zwei überschwere Lokomotiven ziehen und eine besondere Gewichtsverteilung zwischen den Wagons vorgenommen werden musste. Von allen NS-Satrapen führte der Sohn eines Regierungsbeamten das üppigste Leben. Einer der 25 Punkte des Parteiprogramms, mit deren Hilfe die NSDAP die Macht usurpiert hatte, lautete auf die Abschaffung der Gehälter über 1000 Mark; es entsprach dem Betrag, den der Arrivierte spielend an einem Abend für Kaviar auszugeben pflegte. Sein Sonderzug enthielt ein Schlafzimmer für sich und seine Frau, eine Schauspielerin, ein Arbeitszimmer, ein Kino, eine Kommandostelle, einen Kartenraum, einen Speisewagen sowie weitere Wagons für Oberkommandierende und ihre Gäste. Am Anfang und Ende des Zugs war ein Spezialwagen mit Flakgeschützen installiert. Meistens kam der Luftwaffenchef von seinem Jagdrevier in Ostpreußen.

»Görings Aufstieg zur Macht ermöglichte ihm einen Lebensstil, der im 20. Jahrhundert kaum seinesgleichen fand«, schrieb Len Deighton. »Er besaß Schlösser, mehrere Jagdgüter mit großen Landhäusern und außerdem zwei Stadthäuser. Sein mit Abstand bemerkenswertester Besitz war Karinhall, in Erinnerung an seine erste Frau so genannt. Er war zwischen zwei Seen angelegt, durch formvollendete Gärten mit Springbrunnen und Bronzefiguren verziert und zu einem riesigen privaten Landsitz gestaltet. Seine Diener trugen Uniformen wie aus komischen Opern: knielange Jacken mit reichem Besatz, hohe weiße Gamaschen und Schuhe mit Silberschnallen. In Karinhall gab es einen Swimmingpool, eine umfangreiche Bibliothek, einen Gymnastiksaal, eine Kunstgalerie und eine der weltberühmtesten Modelleisenbahnanlagen. Schon allein sein Arbeitsraum war größer als die meisten Häuser.«

Göring taucht überraschend in den E-Häfen auf. Im Gefechtsstand des Jagdfliegerführers Oberst Theo Osterkamp findet er ein Schild mit der Aufschrift: »Welche Führung brauchen die Engländer, wenn sie den Krieg verlieren wollen?«

»Osterkamp, das geht gegen mich«, fuhr ihn der

Reichsmarschall an. »Das kommt sofort runter!« Die miese Stimmung auf den E-Häfen ist auch für ihn unüberhörbar. Er hatte befohlen, dass die Jägerkommandeure ihre Gefechtsstände so nahe an die Küste zu verlegen hätten, dass sie den Kanal überblicken könnten. Während Göring über die Klippen des Cap Blanc Nase stapft, hört er Oberst Werner Junck maulen: »Ich werde mir einen neuen Gefechtsstand mitten im Kanal bauen. Bei Flut stehe ich bis zum Hals im Wasser, bei Ebbe stehe ich bis zu den Hüften im Wasser - aber ich werde dem Feind mitten ins Gesicht schauen.«
In seinem Buch ›Adlertag‹ berichtet der britische Autor Richard Collier über Hauptmann Heinz Bär, einen störrischen Sachsen, der vor Görings Augen von einer ›Spit‹ abgeschossen worden war. »Ein Patrouillenboot hatte Bär aus dem Bach gefischt. Er wurde triefnass und bis auf die Knochen frierend vor Göring geschleppt. Als der Reichsmarschall ihn wie ein leutseliger Onkel fragte, woran er denn eigentlich im Wasser gedacht habe, antwortete der Sachse ziemlich missmutig: ›An Ihre Rede, Herr Reichsmarschall - dass England jetzt keine Insel mehr ist.‹«
Ein Übertragungswagen wird herbeigefahren, und Göring schmettert in das Mikrofon: »Ich persönlich habe jetzt die Führung der Luftwaffe im Kampf gegen England übernommen.« Unter dem Donner der Verbände, die über seinen Kopf hinweg gegen London ziehen, schreit er in die Kameras der Wochenschau: »Zum ersten Mal haben wir das Herz Englands getroffen. Das ist ein historischer Augenblick ...«
Im befohlenen Verbandsflug ziehen die Geschwader über den Kanal, von dem sie längst den Kanal voll ha-

ben. Über diese verdammten 36 km, oder noch mehr, je nach Einflugschneise. Die Besatzungen sind abgehärtet und eingespielt. Sie fragen nicht danach, warum sie heute London angreifen müssen, worauf gestern noch Strafversetzung zur Infanterie stand. An sprunghafte Befehle sind sie gewöhnt. Die Bordschützen suchen angestrengt den Himmel nach Feindjägern ab. Nur die eigenen Mes kleben zur Beruhigung der Kampfflieger fest an ihrer Seite.
Seit 19. August ist das ein strikter Befehl Görings, der den Jagdfliegern wegen der blutigen Verluste seit dem ›Adlertag‹ vorgeworfen hatte, sie ließen die ihnen anvertrauten Verbände im Stich, um ihre eigenen Abschusszahlen zu erhöhen.
Die englische Luftabwehr hat die Angreifer schon vom Start weg im Radarauge. Die Briten nehmen an, dass die Luftwaffe heute einen letzten, entscheidenden Schlag gegen ihre bereits zerhämmerten Jägerleitstände führen will, sie hetzen ihre Jagdstaffeln los, um die eigenen Stützpunkte zu verteidigen.
Es ist ein schwerer, wenn auch logischer Fehler.
Heute fliegen starke Kampfverbände in unmittelbar aufeinander folgenden Wellen erstmals den Lauf der Themse entlang, sie lassen die bisher ununterbrochen angegriffenen Jägerbastionen in Kent und Essex ungestört und ziehen stur in Richtung London weiter.
In der Sieben-Millionen-Stadt heulen die Sirenen. Niemand nimmt sie ernst. Die Gäste bleiben in den Pubs sitzen. Die Flak wagt zunächst nicht zu schießen, um nicht durch Schrapnells die Zuschauer auf der Straße zu gefährden, die das Schauspiel am Himmel verfolgen. Endlich, als die ersten Reihenwürfe auf die Docks und auf das Arsenal von Woolwich niederrauschen,

flüchten sie in die U-Bahn-Stationen. Die Abwehr wirkt schwach. London ist fast schutzlos. Als die ›Spitfires‹ und ›Hurricanes‹ verspätet dorthin geleitet werden, müssen sie herunter, um aufzutanken.
Im Osten der Stadt turnt ein riesiger Rauchpilz nach oben. Dutzende von Bränden versuchen sich zu einem Flammenmeer zu vereinigen. Neue Angreiferformationen erscheinen unter starkem Jagdschutz. Aus den Bombenschächten rauscht der Tod. Die Pulks drehen in Richtung Ärmelkanal ab und begegnen neuen anfliegenden Kampfstaffeln, die Begleitjäger sind so unbeschäftigt, dass einige von ihnen auf dem Rückflug die Sperrballons abknallen. Es sieht aus, als metzelten gierige Großwildjäger hilflose Dickhäuter.
Über der Themse steht eine Feuerglocke; sie beleuchtet die Angreifer von unten. In Radio BBC wiederholt ein aufgeregter Feuerwehroffizier immer wieder: »Schickt uns alle Pumpen, die ihr auftreiben könnt! Hier steht die ganze Welt in Flammen! Alle Pumpen, Leute, hört ihr!«
Die Fahrzeuge auf den Straßen jagen in Richtung Osten zu den Dockanlagen; ein endloser Lindwurm, dem Zug der Lemminge gleich. Mitunter stockt die Kolonne, dann krepieren zwischen ihr Bomben, und die Fahrzeuge laufen Slalom um Trichter. Es wird unerträglich heiß. An manchen Stellen kocht der Asphalt. Wer hineintritt, verliert Fuß, Bein, Leben. Der Tod bahnt seine Gassen quer durch London. Die Feuerzungen fressen sich bis zur City durch.
Das bei den Surrey-Docks gestapelte Bauholz brennt lichterloh. 250 Morgen. Das Feuer greift auf die Lagerhäuser über; Farben und Lacke mästen die Vernichtung. Gleich dahinter platzen verzischend hunderte

von Rumfässern. Der Alkohol heizt die Flammen zusätzlich an. Sie greifen auf ein Lagerhaus mit Pfeffer über. Was der Rauch nicht schafft, erledigt schließlich das Gewürz, quält die geröteten Augen, trocknet sie nässend.
Die meisten Bomben krepieren in der Stadtmitte und im Osten Londons. Auch die City steht in Flammen. Die rollenden Angriffe ziehen sich über acht Stunden hin. 625 Kampfmaschinen, begleitet von 648 Jägern und Zerstörern, werfen 300 Tonnen Sprengbomben und 13.000 Brandgeschosse. Schon von weitem weisen Riesenfackeln die nachfolgenden Verbände ein. Die Dockanlagen bilden einen Feuersaum links und rechts der Themse. Straßen verwandeln sich in Flammenfallen. Aus Kellern werden Tote und Lebende geborgen. Zum ersten Mal sind die gespenstischen Klopfzeichen Eingeschlossener zu hören. Es ist die erste von 86 Bombennächten, die London über sich ergehen lassen muss.
›The Blitz‹ hat begonnen.
Um 20.53 Uhr waren sich die britischen Generalstabschefs einig, dass die Bombardierung Londons die Einleitung der Invasion auf die Insel sei. Das Meer ist glatt. Die Wettervorhersage scheint für die Deutschen nicht weniger günstig zu sein als die Gezeiten. Die Truppenkonzentrationen an der Kanalküste wurden längst von Luftaufklärern im Bild festgehalten. Die Militärs lösen, voreilig, das Codewort ›Cromwell‹ aus. Es bedeutet: Deutsche Invasion ist binnen 24 Stunden zu erwarten.
Das Stichwort explodiert als Volltreffer inmitten der britischen Heimatfront. Während die Londoner im Feuersturm und Bombenhagel eine erstaunliche Gelas-

senheit zeigen, brennen zwischen der Küste und der Hauptstadt zahlreiche Sicherungen durch.
Überall läuten die Kirchenglocken. Wegkreuzungen werden verbarrikadiert. Brücken gesprengt. Auf den verstopften Straßen stranden Militärfahrzeuge. Die Befehlsverbindungen brechen ab. Die Home Guard, die Besenstielarmee, mobilisiert sich. Von Dorf zu Dorf fliegt die Schreckenskunde, dass deutsche Fallschirmjäger abgesprungen seien. Keiner der martialischen Amateurkrieger weiß während des nächtlichen Spuks, was wirklich los ist.
In Dover meldet man, das Dungeness von den Deutschen längst erobert sei, und in Dungeness entsetzt man sich über die Besetzung Dovers durch die Hunnen. Und tatsächlich sind Nachrichten, die jetzt von Dorf zu Dorf gehen, etwa so schnell und so schrecklich wie zu Zeiten Attilas. Laufend werden Angriffe deutscher Fallschirmjäger gemeldet, doch nichts ist zu hören außer zackigen Kommandos, Flüchen, Glockengeläute. Und die Motoren neu einfliegender Kampfverbände.
Auf den Hauptstraßen, die landeinwärts nach Canterbury, Maidstone und Horsham führten, standen Truppen neben 3 m über der Erde angebrachten 2500-Liter-Tanks bereit, schildert Richard Collier, »aus denen sie die vorrückenden Deutschen mit einer Mischung von Benzin und Dieselöl besprühen würden - ein breiter Strahl von 120 Litern in der Minute, der mit einer Temperatur von fast 300 Grad brannte ...«
Die ganze Nacht hindurch stand die Heimwehr auf Posten. Zum ersten Mal nach 900 Jahren war sie alarmiert worden, und die Leute griffen nach den abenteuerlichsten Waffen - von afrikanischen Wurfspeeren bis

zu vier Dutzend rostigen Armeegewehren, Modell 1902, Überbleibseln einer Aufführung des Londoner Drury-Lane-Theaters. Um Southampton herum schliefen Truppen der 4. Division voll angekleidet und mit dem Gewehr neben sich schlecht und recht in Omnibussen. In Stubbington in der Grafschaft Hampshire erklärte Oberst Barrow seiner Heimwehrkompanie: »Vielleicht landen sie mit Fallschirmjägern in unserem Rücken, aber es gibt kein Zurück.« Seine Landarbeiter und Schäfer nickten verbissen, obwohl nur einer von ihnen so etwas Ähnliches wie ein Gewehr besaß; alle übrigen waren mit Knüppeln ausgerüstet.
Nicht Angst und Entsetzen verschulden das heillose Durcheinander, sondern der Tatendrang örtlicher Befehlshaber. Churchill, der zufällig auf seinem Landsitz Chequers weilt, weiß nicht, dass zu diesen Stunden Gegenstöße gegen feindliche Luftlandetruppen geführt werden, die an allen Orten gesehen werden und doch unsichtbar bleiben. Er schläft tief, und im Übrigen gilt seine Anweisung, dass er erst dann geweckt werden dürfe, wenn die USA in den Krieg eingetreten seien.
Selbst bei Tageslicht setzen sich die Jagdszenen in Südengland noch fort. Gerüchte jagen weiterhin durchs Land. Brandmeister Thomas Goodmann von der Londoner Feuerwehr, der vorübergehend nach Dover abgestellt ist, hört von einer versuchten Landung in der Sandwiches-Bucht und behauptet, das Wasser der Küstennähe sei schwarz von toten Deutschen.
Erst nach 36 Stunden weiß man auch im entlegensten Winkel, dass die Invasoren nicht - noch nicht - gelandet sind. Die Militärs wagen nicht, sich auszudenken, was in der Nacht vom 7. auf 8. August im Falle einer deutschen Landung tatsächlich geschehen wäre. Sie

konzentrieren sich auf die Frage: Wann kommt es wirklich, das Heer der Hunnen?

Auf den deutschen E-Häfen herrscht Hochstimmung. Erstmals kehrten die Besatzungen fast ohne Verluste zurück. Die britische Flak wirkte harmlos und unkonzentriert, und das Fighter Command schien, wie schon vorher angenommen, so geschwächt, dass es sich an starke, mit Jagdschutz fliegende Kampfverbände nicht mehr heranwagte.
»In Wirklichkeit war das Bombardement Londons, dieser Zielwechsel der Luftwaffe, einer der schwersten Fehler der Deutschen«, stellt Raymond Cartier in seinem Buch ›Der Zweite Weltkrieg‹ fest:
»Dowding hatte das übrigens sofort erfasst, und bei allem Mitgefühl für London beglückwünschte er sich zu der seinen Sector Stations zugestandenen Pause. Auf deutscher Seite hatten zwei Luftflottenkommandeure, Kesselring und Sperrle, das ebenfalls begriffen. Sie versuchten Göring klarzumachen, dass sie vor dem Sieg über die RAF stünden, und dass man ihnen jede Möglichkeit dazu nähme, wenn man jetzt Strafexpeditionen gegen London unternehme, statt militärische Ziele zu zerstören. Aber Göring war in einem geradezu hysterischen Freudentaumel. Er hörte sich die Berichte von zurückkehrenden Flugzeugbesatzungen an, begeistert sich im Rundfunk in einer Neros würdigen Weise an dem brennenden London, worüber sogar die deutschen Generäle empört waren.«
Den nächsten Großangriff verschiebt wieder einmal das Wetter. Es lässt London Zeit, sich auf die tödliche Bedrohung einzurichten. Ballonsperren und ein dichter Flakgürtel werden um die ›größte Zielscheibe der

Welt‹ gelegt. Die Pisten der Jägerplätze sind geflickt, die Leitstände in Stand gesetzt. Entgegen der deutschen Annahme verfügt das Fighter Command nicht nur über 300, sondern über 600 Flugzeuge; und Lord Beaverbrook, der neue Rüstungsminister, erreicht laufend neue Produktionsrekorde. Ausgebildete Flugzeugführer stehen, von Verwundungen und Bruchlandungen rasch genesen, ausreichend zur Verfügung. Nicht zu vergessen die vielen ausländischen Freiwilligen, zum Beispiel die Polen.

Nach dem ersten Schock hat sich London gefasst, und so wird der nächste Angriff nicht mehr die Weltstadt, sondern die angreifenden Geschwader, spätestens über der Themseschleife, die sie bald die große Angstkurve nennen werden, überrumpeln.

Am 15. September gibt ein Hoch den Ring frei für die nächste blutige Runde. Schon über der Küste werden die Angriffsformationen von Abfangjägern gestellt, die aus Höhe und Sonne kommen. Sie führen den an die Kampfstaffeln ›angenagelten‹ Begleitjägern ihre eigene Kampfmethode vor. Die Mes fliegen mit gedrosselten Motoren. Bis sie auf Touren kommen, sind die ›Spitfires‹ und ›Hurricanes‹ verschwunden, vorläufig.

»Wir hingen rottenweise am Kampfverband«, berichtet der später über Russland gefallene Leutnant Hellmuth Ostermann von der III. JG 54, »und das war ein verdammt dummes Gefühl. Von unten sahen wir die Tommys mit ihren blanken, blauen Bäuchen. Meistens warteten sie, bis unsere Kampfflugzeuge in der Kehrtkurve waren. Dann kamen sie steil hinunter, fingen kurz ab, schossen und stürzten sofort weiter nach unten. Wir konnten nichts anderes tun, als kurz Störfeuer zu geben und gleichzeitig aufzupassen, dass sie uns nicht von hinten anknabberten.« An diesen Tagen hält die britische Luftabwehr für die Angreifer keine freie Gasse für London bereit. Jeder Verband mit dem Balkenkreuz wird vor der Stadt, über der Stadt und auch noch auf dem Rückflug gestellt. Die Londoner, mehr neugierig als ängstlich, verfolgen die Luftkämpfe, bis sie wieder von Bombenwürfen in die Keller und Unterkünfte gezwungen werden.

In blutigen Durchbrüchen erreichen 148 Kampfflugzeuge das Einsatzziel. Ihre Bomben fallen verstreut. Bewölkung und Feindabwehr verhindern Präzisionswürfe. Zeitweilig sind 300 ›Spitfires‹ und ›Hurricanes‹ gleichzeitig in der Luft. Die Schlacht am brennenden Himmel tobt zwischen den berühmten Seebädern Brighton und Ramsgate, über den welligen Hügeln von Sussex, Hampshire und Surrey. Gebannt verfolgt die Zivilbevölkerung, wie die brennenden Maschinen abstürzen, manchmal eigene, meistens feindliche. Der Blitzkriegschock hat sich gelöst, seitdem täglich vorgeführt wird, dass die eigenen Fighter ihre Feinde oft im Dutzend vom Himmel holen. Und sie erfahren, dass die mit dem Fallschirm abgesprungenen ›Nazipiloten‹ weder wie Hunnen noch wie Marsmenschen aussehen, sondern durchaus ihren eigenen Boys gleichen.

Zwei Großangriffe entladen sich an diesem Sonntag über der Insel. Erstmals bringt Dowding auch noch die letzte Maschine an den Feind heran. Die Luftkämpfe spielen sich vor großem Publikum ab. Souvenirjäger stehen bereit, um sich Wrackteile anzueignen. Die meisten Fallschirme abgeschossener deutscher Besatzungsmitglieder tauchen bei englischen Landhochzeiten als Brautkleider wieder auf.

Das blutige Inferno leistet sich skurrile Szenen: Auf

Buckhurst in Sussex, dem Gut des Grafen De La Warr, meldet der Butler: »Ein Offizier der deutschen bewaffneten Streitkräfte wartet im Salon und möchte mit Ihnen sprechen, Mylord.«
Auf der Cadborough Farm bei Rye findet ein Landarbeiter ein halb im Ziegelschacht des Klosetthäuschens eingebrochenen und dort stecken gebliebenen Bruchpiloten. Während der Brite ihn gefangen nimmt, sagt der Deutsche in fehlerlosem Englisch: »Ich bin da wohl von einer Scheiße in die andere geraten.«
Im Lazarett von Bigging Hill plaudert Captain Robert Stanford Tuck, eines der britischen Jägerasse, so angeregt mit dem abgeschossenen Flugzeugführer einer Ju 88, dass der Deutsche sein EK abnimmt und es seinem Bezwinger schenkt.
Alfred Fraas, ein He-111-Pilot vom KG 53, hat bei Hornchurch mit seiner Mühle eine Bruchlandung gebaut. Sein Angreifer, Leutnant Lat McLintock, landet neben ihm und bittet den Bezwungenen um eine offene Auskunft, was er von seiner Vorhaltetechnik beim Schießen halte. Und Leutnant Pyers Worral, besorgt darüber, dass sein Abschuss einer konkurrierenden Staffel zugeschrieben würde, landet neben dem Deutschen und sichert sich ihn als Zeugen.

Am Abend des 15. September wurde Großbritannien von Siegesgerüchten erobert. Sie fegten wie ein Sturm von Ort zu Ort. Die Zeitungen gossen noch Öl ins Feuer, warfen Sonderblätter mit der Schlagzeile auf die Straße, dass heute 195 deutsche Flugzeuge vom Himmel geholt worden seien. London, die angeschlagene Weltstadt, fiel in einen Freudentaumel.
Klappern gehört zum Kriegshandwerk, und so hatte

man die deutschen Verluste um 129 Maschinen aufgerundet. Wenn man dem Propagandaschwulst die Luft ausließ, blieb die Tatsache, dass die Angreifer 56 und die Verteidiger 60 Flugzeuge verloren hatten, die Deutschen vorwiegend Kampfflugzeuge, die Engländer ausschließlich Jagdmaschinen. Royal Air Force und Luftwaffe glichen nunmehr zwei schwer angeschlagenen Boxern im Ring. Keiner der beiden hatte mehr die Kraft zu einem K.-o.-Sieg, aber nach Punkten würde gewinnen, wer sich länger auf den Beinen halten konnte, und das war aller Voraussicht nach der Fighter auf eigenem Platz und vor heimischem Publikum.
Voreilig, doch wie sich später herausstellte richtig, wurde von der britischen Bevölkerung bereits die große Wende der Luftschlacht gefeiert. Zum ›Battle-of-Britain‹-Tag erhoben, wird der 15. September auch heute noch in England mit Militärparaden, Gedenkansprachen und Veteranentreffen begangen.
Auf der anderen Seite des Kanals herrschte eine düstere Stimmung. Der Oberbefehlshaber hatte seinen fliegenden Verbänden bereits verkündet, dass die RAF vernichtend geschlagen sei. Trotzdem blieben die Feindflüge ein täglicher Todesslalom quer durch die feindlichen Jagdstaffeln. Die Ausfälle konnten nicht einmal zur Hälfte ersetzt werden. Und zu dieser Zeit wurden bereits auf der Insel mehr als doppelt so viele ›Spitfires‹ produziert als die deutsche Rüstung Mes nachlieferte.
Die Luftwaffe verlor in 23 Tagen 467 Jäger. Leutnant Erich Hohagen stellte fest: »Der Kanal ist eine Blutpumpe, er saugt immerzu an unserer Kraft.« Oberleutnant Hans v. Hahn, Führer der ersten Gruppe im JG 3, berichtete: »Es gibt nicht viele bei uns, die nicht mit

total zusammengeschossener Maschine oder ohne Propeller im Kanal notgelandet sind.«
Hauptmann Helmut Wick, eine Zeitlang der erfolgreichste deutsche Jagdflieger, konnte keine feste Nahrung mehr vertragen und lebte nur noch von schwarzem Kaffee und englischen Zigaretten. Unteroffizier Delfs lieferte einer eigenen Maschine einen rabiaten Luftkampf, stieg mit dem Fallschirm aus und verfing sich in den Weichen eines Rangiergeleises bei Calais. Sein Staffelkapitän Priller griff einen herannahenden Zug, der Delfs zu zermalmen drohte, frontal an und stoppte ihn mit seinen Bordkanonen.
Kaum einer konnte noch schlafen. Oberleutnant Schäfer, ein Zerstörerpilot, kreiste unentwegt über seinem E-Hafen und wartete auf das Einschalten der Randbeleuchtung; er hatte vergessen, die Sonnenbrille abzunehmen. Oberleutnant Ludwig Franzisket trank jeweils vor dem Einsatz eine kleine Flasche Rum aus, und Eduard Neumann, ein schon im Ersten Weltkrieg bewährter Pilot, führte seinen Verband 300 km in die falsche Richtung, ohne zu bemerken, dass sein Kompass versagte.
Am 16. September trommelte Göring seine Marschälle und Generäle zusammen. Er tobte vor Zorn über den Verlauf der Luftschlacht, suchte Sündenböcke dafür und fand sie: die Jagdflieger.
»In erschreckendem Maß hatte der Oberbefehlshaber der Luftwaffe den Kontakt zur Front verloren«, stellte der Chronist dieser Szene, Cajus Bekker, fest. Die Kommodores mit dem ›Pour le Mérite‹ wurden abgelöst und durch Jagdfliegerasse ersetzt. Der Erfolgreichste sollte künftig an der Spitze des Verbandes dem Feind entgegenfliegen. Es war die romantisch-ver-

schwommene Idee eines Mannes, der im Ersten Weltkrieg als Kommandeur des Richthofen-Geschwaders ein hoch dekorierter und hoch qualifizierter Offizier gewesen war, dessen Vorstellungen sich über seine Glanzzeit jedoch nicht hinausentwickelt hatten.
Die neuen Geschwaderchefs waren alle unter 30 und auch bereits legendär; sie hießen Werner Mölders, Adolf Galland, Hannes Trautloft, Wolfgang Schellmann oder Günter ›Franzl‹ Lützow. Mit Helmut Wick avancierte dann ein 25-jähriger binnen drei Monaten vom Staffelkapitän zum Kommodore. Über der Insel Wight besiegte er seinen 56. Gegner. Minuten später wurde er von dem englischen Oberleutnant John Dundas - 14 Luftsiege - selbst abgeschossen, der bereits ein paar Sekunden danach Opfer von Wicks Rottenflieger Rudolf Lanz wurde, der wiederum später über Abbéville fiel. Dies alles warf ein Schlaglicht auf die Lebenserwartung der Jagdflieger.
Die Me-109-Staffeln hatten sich hervorragend geschlagen, aber sie wurden durch eine Vielzahl von Aufgaben zersplittert und verschlissen. Die Me 110, als die Langstreckenjäger die Kampfverbände begleiten sollte, hatte ›sich als Versager‹, erwiesen und musste, wie zum Hohn, nunmehr selbst Jagdschutz anfordern. So nebenbei hatten die Me-109-Staffeln auch noch den Seerettungsdienst abzuschirmen, der Dutzende von abgestürzten und abgeschossenen Besatzungen aus dem Kanal fischte. Und schließlich mussten sie auch noch die Jagdaufnahme antreten, das heißt, den aus England gerupft zurückkehrenden Verbänden entgegenfliegen.
Viele Bomber waren beschädigt, ihre Tragflächen von Einschüssen durchsiebt, die Rümpfe aufgeschlitzt,

Höhen- oder Seitenruder halb weggeschossen, und nicht selten stand ein Motor still. Die Besatzungen konnten sich ausrechnen, dass sie allenfalls noch den nächsten oder den übernächsten Einsatz überleben würden. Innerhalb eines Monats verlor die Luftwaffe vier Geschwaderkommodores, 13 Gruppenkommodores und 28 Staffelkapitäne. Die Besatzungen waren so ausgelaugt, dass zum Beispiel beim KG 55 der Geschwadermeteorologe Friedrich Wobst und der Gruppenarzt Dr. Willi Miller heimlich als Bordschützen mitflogen, um die echten zu ersetzen.

Oberleutnant von Claer vom KG 51 hatte in seiner von der Flak zerschossenen Maschine bereits zwei gefallene Besatzungsmitglieder an Bord, als er von London, ›von der großen Angstkurve‹, den Rückflug antrat. Er konnte die Ju 88 nicht halten und setzte sie in den Kanal. Er und Feldwebel Heinrich Märte konnten noch aus dem Wrack kriechen, bevor es unterging, aber ihr Schlauchboot war durchsiebt und unbrauchbar. Nach einiger Zeit merkten sie, dass die Schwimmwesten sie nicht mehr tragen konnten. Vielleicht würden zwei noch einen Mann über Wasser halten. »Ich bin ledig«, sagte der Oberleutnant. »Du hast Frau und zwei Kinder. Nimm meine Schwimmweste ... und grüß die anderen.«

Der Flugzeugführer streifte die Schwimmweste ab und gab sie seinem Kumpel. Erst als er ertrunken war, konnte der Feldwebel sie sich überziehen. Im ersten Morgenlicht fand ihn ein deutsches U-Boot. Ohne Bewusstsein, mit schweren Salzwasserverätzungen. Märte hielt noch immer seinen toten Oberleutnant fest.

Bevor die Luftschlacht mit den Nachtangriffen in die letzte Phase ging, gelang es den Angreifern, das jetzt

schwerbewachte London ein letztes Mal auszutricksen: Es war der 20. September. Nicht viel los an der Höhenfront. Der Wind, der die Wolken zum Kontinent peitschte, verhinderte größere Kampfhandlungen. Dann meldete das britische Radarnetz im Luftraum Calais eine Ansammlung deutscher Maschinen. Alarmstart bei den ›Spitfires‹. Immer waren sie schon in der Luft, bevor der Feind die Küste erreichte. Aber heute wurden sie wieder zurückgepfiffen. Jägerleitoffiziere hatten erkannt, dass es sich um einen Me-109-Verband handelte, und Jagdflugzeuge durften auf ausdrücklichen Befehl nicht angegriffen werden.
22 Jagdeinsitzer zogen merkwürdig langsam in knapp 8000 m Höhe in Richtung London, erreichten die Themse-Metropole unbehelligt, gingen plötzlich auf 4000 m herunter und warfen über der Stadt Bomben ab, jede Me ein 250-kg-Geschoss von mehr psychologischer Brisanz.
Ein Überfall hatte geklappt, deshalb gab Göring den unsinnigen Befehl, jedes dritte Jagdflugzeug als Bluffbomber auszurüsten. Man kastrierte die wendige Me 109 und machte aus einem flinken Kampfhahn einen plumpen Kapaun. Der Einsitzer war kein Jagdflieger mehr und noch lange kein Bomber. Die Flugzeugführer nannten die neuen Einsätze verächtlich ›Dödelschlepperei‹. Die Wirksamkeit der ›leichten Kesselringe‹, wie sie von den anderen verspottet wurden, war gleich Null. Die Piloten waren im Bombenwurf nicht ausgebildet. Mannschaften und Offiziere liefen Sturm gegen die Jabo-Spielerei, aber Göring erklärte polternd, die Jagdflieger müssten als Bomber eingesetzt werden, weil sie als Begleitschutz für die Kampfflugzeuge versagt hatten; er löste damit die erste Vertrau-

enskrise aus. Auch wenn den Briten der verunglückte deutsche Jabo-Versuch bewies, dass der deutsche Angriff auf dem letzten Loch pfiff, blieb es für die entscheidende Frage, wann die an der französischen Küste zusammengezogenen 200.000 deutschen Soldaten zum Sturm auf die Insel antreten würden. Der September bot die letzte Gelegenheit des Jahres 1940. Ab Oktober drohten Herbststürme und Nebelbänke. Tatsächlich war der 7. September als Angriffstag festgesetzt und wieder abgesagt worden.

Als neuerliches Invasionsdatum wurde der 24. September festgelegt und abermals verschoben. Unabhängig voneinander kamen Churchill und Hitler zu der Auffassung, dass es in diesem Jahr keine Invasion mehr geben könne:

»Hätten wir uns in anderen Dingen ebenso gut verstanden«, spottet Churchill in seinen Memoiren, »so wäre der Krieg überflüssig gewesen.«

London liegt im Bombenhagel. Nacht für Nacht. 96-mal hintereinander, mit Ausnahme des 3. November, allein vom September 1940 bis Januar 1941. Wenn es dunkel wird, findet allabendlich eine Völkerwanderung statt. Tausende von Familien ziehen mit Decken und Matratzen, Thermosflaschen und belegten Broten aus den Slums des East End in den Westen, weil sie annehmen, dass in den Vierteln der Reichen die Mauern den Bomben besser trotzen würden. Zu vielen tausenden quellen die Menschen in die U-Bahn-Schächte, Frauen und Kinder, mit Katze und Hund, ohne Panik, fast stumm. Die Aufrufe der Evakuierung verhallen meistens unbefolgt. Keiner will vor den ›lausigen Jerrys‹ flüchten. Auch die königliche Familie bleibt im Buckingham-Palast, der prompt getroffen wird. Bomben rauschen in den Tower, in Madame Toussauds Kabinett schmelzen die Wachsfiguren. Alle Bahnhöfe der Stadt werden zerstört. Old Bailey, das berühmte Schwurgericht, und Guildhall, das Rathaus, fallen in Trümmer. Fleet Street, die Pressestraße, brennt aus. Die Ruinen der City überragt die mächtige Kuppel der St.-Pauls-Kirche. Im Hafen und in den Docks bleibt kein Stein auf dem anderen.

Die Londoner nennen das Heulen der Sirenen, das Ballern der Flak, das Krepieren der Bomben ihre ›kleine Nachtmusik‹. Sie ertragen die Kellernächte mit aggressivem Fatalismus. ›London can take it‹, lautet eine der grimmigen Parolen, die in dieser Zeit aufkommen: ›London hält das aus.‹ Viele geben es auf, die Keller aufzusuchen. Schienenstränge werden bis zum Morgen geflickt, die Straßen passierbar gemacht, die Fabriken arbeiten weiter.

»Der Hauch des Todes schien die Menschen jetzt geradezu lebendig zu machen. Während der ersten beiden Wochen hatten sie wie gejagte Tiere gelebt und waren in die Unterstände gerannt, wenn das Bombardement begann, und wieder herausgekrochen, sowie die direkte Gefahr vorbei war«, schreibt der Amerikaner Quentin Reynolds, der während des ›Blitzes‹ in London gelebt hatte. »Doch dann hatten sie sich arrangiert, hatten eine neue Lebensform gefunden, die freilich alles andere als komfortabel war. Diszipliniert bildeten sie wieder Schlangen. Aus Zivilisten waren Soldaten geworden, die sich den Lärm der Nacht aus dem Kopf schüttelten und dem neuen Tag nebst seinen Gefahren mit Ruhe entgegensahen.«

Zahlreiche belegte Episoden spiegeln die Haltung der Londoner Zeit wider: Zum Beispiel im immer wieder

schwer getroffenen East End, das nur noch aus bewohnten Ruinengassen besteht. Neben verschütteten Eingängen sitzen alte Frauen und sagen kein Wort. Es ist eine gespenstische Ruhe, die ein junger Mann unterbricht, der, vorbei an den Verstörten, den Geistlichen des Reviers sucht und findet.
»Was ist denn hier los?«, fragt er außer Atem.
»Nichts weiter«, erwidert der Reverend. »Meine Leute fangen an, auf die Deutschen sauer zu werden.«
Auch Sheep Gilroy, ein ›Spitfire‹-Pilot, stellt das fest. Der Alarm überrascht ihn in der Badewanne. Er springt fluchend heraus, schlüpft in seine Unterwäsche und stürmt an seine Maschine. Minuten später wird sie von einem Brandgeschoss erwischt, fängt Feuer, und Gilroy muss aussteigen: »Er sprang ab. Ziemlich schlimm verbrannt landete er mit seinem Fallschirm in einem der ärmeren Viertel Londons«, berichtet Richard Hillary. »Da er keine Uniform trug, die ihn kenntlich gemacht hätte, sah er sich sofort von rund 200 schweigenden, erbosten Frauen mit Messern und Nudelhölzern umringt. Es war eine brenzlige Situation, aber er löste sie, indem er die dreckigsten Worte seiner Muttersprache in den Mund nahm.«
Und weiter gehen die Nachtangriffe, mit 100 bis 300 Maschinen durchschnittlich. Eine 20-mal so starke Angriffswucht wäre nach Berechnung von Fachleuten notwendig gewesen, um London tatsächlich ›auszuradieren‹. »Das Ziel war, einfach gesagt, zu groß, und die Menge der Bomben, im Durchschnitt etwa über eine Tonne pro Flugzeug, war zu gering, so zynisch das auch klingen mag«, stellten die britischen Autoren John W. R. Taylor und Philip J. R. Moyes fest. »Es war unausweichlich, dass die Luftwaffe der Lon-

doner Versuchung erliegen musste: Europas größte Stadt, ein großer Hafen, Verkehrszentrum, Regierungssitz, Königsresidenz«, schreibt in seinem Buch ›Unternehmen Adler‹ der britische Autor Len Deighton. »Doch Englands Oberkommando war erleichtert, als die Luftwaffe ihren Sprengstoff auf Groß-London abwarf. Churchill schrieb in seinen Memoiren: ›London glich einem riesigen prähistorischen Tier, fähig, schreckliche Verletzungen zu erleiden, zerfetzt und aus vielen Wunden blutend, aber dennoch am Leben ...‹ Die Nachtangriffe auf London hatten nur geringen Einfluss auf den Verlauf des Kriegs. Die Angriffe fügten Handel, Industrie und Moral nicht genug Schaden zu, um England zur Aufgabe zu zwingen. Die Bewohner von London nahmen eine neue Lebensart an, zu der es gehörte, jede Nacht in einem unterirdischen Luftschutzbunker zu schlafen. Die Kälte und Feuchtigkeit solcher Plätze ließen zehn Prozent der Bevölkerung an Tuberkulose erkranken - statistisch war dies ein Ärgernis, das schlimmer als die Luftwaffe war.« Tatsächlich werden in den billigen Plastiksärgen, die die englische Regierung in Erwartung zahlreicher Luftkriegsopfer in aller Eile hatte herstellen lassen, in den ›Blitz‹-Zeiten mehr Tbc-Tote beigesetzt als Bombenopfer. Selbst diese Epidemie kann die Londoner nicht daran hindern, nach dem Slogan ›Business as usual‹, Geschäft wie üblich, zu leben.

Als neue Waffengattung entsteht auf beiden Seiten die Nachtjägerei. Auf englischer Seite setzt man zunächst die ›Blenheims‹, auf deutscher Seite die Me 110 ein. Es ist die Zeit der ›hellen Nachtjagd‹: Die Piloten sind auf Mondlicht oder Scheinwerferkegel angewiesen.

Die Wahrscheinlichkeit, dass sie von eigenen Batterien heruntergeholt werden, ist vorderhand größer als die Chance, einen Gegner abzuschießen. Durch die Nachtangriffe gehen die deutschen Verluste zurück, aber auch die Präzision der Bombenabwürfe.
Um die angreifenden Verbände irrezuleiten, legen die Briten künstliche Scheinbrände an. Bei der Erkennung der Anflugsorte deutscher Verbände sind sie längst nicht mehr allein auf Radar angewiesen. Ein Geheimkommando hat die Chiffriermaschine ›Enigma‹, die das deutsche Oberkommando verwendet, im letzten Moment aus Frankreich auf die Insel geholt und in Bletchley Park installiert. Führenden britischen Wissenschaftlern ist es gelungen, die elektronische Kassandra in kürzester Zeit in Betrieb zu nehmen. Wenn auf dem Kontinent die Einsatzbefehle an die deutschen Bombenstaffeln ergehen, wissen die britischen Nachtjäger, Fesselballonkommandos und Flakbatterien bereits, wohin die Bombenreise geht.
Auch andere Militärgeheimnisse spuckt ›Enigma‹ am laufenden Band aus. Bletchley Park ist in diesen Wochen und Monaten und - wie sich ergeben wird - den ganzen Krieg hindurch von unersetzlicher strategischer Bedeutung. Es ist eines der am besten gehüteten Geheimnisse der britischen Kriegführung - erst in den letzten Jahren gelüftet. ›Enigma‹ war nur dann ein ungeheurer Bundesgenosse der Angloamerikaner, wenn die Deutschen nicht merkten, dass nahezu alle über Funk verbreiteten Einsatzbefehle vom Feind mitgehört und dechiffriert werden konnten.
London bleibt weiter im Bombenhagel, aber nunmehr wird die nächtliche Luftoffensive auch auf Industriestädte wie Birmingham, Leeds und Sheffield ausge-

dehnt. Besonders häufig ist Liverpool das Angriffsziel. In einer Nacht sehen die deutschen Besatzungen die Stadt in hellen Flammen, doch was wie brennende Straßenzüge, Wohnblocks und Fabrikhallen aussieht, ist nur ein ›Lichtspiel‹ in der Heide von Wales, das die Bomben in das falsche Ziel lockt.

Das Problem der Nachtangriffe ist die Navigation. Deutsche Ingenieure haben das Knickebein-Verfahren entwickelt: Wenn sich zwei von verschiedenen Punkten ausgestrahlte Funkwellen überschneiden, dann sind die Angreifer über dem Zielgebiet. Bald werden die Engländer diese Strahlen ableiten und verfälschen. Aber in der Nacht vom 14. zum 15. November erlebt das neue Verfahren eine schaurige Premiere.

Während über London nur 21 Kampfflugzeuge mit dem Balkenkreuz erscheinen, schiebt sich das Gros einer tödlichen Luftarmada auf eine Stadt zu, die sich anschickt, schlafen zu gehen, ungewarnt, wiewohl die englische Regierung weiß, was ihr bevorsteht. Coventry hat zwei Gesichter, ein historisches und ein modernes. Der Stadtkern mit seiner ehrwürdigen Kathedrale stammt aus dem 14. Jahrhundert. Am Rande des Häusermeers haben sich in Vielzahl Auto- und Flugzeugfabriken angesiedelt, und dieses Nebeneinander liegt im hellen Mondschein.

»Gegen 15 Uhr, am 14. November, entschlüsseln die Codebrecher von Bletchley Park einen ›Enigma‹-Funkspruch, der sie aufhorchen lässt«, schreibt Janusz Piekalkiewicz: »Die deutsche Luftwaffe bereitet für die kommende Nacht einen Großangriff auf Coventry vor. Noch ist es Zeit, die Bevölkerung dieser Stadt zu warnen oder sogar zu evakuieren. Winterbotham (der Gralshüter des ›Enigma‹-Geheimnisses, Anmerkung

des Verfassers), setzt sich sofort mit dem Büro des Regierungschefs in Verbindung. Winston Churchill ist im Augenblick nicht erreichbar: Winterbotham: ›Ich bat den persönlichen Sekretär, mich anzurufen, nachdem Churchill seine Entscheidung gefällt habe. Sollte Churchill sich nämlich für eine Evakuierung der Stadt Coventry entscheiden, würde ich schnelle Maßnahmen zur Tarnung unserer geheimen Nachrichtenquelle ergreifen müssen.‹
Erst am späten Nachmittag trifft in Bletchley Park die Antwort des Premierministers ein: keine Evakuierung der Einwohner und keine Warnung, lediglich die Luftverteidigung soll sich bereithalten. Churchill ist offenbar der Ansicht, dass zu auffällige Maßnahmen den Besitz von ›Enigma‹ verraten könnten.
Der Großangriff in der Nacht vom 14./15. November auf das Zentrum der britischen Flugzeugmotorenwerke in Coventry eröffnet die eigentliche deutsche Nachtluftoffensive. Die Wetterverhältnisse für die Durchführung dieser Operation sind durch den Vollmond und die Windstille äußerst günstig.«
Um 20 Uhr heulen die Sirenen. Der Angriff dauert bis 5.30 Uhr morgens. Er zerstört in einer Nacht eine ganze Stadt nebst ihren Baudenkmälern und ihrer berühmten Kathedrale. Das Feuer ist über 100 Meilen weit zu sehen . Die Bomben krepieren in zwölf Flugzeugwerken und mindern die Produktion vorübergehend um 20 Prozent.
»554 Engländer werden getötet, 865 Menschen schwer verletzt«, registriert Günther Stein: »Die Schäden an Industrieanlagen und Wohnvierteln sind für damalige Verhältnisse gewaltig. In den Akten der deutschen Luftwaffenführung wird das Unternehmen als ›mi-

litärisch wirkungsvollster Angriff der Nachtbomberoffensive gegen England‹ festgehalten. In der Welt aber entsteht schon wenige Tage später ein neues Wort: coventrisieren. Es steht für Terror, für die sinnlose Vernichtung von Leib und Leben, eine ungezügelte Vernichtungsorgie gegen Wohnviertel, Schulen und Kirchen. Doch auch die propagandistische Einstufung der Nachtattacke auf Coventry als ›Terrorangriff‹ hält der Prüfung durch die Geschichte nicht stand, noch nicht einmal dem Test vor dem alliierten Kriegsverbrechertribunal in Nürnberg. Der Angriff auf das englische Rüstungszentrum gilt heute im Urteil internationaler Fachleute als ›militärische Operation‹. Sein letztes Geheimnis wurde übrigens erst nach 30 Jahren gelüftet: In seinem Buch ›The Ultra Secret‹ enthüllt der frühere britische Geheimdienstler F. W. Winterbotham, die Engländer hätten durch einen Einbruch in den deutschen Funkschlüssel von dem bevorstehenden Angriff schon vorher gewusst. Aus politischen, psychologischen und praktischen Gründen hätte Churchill jedoch die Evakuierung der Stadt verweigert.«
Rund 700.000 deutsche und englische Zivilisten starben während des Zweiten Weltkriegs durch deutsche und alliierte Bomben. Die Historiker setzen den Beginn der ›strategischen Luftangriffe gegen Bevölkerungszentren‹ für den Sommer 1940 an. Die Schuld an der beginnenden Vernichtungsorgie lasten sie jedoch, mehr oder weniger gleichmäßig, den Deutschen wie den Engländern an. Warschau, Rotterdam und Coventry haben zwar keine ›Terrorangriffe‹ erlebt. Die Feuersbrünste in ihren Wohnvierteln jedoch haben den Hass aufflammen lassen und jenes gewaltige Feuer entfacht, in dem später Hamburg, Dresden und Tokio

Bild 22: »Hurricane« im Formationsflug über den Wolken (Foto: Imperial War Museum).

Bild 23: »Stern von Afrika«: So wurde Hans-Joachim Marseille wegen seiner Luftsiege auf beiden Seiten der Wüstenfront genannt. Diese Aufnahme zeigt ihn mit den Trümmern einer »Hurricane«. Nach 158 Siegen erwischte es Marseille auf dem Rückflug zum Einsatzhafen. Seine Me 109 bekam einen Motorschaden. Beim Absprung schlug er gegen das Leitwerk und war sofort tot.

Bild 25:
Tod von
oben

Bild 26:
Vernichtung
unten

verglühen sollten. Im letzten Teil der Luftschlacht über England schränkt der Winter den Luftkrieg erheblich ein. Sowie sich das Wetter bessert, liegt London wieder im Feuer. Aber diese Angriffe sollen jetzt in erster Linie von einem neuen, gigantischen Kriegsschauplatz ablenken, den Hitler vorbereitet.
Schon im November war die Heeresgruppe B heimlich nach Osten verlegt worden. Die am Kanal verbleibenden Wehrmachtsverbände sollen ›viel Volk darstellen‹ und eine Invasion vortäuschen, die am 12. Oktober 1940 von Hitler geheim und endgültig abgesagt wird. Er will künftig England durch den Kampf unter Wasser und in der Luft auf die Knie zwingen.
In der Nacht vom 10. auf 11. Mai 1941 endet die Luftschlacht über England mit einem letzten Angriff auf London.
Während der ›Battle of Britain‹ sind hier 30.000 Zivilisten getötet und mehr als 50.000 verletzt und insgesamt 700.000 Wohnungen zerstört worden, fast ein Drittel davon bis auf die Grundmauern.
Die Luftwaffe hatte allein in der Zeit vom 10. Juli bis 31. Oktober 1940 1733 Einsatzflugzeuge verloren. Am Ende der ›Battle‹, die einfach abgebrochen wurde, da die Luftwaffe ihr Ziel nicht erreichen konnte, hatte sie jedes dritte Kampfflugzeug und jede vierte Jagdmaschine eingebüßt.
Zu keiner Zeit der Luftschlacht hatte der ›Seelöwe‹ eine Chance zum Sprung gehabt, und so war er auch nie zum Biss gekommen. Die Luftwaffe büßte ihren Nimbus ein, die Welt verlor den Horror vor den deutschen Geschwadern. Die als Gegenschlag deklarierte Bombardierung taktischer Ziele in englischen Städten ohne Rücksicht darauf, dass auch die Zivilbevölkerung da-

bei betroffen würde, musste zu einem Gegen-Gegenschlag herausfordern, der - wenn auch völkerrechtlich nicht gerechtfertigt - so doch den Vorwand einer Rechtfertigung bot, und dieser Kontraschlag würde um so schmerzhafter sein, je stärker er geführt werden konnte.
England feierte das Ende der Invasionsangst mit Paraden und Heldenehrungen. Der Retter der Insel wurde dabei vergessen: Air Marshal Dowding erhielt weder einen Händedruck, noch einen Orden, noch eine ehrende Erwähnung. Er wurde in Pension geschickt und zu seinem Nachfolger einer seiner Offiziere ernannt, der sich stets offen und versteckt gegen ihn gestellt hatte.
»In Deutschland ging die Luftschlacht sang- und klanglos zu Ende«, stellte Adolf Galland fest: »Der ›Seelöwe‹ ... starb in den Archiven des Wehrmachtsführungsstabs den Strohtod.«
Großdeutschlands Diktator war es nicht gelungen, die Insel - gleich Frankreich - zu überrennen. Da er im Westen versagt hatte, suchte sich der Aggressor im Osten einen neuen, immensen Kriegsschauplatz: Logik à la Hitler.

Der Frühling bringt die Störche nach Russland, Störche und noch ganz andere Vögel, die nicht zu sehen und nicht zu hören sind. Und auch nicht zu orten, denn die Sowjets haben noch kein Radar. Speziell umgerüstete Maschinen der deutschen Luftwaffe starten heimlich jeden Tag, den das Wetter freigibt, sie sind unbewaffnet, und sie schrauben sich über ihren E-Häfen in gewaltige Höhen. Offiziell wissen nicht einmal die Männer vom Bodenpersonal, wohin die Reise ihrer

Flugzeuge geht. Ende Oktober hatte Hitler persönlich den Befehl zu diesen Schleichflügen erteilt. Mit dem Ende des Winters waren die Vorbereitungen abgeschlossen und vier Staffeln des auf Fernaufklärung spezialisierten Geschwaders Rowehl können in Ostpreußen, in Westpolen, in Budapest und Bukarest zu geheimen Flügen über Russland starten. Ausgesuchte Besatzungen vermessen den nächsten Kriegsschauplatz.

Die gute alte He 111, eigentlich schon im Pensionsalter, klettert mit Spezialausrüstung 9000 m hoch. Die modifizierte Ju 88 schafft sogar 12.000 m, im Frühjahr 1941 eine Rekordhöhe. Es ist das Jahr, in dem Hitler den Zenit seiner Macht erreicht, der Krieg aber zum Weltkrieg eskaliert. Entgegen allen Warnungen sucht der braune Diktator seinem Programm gemäß ›Lebensraum‹ im roten Osten.

Auf Himmelsspione, die sich in so großer Höhe tummeln, sind die Sowjets nicht gefasst, und so kreisen sie unentdeckt in der Stratosphäre - oder knapp unterhalb - zwischen dem Schwarzen Meer und dem Ilmensee, über Weißrussland und der Ukraine. Die einsamen Besatzungen stoßen tief in ein unermesslich weites Land vor, aber sie kommen nicht einmal bis Moskau. Die Orte hinter der Hauptstadt der Sowjetunion bleiben böhmische Dörfer, verteilt auf tausende von Kilometern.

Die systematische Auswertung des Bildmaterials macht wenigstens Westrussland durchsichtig. Die Luftaufnahmen werden zusammengesetzt wie Steinchen zu einem Mosaik. Es gibt bald keine militärische und keine wirtschaftliche Bastion mehr, die der deutsche Generalstab nicht kennt. Alle Flugplätze, auch die

getarnten, sind erkundet. Nach jedem Rückflug vergattert man die Besatzung aufs Neue zu äußerster Vorsicht bei ihren Einsätzen. Die Beziehungen zwischen Deutschland und der Sowjetunion sollen bis zum letzten Tag vor dem Überfall intakt bleiben. Die Russen liefern pünktlich und täglich Erdöl, Futtergetreide, Holz und Baumwolle.
Hitler erlässt die Weisung 21 zum ›Unternehmen Barbarossa‹. So lautet die Bezeichnung für den Überfall auf die Sowjetunion. Den Krieg gegen den massiven Koloss verschieben zunächst die italienischen Verbündeten; sie zwingen Hitler zu zwei Feldzügen, die er ursprünglich nicht führen wollte:
In Nordafrika jagen die Engländer die Truppen des Duce wie Hasen durch die Wüste. Der ›Führer‹ muss ihnen zu Hilfe kommen. Er schickt General Rommel; aus dem Erfüllungsgehilfen der Italiener wird bald der ›Wüstenfuchs‹, aus seinem kleinen Vorauskommando das deutsche Afrikakorps.
Um von dem verpfuschten Wüstenkrieg abzulenken, beginnt Mussolini vom annektierten Albanien aus einen Krieg gegen die Griechen: die Engländer kommen ihnen unverzüglich zu Hilfe. Die nunmehr drohende Balkanfront gefährdet die rumänischen Ölquellen bei Ploesti, die Hitlers Kriegsmaschine speisen. Die deutsche Wehrmacht muss am 6. April 1941 wiederum eingreifen und zerschlägt die jugoslawischen und griechischen Armeen nebst ihren britischen Hilfstruppen.
Die vorübergehend eingemotteten Stukas werden wieder zur ›fliegenden Artillerie‹, und Flugzeugtypen, die seit der Luftschlacht über England eigentlich schon ausrangiert waren, erkämpfen den Sieg. Am 12. April

fällt Belgrad, am 17. kapituliert Jugoslawien, am 21. April Griechenland, am 1. Juni wird die Insel Kreta von deutschen Fallschirmjägern nach sieben Tage langen, harten und verlustreichen Kämpfen erobert.
Der Balkan ist fest in deutscher Hand, und General Rommel hat die Wüstenfront stabilisiert. Schneller kann man nicht siegen, aber Hitler hatte ungeduldig das Ende der Kämpfe erwartet, um seine Truppen gegen die Sowjetunion, das Land seiner neurotischen Träume, zu werfen. Fünf Wochen später als geplant. Er steht unter Zeitdruck, weil er den Waffengang im Osten noch vor Einbruch des russischen Winters beendet haben will.
An einer 3500 km langen Front vollzieht sich ein gigantischer Aufmarsch. Befehlsgemäß getarnt, aber 153 Divisionen mit 3,2 Millionen Soldaten kann man nicht unbemerkt an die Grenze werfen, und 17.000 Transportfahrzeuge nicht unsichtbar rollen lassen. Unter der Überfüllung drohen die Bereitstellungsräume zu bersten. Bis zur letzten Stunde schuften die Baukompanien der Luftwaffe in brütender Hitze und legen auf behelfsmäßigen Flugplätzen Notpisten und Splittergräben an.
Drei Luftflotten werden zur Unterstützung des Heeres eingesetzt. Die Startplätze der fast 2000 Flugzeuge sind möglichst in Frontnähe zu verlegen. Die Luftwaffe hatte über England ein Viertel ihrer Kampfkraft eingebüßt; ihre Schlagkraft ist geschwächt, aber nicht gebrochen. Für den neuesten Kriegsschauplatz bringt sie eine Armada von 510 Kampfflugzeugen, 290 Stukas, 440 Jägern, 40 Zerstörern und weiteren Kriegsflugzeugen zusammen.
Das ›Unternehmen Barbarossa‹ wird vom 17. Mai auf

den 22. Juni verschoben. Endlich ist der Aufmarsch abgeschlossen. Die Panzerbesatzungen sitzen schon seit drei Tagen in oder neben ihren Fahrzeugen. Die Infanteristen schlafen unter freiem Himmel, auf Feldern und in Wäldern. Obwohl die Bereitstellung nur gegen Russland gerichtet sein kann, erwarten die Soldaten nicht so recht einen Krieg mit der Sowjetunion. Als sie mit der Verpflegung 30 Zigaretten und eine Viertelflasche Schnaps erhalten, begreifen sie, dass ihnen für dieses Geschenk eine Gegenleistung abverlangt werden wird.

In Berlin reden die Diplomaten offen über den bevorstehenden Krieg im Osten. Westliche Geheimdienste spielen den Sowjets Informationen über den deutschen Aufmarsch zu, aber die Russen verwerfen die Warnung als ›durchsichtiges Manöver‹. Ihr Verhalten ist bis heute rätselhaft geblieben. Die Angriffsvorbereitungen vollzogen sich unter den Augen der Roten Armee, die keinerlei Besorgnis darüber empfand. Einige Stunden vor dem Einmarsch warnte Stalin seine Truppen in Westrussland vor einer unmittelbar bevorstehenden Aggression. Die Meldung blieb im Dickicht der umständlichen russischen Nachrichtenübermittlung hängen - und der rote Diktator ging zu Bett.

Hinter den Kulissen hatte wochenlang ein Streit getobt: Die Luftwaffe wollte ihre Gegner schon am Boden vernichten; das Bombardement aber würde natürlich die Rote Armee warnen, sodass das Heer sie nicht mehr überrumpeln konnte. Schließlich einigte man sich darauf, dass ausgesuchte Besatzungen der KG 2, 3 und 53 sich in größtmöglicher Höhe über die Grenze stehlen, über Sümpfen, Wäldern und weitgehend unbewohnten Gebieten ihre Ziele anfliegen und Punkt

3.15 Uhr ihre Bomben ausklinken sollten. Die letzten Stunden vor der Einsatzzeit vergehen in unerträglicher Spannung. Deutsche Infanteristen können verfolgen, wie Kommissarschüler vor der alten Zitadelle von Brest-Litowsk stur Gewehrgriffe klopfen. Die Kampfflugzeuge werden ›probehalber‹ mit Bomben befrachtet. Ihre Besatzungen braten einstweilen in den Behelfsunterkünften bei den Bauern organisierte Hühner und Gänse. Der Hitze wegen haut sich keiner in die Falle. In die Skatrunden platzt um 22 Uhr ›erhöhte Alarmbereitschaft‹.
Um Mitternacht wird im Schein einer Taschenlampe den Männern Hitlers mit der Anrede: ›Soldaten der Ostfront‹ verlesen. Anschließend folgt die Einsatzbesprechung. Danach heißt es: Schlafe, wer kann.

Um drei Uhr lassen die Bodenwarte auf Dutzenden von E-Häfen die Motoren warmlaufen. Der Krach muss den letzten Russen wecken. Aber auf der anderen Seite schläft man weiterhin tief und gründlich. Die Besatzungen legen die Fallschirme an, überprüfen die Bombenschächte, kontrollieren die Bordwaffen, schlucken Kaffee mit Schnaps, rauchen. Alles erscheint ihnen besser als das Herumlungern, und die ›alten Hirsche‹, die schon über der Insel dabei waren, versichern den Neuzugängen, wie bequem die Osteinsätze ohne den verfluchten Kanal sein würden.
Um ein Uhr wurde in Brest-Litowsk der letzte Zug mit russischem Futtergetreide abgefertigt. Tausende von Offizieren und Soldaten starren gebannt auf die Uhr. Langsam klettert der Sekundenzeiger der Todesminute entgegen.
3.15 Uhr. In einer einzigen Sekunde öffnet sich ein rie-

siger Feuerschlund. Auf hunderten von Kilometern färbt sich der Himmel rot. Die Erde zittert. Die Motoren von 3580 Panzern werden auf einmal angeworfen, diese preschen - eine Stunde vor der Kriegserklärung - zielstrebig vor. Gleichzeitig fallen Bomben auf sowjetische Fliegerhorste. Bevor sich die Rotarmisten den Schlaf und ihr Entsetzen aus den Augen reiben, stehen ihre Maschinen schon in Flammen.
Stürmischer Vormarsch an allen Fronten. Über die deutschen Panzerspitzen brummen die dichten Formationen der Kampfflugzeuge hinweg, um rückwärtige Ziele zu zerbomben. Zerstörer und Jäger beharken in Tiefangriffen brechende Verteidigungslinien. Auf einem russischen Feldflughafen bei Brest-Litowsk versuchen sowjetische Jagdflugzeuge einen Alarmstart. Schon beim Anrollen werden sie von Bomben zerfetzt und zerspringen wie Feuerbälle.
Die sowjetischen Flughäfen sind noch in dem gleichen Zustand, den das Aufklärungsgeschwader Rowehl fotografiert hatte: Bomber, Jäger, Aufklärer auf engstem Raum, wie zur Parade aufgestellt, Flügel an Flügel, Schnauze an Schwanz. Die Bomben krepieren auf überfüllten Pisten. Riesige Rauchschwaden steigen von den Fliegerhorsten - die bald in deutsche Hand fallen müssen, da sie zu nahe an der Grenze liegen - steil nach oben. Geballte Kampfkraft verpufft ins Leere, weil sie nicht zum Einsatz kommt. »Sowjetischer Schlendrian«, erklärt später ein russischer Oberst, der in deutsche Kriegsgefangenschaft gerät.
Der Schlamassel auf der russischen Seite ist unbegreiflich. Ein Desaster. Die Nachrichtenverbindungen sind miserabel. Der ganze Tag vergeht, bis auch in den letzten Orten der Sowjetunion bekannt wird, dass der

Krieg ausgebrochen ist. Um 12.15 Uhr teilt Außenminister Molotow über den Rundfunk mit, dass bei deutschen Luftangriffen auf die Städte Schitomir, Kaunas, Kiew und Sewastopol 200 Menschen getötet oder schwer verletzt worden seien. Der sowjetische Außenminister wirkt verstört. Stalin stellt sich überhaupt zwölf Tage tot. Erst als sich die wildesten Gerüchte jagen und man glaubt, er sei außer Landes geflüchtet, zeigt er sich erstmals wieder in der Öffentlichkeit.
In den westlichen Ländern schlägt die Nachricht über den deutschen Überfall auf Russland wie eine Bombe ein. Die Politiker schalten sofort. Die Bevölkerung erkennt zwar die Veränderung der militärischen Situation, beurteilen aber im Übrigen den Krieg im Osten schadenfroh als den Hauskrach zweier Gangster. Stalin ist den Amerikanern und Engländern kaum sympathischer als Hitler, und die Gewaltpolitik der Russen gegen ihre Nachbarländer hatte sich im Windschatten des braunen Imperialismus zwar weniger auffällig, aber nicht weniger brutal abgespielt. Schließlich war von Stalin in lupenreiner Hitler-Manier der Krieg gegen Finnland vom Zaun gebrochen worden. Die Sowjets hatten sich in räuberischer Erpressung Ostpolen, Estland, Lettland, Litauen, die Nordbukowina und Bessarabien angeeignet. Deshalb ist die westliche Welt zunächst der Meinung, dass sie nunmehr für den Pakt mit Hitler zu zahlen hätten.
Unaufhaltsam rollt er deutsche Vormarsch. Der Himmel gehört den Angreifern. Der Luftschirm ist dicht und tödlich. Wo sich ein Flugzeug mit dem roten Stern zeigt, wird es abgeschossen, ob Aufklärer, ob Jäger oder Bomber. Die Infanteristen, sonst stets sauer auf die ›Schlipssoldaten‹, winken begeistert den über sie

hinwegbrausenden Flugzeugen zu. Die sowjetischen Geschwader fliegen durchwegs noch mit veralteten Maschinen. Ihr Flugzeugbestand wird von deutscher Seite mit 13.000 Maschinen veranschlagt - und damit unterschätzt. Aber die verbürgten Abschusszahlen der deutschen Jagdflugzeuge erzielen eine so astronomische Höhe, dass die Fehleinschätzung zunächst ohne weiteres verkraftet wird. »Es war«, so sagt Johannes Steinhoff, Jagdfliegerass mit 176 Luftsiegen, über die ersten Russland-Wochen, »wie Entenschießen.«

Blutiger Kehraus. Plötzlich greifen am späten Vormittag sowjetische Bomber an; schwere, unförmige Maschinen. Sie dröhnen auf die deutschen Panzerspitzen zu, stur in Formation, 20, 30, 40, ohne Jagdschutz. Sie weichen der deutschen Flak nicht aus, sie bleiben auf Kurs.

In der Reihe, wie sie anfliegen, werden sie von deutschen Jagdflugzeugen heruntergeholt. Ausnahmslos, eine nach der anderen. Dann die nächste Welle. Es ist schierer Massenselbstmord.

Abschussmeldungen wie am Fließband. Gegen Mittag sind bereits über 1200 russische Maschinen in der Luft oder am Boden vernichtet. Am Abend werden es 1811 sein, so viele, dass der Reichsmarschall von seinen Stabsoffizieren die Meldungen nachprüfen lässt und dabei auf eine noch größere Zahl kommt.

Es ist die stürmische Wiedergeburt des Blitzkriegs. Trotzdem lernen die deutschen Besatzungen über Russland bereits bei der Ouvertüre das Fürchten. Plötzlich, mitten im Verbandsflug, platzt eine Ju 88 auseinander, gleich darauf zerreißt es die nächste, dann eine He 111 beim Nachbargeschwader. Man sieht weder Sprengwölkchen der Flak noch angreifende ›Ra-

tas‹. Es ist unerklärbar, warum die Piloten - vorwiegend auf dem Rückflug - auf einmal auf Dynamit sitzen.
Es stellt sich heraus, dass sie den Tod in ihrem Gepäck mit sich führen: Es ist die neue Zehn-Kilo-Splitterbombe SD 10, die sie in Viererbündeln abwerfen sollen. Oft bleibt die Todesfracht im Bombenschacht hängen und explodiert spätestens bei der Landung.
Eine noch größere Katastrophe sind die ›Teufelseier‹, zwei Kilo schwere Splitterbomben des Typs SD 2. Für sie wurden eigene Schüttkästen konstruiert. Mitunter genügt schon eine Luftbö, um die Zündung auszulösen. Die Geschosse sehen aus wie Konservenbüchsen mit Bremsflügeln. Bei der Detonation zerbersten sie zu 300 Splittern, die bis zu 12 m weit streuen. Sie sollen von Schlachtfliegern gegen ›lebende Ziele‹ eingesetzt werden, und sie erzielen auch eine verheerende Wirkung, aber wegen ihrer Unberechenbarkeit sind sie bei Freund wie Feind gefürchtet; ein großer Teil des Tagesverlustes von 35 deutschen Flugzeugen geht auf das Konto der ›Teufelseier‹.
»Die Maschinen des Geschwaders haben Aufhängevorrichtungen«, berichten Hans Ring und Werner Girbig in ihrem Buch ›Jagdgeschwader 27‹, pro Maschine 96 Stück. Diese Bomben werden im Wurf scharf und explodieren nach einer gewissen Zeit. Die SD 2 sollten zu einer empfindlichen und wirksamen Waffe beim Eingreifen in den Erdkampf werden, aber sie bringen eine Unmenge Gefahren mit sich. Meistens klemmen die vordersten Reihen der unter dem Rumpf hängenden Bomben durch den Luftdruck in den Aufhängevorrichtungen fest und fallen erst ab, wenn die Maschinen zur Landung ansetzen und die Fahrt ver-

mindern. Manchmal explodieren sie dabei, oft auch nicht, weil sie noch nicht scharf sind. Nicht selten rollen die ahnungslosen Piloten mit einem Teil der noch unterhängenden SD 2 in die Liegeplätze. Es geschieht, dass die Bomben dann erst abfallen und dicht hinter den Maschinen hochgehen. Bleiben sie liegen, ohne zu explodieren, dann gefährden sie damit die nächsten landenden Flugzeuge. Die Mechaniker trauen sich kaum mehr an die beladene Maschine heran.«

Nicht nur durch die ›Teufelseier‹ erleidet das Geschwader Verluste. Der Kommodore wird vermisst. Major Wolfgang Schellmann hatte eine ›Rata‹ abgeschossen und war dabei so nahe an sie herangekommen, dass er von ihren Trümmern erfasst wurde. Er stieg aus. Die anderen Piloten des Schwarms sahen noch, wie er am geöffneten Fallschirm zur Erde pendelte. Von da an verliert sich seine Spur, wird aber nach der Eroberung Grodnos wieder aufgenommen. Das Wrack der Kommodore-Maschine wird gefunden. Augenzeugen sahen, wie Schellmann in ein Kornfeld rannte und ein einzelnes Gehöft erreichte. Der Major flüchtete vor einer sowjetischen Streife und lief dabei einer Rotte von 20 Rotarmisten in den Weg. Er wurde, mit auf den Rücken gefesselten Händen, auf ein Pferd gesetzt und 5 km weit getrieben. Von da an blieb er verschollen, es besteht kaum noch Zweifel, dass er - wie andere deutsche Besatzungen - von den Sowjets liquidiert wurde.

Russland ist von der ersten Stunde an ein erbarmungsloser Kriegsschauplatz. Schon vor dem Angriff hatte Hitler verlangt, dass die sowjetischen Kommissare zu erschießen seien. Bevor dieser kriminelle Befehl tatsächlich ausgeführt wurde, hatten die Sowjets ihrer-

seits die Brutalisierung der Kriegführung bereits durch eigene Gräuel vorangetrieben. Einige deutsche Soldaten, die in Kriegsgefangenschaft geraten waren, wurden mit grausamen Verstümmelungen aufgefunden, und in Lemberg stieß man auf die Leichen von einigen Hundert von Rotarmisten erschossenen Ukrainern - ein letztes Mal arbeiteten so Stalin und Hitler Hand in Hand.
Der Vormarsch fegt über das Massaker hinweg, über endlose Felder. Im Norden dringen die Angreifer gegen Leningrad vor, in der Mitte gegen Minsk und Smolensk, während vom Süden her die Panzerkolonnen zwischen den Karpaten und den Pripjetsümpfen heranrücken. Der englische und amerikanische Generalstab sind sich einig darüber, dass bei diesem Tempo des deutschen Vormarsches die Sowjetunion in drei Monaten besiegt sein werde.

Auch im Westen ging der Krieg weiter und band zunächst einmal 1500 deutsche Flugzeuge, die im Osten dringend gebraucht worden wären. In Nordafrika stand General Rommel vor Tobruk. Im Mittelmeerraum stürzten sich Stukas auf englische Geleitzüge und schnürten mit solchem Erfolg die Insel Malta ab, dass die britischen Verteidiger vorübergehend auf Rationen von einer halben Scheibe Brot täglich gesetzt werden mussten.
Der Kanal war noch immer eine Hauptfront, England in ›Griffweite‹ deutscher Truppen. Aber nach Hitlers Angriff auf Russland konnten die Engländer sicher sein, dass eine Landung auf der Insel für dieses Jahr ins Kanalwasser gefallen war. Sie gingen von der Verteidigung in den Angriff über und begannen eine Non-

stop-Offensive aus der Luft. Sie hüllten kleinere Bomberverbände in starken Jagdschutz ein und griffen Jägerplätze und Rüstungsfabriken in Frankreich und auch Ziele in Deutschland an.
Endlich hatte man auch auf deutscher Seite die Bedeutung von Radar erkannt und versucht, den elektronischen Vorsprung der Engländer aufzuholen. An den Kanalküsten wurden Freya-Geräte aufgestellt, die eine Reichweite von 160 km hatten und per Funkmessung vom Start weg Kurs und Stärke einfliegender Verbände verfolgten. Zunehmend wurde die Luftschlacht ein Radarkrieg.
Am Kanal standen nur zwei deutsche Jagdgeschwader, das JG 2 unter seinem Kommodore Walter Oesau und das JG 26 unter Adolf Galland, zusammen mit einigen Jagdstaffeln in Holland 275 Maschinen, unter ihnen bereits die FW 190. Ein neuer Jagdeinsitzer, der die Leistungen der Me 109 noch überbot. Die Wacht am Kanal, die den Engländern wenigstens tagsüber den Weg ins Reich versperren sollte, war dünn, aber wirksam - das Spiel hatte sich umgekehrt. Jetzt war die RAF in der Übermacht, dafür kämpfte die Luftwaffe über Frankreich mit Platzvorteil. Luftkämpfe an jedem Tag; sie wurden hart, aber fair geführt. Wenn die Gegner Koryphäen waren, kannten sie sich bereits gegenseitig beim Namen und sprachen mit Hochachtung voneinander. Es gab sogar so etwas wie Kameraderie über die Fronten hinweg:
In den deutschen E-Häfen sprach es sich in Windeseile herum, dass der legendäre Geschwaderchef Douglas Bader, das ›Wunder ohne Beine‹, abgeschossen worden war. Er hatte 22 Luftsiege errungen und war seit einem Flugunfall im Jahre 1931 mit zwei Holzprothe-

sen geflogen. Heute, in der Nähe von Le Touquet in ein Gefecht mit deutschen Jägern geraten, schoss er zwei Mes ab und wurde von einer dritten gerammt, die ihm das Leitwerk absägte. Seine ›Spitfire‹ stürzte nach unten. Verzweifelt versuchte der Commander herauszukommen. Der Lederriemen seiner Prothese war eingeklemmt; endlich riss er, und der Fallschirm öffnete sich.

Als Galland erfuhr, dass sein berühmter Gegenspieler in Gefangenschaft geraten sei, schickte er seine pompöse Horch-Limousine ins Lazarett und ließ ihn zu einer Teeparty abholen. Man stellte ihm einen netten jungen Offizier als seinen Bezwinger vor und baute dabei einen Türken, weil sich nicht klären ließ, wer Bader wirklich abgeschossen hatte - womöglich der Gastgeber selbst.

Der Commander war zunächst etwas steif und misstrauisch, dann taute er auf, ging mit Galland über den E-Hafen. Man hievte ihn in die Me des Geschwaderchefs. Nur seinem Wunsch, eine Platzrunde fliegen zu dürfen, kam man nicht nach.

»Eine seiner Prothesen, die man unter den Trümmern hervorgeholt hatte, quietschte und rasselte wie ein kleiner Panzerwagen«, berichtet Adolf Galland. »Bader richtete jetzt die Bitte an mich, ob man nicht drüben in England eine Nachricht abwerfen könnte, die seinen Boys und seiner Frau sage, dass es ihm gut gehe und dass man ihm seine Ersatzprothese schicken möge ...«

»Das ›Wunder ohne Beine‹ war von ungebrochenem Mut«, schreibt Edward H. Sims, »und ein paar Nächte später brachte es Bader mit Hilfe einer französischen Krankenschwester fertig, aus dem Krankenhaus zu fliehen! Er band Betttücher zusammen und ließ sich vom Fenster seines Krankenzimmers an der Außenwand herunter. Es gelang ihm dann, aus dem Hof des Krankenhauses unbeachtet herauszukommen und in der Nacht ein Bauernhaus zu erreichen. Über die Untergrundorganisation hätte er es beinahe geschafft, nach England geschleust zu werden - einen Tag vor der geplanten Übernahme durch ein Mitglied des Untergrunds wurde er durch eine andere Krankenschwester verraten. Inzwischen hatte die Luftwaffe eine Botschaft an die RAF gesandt, dass Baders Prothesen bei seinem Abschuss beschädigt und unbrauchbar geworden seien. Man bot einem englischen Flugzeug freies Geleit an, wenn es für Bader ein Paar Ersatzprothesen abwerfen wolle. Die RAF wies zwar das freie Geleit zurück, warf aber dann doch die Prothesen bei einer ›anderen Gelegenheit‹ ab, und die Luftwaffe hat sie auch Bader prompt zugestellt.«

Bader revanchierte sich Jahre später bei dem kriegsgefangenen General mit einer Kiste Zigarren, die er ihm in ein englisches Vernehmungscamp schickte. Eine der wenigen aufhellenden Episoden am Rande eines erbarmungslosen Zeitgeschehens; immerhin beweist sie, dass in einem sinnlosen, blutigen Krieg die Menschlichkeit nicht auch noch zu Kanonenfutter verarbeitet werden musste.

Die Royal Air Force führte ihre Attacken jetzt rund um die Uhr, Tag und Nacht, aber noch immer ließen die Störangriffe nicht erkennen, welch ungeheure Expansion die nächtliche Luftschlacht über Deutschland bald annehmen würde. Neue Navigationsgeräte waren in der Entwicklung. Sie würden bald ausschließen, dass englische Flugzeuge versehentlich in Frankreich lan-

deten - oder deutsche auf der Insel, wo zu dieser Zeit eine britische Besatzung ihre eigene Maschine in Brand steckte, weil sie fälschlich annahm, auf einem deutschen Flughafen ausgerollt zu sein.
Die Engländer erlitten hohe Verluste, aber sie konnten sie weitgehend ausgleichen. Die Amerikaner hatten ihnen bis jetzt schon 2633 Flugzeuge geliefert, die teilweise von Franzosen, Norwegern, Dänen, Holländern, Belgiern, Tschechen und Polen geflogen wurden. Auch wenn die Gastpiloten oft kein Wort Englisch sprachen, kämpfen konnten sie.
Fast unbemerkt setzten die Engländer die ersten Viermot-Bomber ein, die bald dem Krieg eine entscheidende Wendung geben sollten. Diese konnten die dreifache Bombenlast über die doppelte Entfernung schleppen und waren durch eine starke Bewaffnung zu ›fliegenden Festungen‹ ausgebaut.
Die Luftwaffe musste sich jetzt schon auf drei Kriegsschauplätzen verzetteln - im Osten, im Westen und in Nordafrika sowie im Mittelmeerraum. Nun drohte der Luftkrieg über Deutschland zu einer vierten Front zu werden, aber in diesen Wochen beschäftigte man sich noch nicht mit drohenden Flächenbombardements auf deutsche Städte. Deutschland - und alle Welt - blickte wie hypnotisiert nach Osten, wo es bei Minsk zur ersten großen Kesselschlacht kam.

Auf einmal sind sie wieder da, die ›Martin‹-Bomber, und greifen scheinbar längst von der Luftplage befreite deutsche Heereseinheiten an. Oberst Werner Mölders verlegt am 29. Juni sein JG 51 unmittelbar hinter die Hauptkampflinie, organisiert Sprit und Munition und säubert und sichert sofort wieder den Luftraum.

Der Offizier, der einst die Flugtauglichkeitsprüfung nicht bestanden hatte, weil er nicht schwindelfrei gewesen war, schoss an einem Tag fünf Sowjetflugzeuge ab, zwei andere Piloten taten es ihm gleich. Nach 114 Tagessiegen erreichte das Geschwader seinen 1000. Abschuss seit Kriegsbeginn. Mölders, in diesem Jahr noch zum General der Jagdflieger befördert, war seinerzeit nach 25 Luftsiegen über Frankreich abgeschossen worden und für 14 Tage in französische Gefangenschaft geraten. Er hatte schon in Spanien die Schwarmtechnik entwickelt, die von allen Luftstreitkräften der Welt übernommen wurde. Er entstammte einer gutbürgerlichen Familie, war gläubiger Katholik und stellte sich in Gesprächen mit seinen Männern offen gegen die Kirchenverfolgung der Nationalsozialisten, weshalb sich später, nach seinem Absturz, hartnäckig das Gerücht hielt, er sei von den Braunen ermordet worden.
Das Blutjubiläum von je 1000 Abschüssen erreichten kurz nacheinander auch die Jagdgeschwader 53, 54 und 2. Der sowjetische Standardjäger, eigentlich ›Polikarpow I‹, doch seit dem spanischen Feldzug allgemein ›Rata‹ - ›die Ratte‹ - genannt, kann gegen die Me 109 und die FW 190 nichts ausrichten, ist aber eine ernste Gefahr für unbegleitete Kampfverbände. Das erfährt Oberleutnant Höhl von der IV. KG 51, der mit seiner Ju 88 bewaffnete Aufklärung im Raum von Odessa fliegt. Die einsamen Besatzungen weit über dem feindlichen Hinterland turnen ohne Netz. Wenn sie niedergehen müssen, werden sie aller Erfahrung nach von Rotarmisten massakriert. ›Ratas‹ greifen die Ju an. Der Pilot fällt durch Kopfschuss. Ein Motor ›kotzt‹. In dem engen Cockpit blockiert den tote Ober-

leutnant Höhl das Seitenruder. Von Kurssteuerung keine Rede mehr. Die Maschine ist nicht zu retten, und die drei Überlebenden sind verloren.
Der Obergefreite Helmut Bernhardt, ein intelligenter Junge mit einem schmalen, kantigen Gesicht, ist Beobachter der Besatzung. Er hat nie im Leben eine Flugstunde gehabt, aber die traumhaft sicheren Handgriffe seines Piloten aufmerksam verfolgt, dabei Fragen gestellt und Antworten erhalten. Es war alles andere als eine Flugausbildung, aber entweder Bernhardt übernimmt jetzt die angeschlagene Ju, oder er und seine beiden Kumpels sind verloren.
»Er steuerte, zum Teil durch starke Wolkenbänke fliegend und trotz Fortsetzung des Luftkampfes«, heißt es in einem Tagesbefehl des Generals Pflugbeil (IV. Fliegerkorps), »sicher hinter die eigenen Linien und führte bei Racsani eine glatte Bauchlandung durch. Er rettete damit die übrigen Besatzungsmitglieder und das Flugzeug.«
Überall vollbringen fliegende Verbände unter unglaublichen Bedingungen unvorstellbare Leistungen. Trotz aller Überlegenheit verliert die Luftwaffe in den ersten vier Wochen des Russlandkriegs 1284 Maschinen. Ihre Einsatzstärke geht vorübergehend auf 960 zurück. Die Pisten sind zu schlecht, die Einsatzräume zu weit, und die leichte russische Flak trifft zu gut.
Sondermeldung folgt auf Sondermeldung. Aus hunderttausenden von Rotarmisten, die in deutsche Gefangenschaft geraten, werden bald Millionen. Die Angreifer kämpfen auf einer Frontbreite vom Ladogasee bis Asowschen Meer und stoßen im Juli in der Mitte bis Smolensk vor. Damit rückt Moskau in eine 320-km-Nähe. Die Erstürmung der sowjetischen Hauptstadt

aus vollem Lauf heraus erscheint sicher. Da setzt sich Hitler wieder einmal über die Vorstellungen seiner Generale hinweg und verschiebt den Angriff auf Moskau.

Der Kampf wird täglich härter, die Russen ringen um jeden Meter Erde, aber sie werden von den in riesigen Zangenbewegungen vorrückenden deutschen Panzern überrollt. Die in Marschallränge aufgerückten Revolutionsfeldwebel sind offensichtlich der deutschen Blitzkriegtechnik nicht gewachsen. Wegen Versagens lässt Stalin mehrere Truppenführer erschießen oder zum Selbstmord zwingen.
In seinem Aufruf heißt es: »Kein einziger Wagon, keine einzige Lokomotive, kein Kilo Getreide und kein Liter Brennstoff dürfen in die Hand des Feindes fallen. In den besetzten Gebieten müssen sich Partisanengruppen zu Fuß und zu Pferd organisieren, um einen Zermürbungskrieg zu führen, Brücken und Straßen zu sprengen, Lager, Häuser und Wälder in Brand zu setzen. Der Feind muss gehetzt werden bis zu seiner Vernichtung.«
Wenn die deutschen Durchbrüche ins Stocken kommen, werden die seit der Luftschlacht um England eigentlich bereits aussortierten Stukas wieder eingesetzt. Ihre Leitoffiziere sitzen im Führungspanzer, stehen mit den Besatzungen in Sprechverbindung und lenken die Bomben auf Ziele in nächster Nähe, um die Riegel aufzubrechen.
In London hofft man, dass die Rote Armee die fürchterlichen Schläge der Deutschen vielleicht noch bis zum Spätherbst aushalten werde und bis dahin die USA in den Krieg eingetreten sein könnten. Während

alle Militärexperten einen rasanten Sturm auf das Herz der Sowjetunion erwarten, fasst Hitler wieder einmal einen seiner berüchtigten einsamen Entschlüsse: Er hält seine Armee an - Moskau soll inzwischen aus der Luft sturmreif gebombt werden. Auch in der giftigsten Kriegsküche gilt das Rezept: Man nehme, was man hat - und man hat längst zu wenig. Abgesehen davon, dass Nordafrika, der Mittelmeerraum, die Kanalküste und die Reichsverteidigung dringend Luftunterstützung anfordern und auf ein baldiges Ende des Ostfeldzugs vertröstet werden müssen, sind Flugzeuge mit dem Balkenkreuz auch auf dem östlichen Kriegsschauplatz selbst längst Mangelware. Was man jetzt zusammenrafft, um noch einige Prestigeangriffe auf Moskau zu fliegen, muss man zuvor der eigentlichen Front abziehen.
Die KG 3 und KG 54 stellen ihre Ju 88 ab, die KG 55 und KG 53 ihre He 111, verstärkt durch zwei KG-28-Gruppen, die aus dem Westen nach Russland verlegt werden. Auf dem Papier kommt ein stattliches Aufgebot zu Stande, tatsächlich aber stehen bei der Angriffspremiere am 22. Juli nur 127 Kampfflugzeuge zur Verfügung. Sie greifen die zu einer Festung der Luftabwehr ausgebaute Hauptstadt mit 104 Tonnen Spreng- und 46.000 Brandbomben an.
Obwohl eine ausgesuchte Gruppe des KG 55 eigens auf den Kreml angesetzt ist und ihn auch trifft, brennt der rote Regierungssitz nicht nieder: Die dicken Mauern aus dem 17. Jahrhundert halten den Brandgeschossen stand. In einem weiten Umkreis schützen 50, 60, vielleicht noch mehr Flakregimenter die sowjetische Hauptstadt, und schon 40 km vor Moskau erfassen Scheinwerfer die Angreifer, die von den nahen E-Hä-

fen Witebsk, Orscha und Minsk gestartet sind. Die Wirkung des Bombardements verpufft. Um die Stadt tatsächlich zu erschüttern, müsste die tödliche Fracht eines Angriffs 15- bis 20-mal so brisant sein. In der nächsten Nacht greifen 115, in der übernächsten 100 Kampfflugzeuge an, und von da ab werden es immer weniger sein, oft nur drei, sieben oder zehn. Das Bombardement, kaum mehr als eine propagandistische Kraftmeierei, schläft regelrecht ein, denn die dezimierten Kampfflugzeuge müssen wieder als Feuerwehr in die Hauptkampflinie zurück.
Der Vormarsch im Osten rollt weiter, ungestüm, unaufhaltsam. Die deutschen Geschwader beherrschen nach wie vor die Lufträume, aber die gigantischen Entfernungen führen zu einer Verdünnung der Kontrolle. Die langsamen, doch überaus wendigen ›Ratas‹ - sie können praktisch ›auf dem Absatz drehen‹ - kommen nun zunehmend gegen alleinfliegende Kampfflugzeuge zum Schuss.
Die Russen zaubern aus der Niederlage ihre ersten Überraschungen hervor. Zum Beispiel die ›Nähmaschine‹, ein nächtliches Geisterflugzeug, das mit abgestelltem Motor die vorderen Frontlinien beharkt. Oder die ›Stalinorgel‹, eine auf jeden Lastwagen leicht montierbare Raketenwaffe. Der größte sowjetische Triumph ist der T 34, ein hervorragender, bald in Massen produzierter Panzer; er macht die 3,7-Pak zum ›Heeresanklopfgerät‹, weil ihre Granaten seine Panzerung nicht durchschlagen können. Sowohl die 8,8-Flak wie die Stukas, die aus der Luft die wendigen Panzer knacken, werden zweckentfremdet, um die neue Gefahr zu bannen.
Die Hölle liegt bei Kiew, und Freund wie Feind

schüren ihr Feuer, auf der Erde wie in der Luft. Anfang September 1941 tobt hier in der Ukraine die größte Einkesselungsschlacht der Militärgeschichte. Der brillant vorgetriebene Angriff rollt in einem Operationsraum, dessen Flanken 600 km Luftlinie auseinanderklaffen. Die Luftflotte II schirmt die Heeresgruppe Süd, verstärkt durch Divisionen der Heeresgruppe Mitte, weitgehend ab. Während die Ausbruchsversuche der Rotarmisten blutig abgewiesen werden, stehen Guderians Panzer bereits 250 km im Rücken des Feindes und rollen auf die Panzergruppe Kleist zu.
Die Rote Armee sitzt in der Falle, aber im Norden und Nordosten ist diese noch nicht zu. Hier wird sich die Millionenschlacht entscheiden, denn durch das breite Leck fließt der russische Nachschub über Schienen und Straßen, und hier ist der Fluchtweg offen und können Reserven herangeführt werden.
Die fliegenden Verbände mit ihrer geschrumpften Einsatzstärke erhalten den Kampfauftrag, den Belagerungsring aus der Luft zu schließen, das Leck im Kessel mit Bomben und Bordgeschossen einfach zuzuschweißen. Es ist eine fast absurde Vorstellung, dass Flugzeuge dazu in der Lage sein könnten, aber die Besatzungen haben sich im Laufe dieses Kriegs längst an ungewöhnliche Befehle gewöhnt, und mitunter haben solcherlei Verzweiflungsansätze gegen jede Wahrscheinlichkeit sogar zum Erfolg geführt.
Die Verbände starten von ihren kleinen, ungedeckten Feldflughäfen aus zu rollenden Einsätzen. Kampfflugzeuge zerbomben die Straßen. Jäger fliegen Tiefangriffe auf Marschkolonnen, flitzen an den Schienensträngen entlang und knallen Lokomotiven ab, Stukas kämpfen Artilleriestellungen nieder. Eine Angriffswel-

le folgt der anderen. Munitionszüge fliegen in die Luft. Rollbahnen bestehen nur noch aus Bombentrichtern. Die Versorgungslinie nach Kiew liegt in den Feuern, die niemals ausgehen.
Aber wenn die deutschen Piloten am nächsten Tag wiederkommen, sieht es aus, als sei alles vergeblich gewesen. Die Russen zaubern: Sie flicken über Nacht die Geleise wieder zusammen, schütten die Bombenkrater zu, rücken die ausgebrannten Wagons beiseite, schaffen Notbrücken, führen neue Dampfloks heran. Sie sind Meister der Improvisation. Bei Tageslicht müssen pausenlos neue Angriffe gegen das nächtliche Flickwerk geführt werden - das heißt, ein Fass ohne Boden dichten. Es gelingt schließlich dennoch - eine Premiere ohne Fortsetzung; dieser Verzweiflungserfolg wird sich während des Kriegs nie mehr wiederholen lassen.
Es gibt keine Rettung mehr für die Truppen des sowjetischen Oberbefehlshabers Semjon M. Budjennyj, der stur Stalins Durchhaltebefehle befolgt und ohnedies mehr ein Rabauke als ein Stratege ist. Die Belagerten sind auf engem Raum zusammengedrängt, das letzte Aufgebot steht im Dreieck Kiew - Tscherkassy - Priluki.
Am 18. September setzen die Russen noch einmal zu einem Ausbruchsversuch an, vergeblich. Am gleichen Tag wird die ukrainische Hauptstadt erobert. 650.000 Rotarmisten - ein endloser Zug hoffnungsloser, ausgemergelter Gestalten - marschieren in die Gefangenschaft. Den Eroberern fallen ganze in Kisten verpackte Fabrikanlagen, 2718 Geschütze und 484 Panzer in die Hände.
»Dieser Gegner ist bereits gebrochen«, erklärt Hitler,

»und wird sich nie mehr erheben.« Es ist ein Irrtum, für die Millionen deutscher Soldaten und Zivilisten mit dem Leben bezahlen werden.

Verspätet wird endlich der Sturm auf Moskau vorbereitet. Den Geschwadern der Luftwaffe bleibt dafür wenig Zeit. Unter freiem Himmel und unter härtesten Bedingungen schuftet das Bodenpersonal an den beschädigten und verschlissenen Maschinen. Die Beherrschung der Lufträume zerbröckelt weniger am Gegner als an den riesigen Dimensionen. Obwohl die Einheiten im Kampf weit weniger Verluste als über England hinnehmen müssen, zeichnet sich jetzt schon ab, dass Russland für die Luftwaffe das ›Verdun des Zweiten Weltkriegs‹ werden wird.
Die Verbände schicken, dem Beispiel des KG 51 folgend, ausgewählte Offiziere und Feldwebel als Kuriere in die Heimat, um den Angehörigen den Verlust ihrer Söhne und Männer mitzuteilen. Die Kondolenzbesucher bringen ganze Rundreisen hinter sich. Wo sie vorsprechen, machen sie klar, dass an dem Tod ihrer Kameraden zwar leider nicht zu deuteln ist, aber dass diese wenigstens schnell und schmerzlos gestorben seien. Meistens sind es barmherzige Lügen. In der Tat ziehen die Besatzungen im Osten den Heldentod der Vermisstmeldung vor. Vermisst heißt abgeschossen, heißt massakriert oder in Kriegsgefangenschaft abgeführt, die zu dieser Zeit fast immer tödlich ist.
Und doch schlagen sich immer wieder Vermisste zu den deutschen Linien durch. Feldmarschall von Rundstedt kann so zum Beispiel eine komplette Besatzung von KG 55 an seiner Tafel bewirten, deren Maschine bei einem Tiefangriff auf Charkow von der sowjeti-

schen Flak schwer getroffen worden war. Die Männer mussten im feindlichen Hinterland notlanden. Oberleutnant Mylius, der Beobachter, Leutnant Weyer, der Flugzeugführer, Feldwebel Schiffer, der Bordfunker, Unteroffizier Schmidhelm, der Bordwart, und Obergefreiter Bledau, der Bordschütze, berichten über ihre achttägige Odyssee nebst zahlreichen Begegnungen mit der Zivilbevölkerung. Zuletzt waren sie von russischen Deserteuren heil zu den deutschen Linien geschleust worden.

Oberleutnant Bretschneider von der III. KG 51 griff den Flughafen Tarnopol an. Auf dem Rückweg gerät er in einen Schwarm ›Ratas‹. Er kann sie abschütteln, aber seine Ju 88 wird so schwer beschädigt, dass er dem Absturz nur durch eine Bauchlandung weit hinter den russischen Linien zuvorkommen kann.

Die vier Männer werfen das Kabinendach ab, klettern heraus, vernichten ihre Maschine und hetzen gemeinsam von Kornfeld zu Kornfeld. Sie stoßen auf einen Bauern, der etwas Unverständliches murmelt und verschwindet. Kurz vor Eintritt der Dunkelheit sind sie von sowjetischen Feldgendarmen umringt. Sie heben die Hände. Trotzdem feuern die Rotarmisten sofort. Feldwebel Ober fällt durch Kopfschuss. Oberleutnant Bretschneider bleibt regungslos am Boden liegen. Oberfeldwebel Harenburg und Feldwebel Scheurich flitzen davon, werden beschossen. Harenburg, offensichtlich getroffen, schreit: »Spring weiter!« und ergibt sich seinem Schicksal.

Der einzige Überlebende erreicht eine Mulde, überquert einen Bach, versteckt sich im Sumpf, der ihn vor seinen Verfolgern verbirgt. Dann taumelt der Feldwebel weiter, ohne Karte, ohne Kompass, ohne Essen.

Zwei Tage lang. »Am dritten aß ich Kleeblumen, worauf ich etwas gesättigt war«, berichtet Rudolf Scheurich. »Am vierten Tag versuchte ich es mit Kleeblättern. Meinen Durst stillte ich durch Wasser einer Pfütze, dieses filterte ich mit meinem Taschentuch. Es stellten sich Blähungen ein, dass ich fürchtete, es drücke mir den Leib auseinander. Dann Fieber und Schüttelfrost. Am fünften Tag hielt ich eine Frau auf dem Feld an und bat sie um einen Bissen Brot. Sie gab mir welches. Nach zwei bis drei Bissen konnte ich vor Durst nicht mehr weiter essen. Die Frau reichte mir jetzt eine Flasche mit Wasser. Dieses trank ich vor lauter Gier auf einmal. Ich musste es sofort wieder erbrechen. Die Frau merkte, das ich sehr schwach war und gab mir darauf etwas Milch. Diese trank ich langsam und aß nach jedem Schluck einen Bissen Brot. Die Frau bat mich dann, den Acker zu verlassen, weil sie offenbar vor den Russen Angst hatte ...«
Der Flüchtige schlägt sich weiter durch. Am sechsten Tag will er aufgeben. Dann begegnet er einem ukrainischen Bauern, der freundlich ist, ihm die Hand reicht und ein bisschen Deutsch spricht, weil er im Ersten Weltkrieg in der österreichischen Armee gedient hat. Der Mann gräbt ein Loch, legt Scheurich hinein, deckt ihn mit Gras zu. Am Abend holt er ihn, wie versprochen, in seine Wohnung, wobei er quer durch die russischen Linien geschleust werden muss.
»Meinen Uniformrock hatte ich in ein Grasbüschel verpackt, und dieses trug der Mann auf dem Rücken«, berichtet der Feldwebel. »Ich zog den Rock des Mannes an und setzte seine Mütze auf. Er machte mir klar, dass wir jetzt durch eine Flakstellung müssten. Da alle jungen Ukrainer aber eingezogen waren, musste ich

mich hinkend stellen, damit ich nicht auffiel. Zu Hause schien es der Frau nicht recht zu sein, denn auch sie hatte Angst vor den Russen. Als sie mich aber in meinem elenden Zustand sah, kam sie zu mir, streichelte mir die Hand und bedeutete mir, dass ich auf dem Dachboden schlafen solle.«

Rudolf Scheurich überlebt dank der Hilfe russischer Zivilisten und wird von rasch vorrückenden deutschen Truppen herausgepaukt. Ähnliche Berichte abgesprungener Piloten häufen sich. In vielen Orten sowohl in der Ukraine als auch in Ostpolen wie in Weißrussland waren die Eroberer - nicht nur aus Opportunismus - zunächst als Befreier mit Blumen, Brot, Salz und Hochrufen empfangen worden.

Nicht alle, aber viele Russen ließen als Feinde Stalins die Bereitschaft erkennen, sich auf die Seite der Invasoren zu stellen.

Aber das den Kampftruppen unmittelbar folgende Parteigeschmeiß machte alle Ansätze einer deutsch-russischen Verständigung zunichte. Einsatzkommandos rotteten in Massenerschießungen ganze Minderheiten aus. Sie wünschten keine Zusammenarbeit mit der Zivilbevölkerung; sie wollten sie versklaven und das Land aussaugen, und so machten sie aus Stalins größten Feinden seine entschlossensten Partisanen. Die von der kämpfenden Truppe meist verachteten und oft auch verjagten Vernichtungsspezialisten des Reichssicherheitshauptamts nahmen der Wehrmacht die Chance, den Ostfeldzug politisch zu gewinnen und dadurch den Bolschewismus an der Wurzel zu fassen.

Am 2. Oktober treten 1,5 Millionen deutsche Soldaten zur ›Operation Taifun‹, zum Angriff auf Moskau, an. Gleichzeitig wird im Süden der Vormarsch gegen das

Donezbecken zum Asowschen Meer festgesetzt. Die Doppelschlacht von Brjansk und Wjasma, die vier Wochen Zeit frisst, ist wieder ein Triumph moderner Strategie; wieder gehen 663.000 Rotarmisten, die Moskau verteidigen sollten, in Kriegsgefangenschaft.
Die Kampfmoral der deutschen Truppen ist hervorragend. Auf ihren Fahrzeugen und Panzern steht: ›Nach Moskau.‹ Die Soldaten sind sicher, dass sie den Weihnachtsurlaub zu Hause in Deutschland verbringen werden. Die Russen haben fast drei Millionen Kriegsgefangene verloren und setzen bereits schlecht ausgebildete Reservisten ein. Hohe Sowjetoffiziere bis hinauf zum General schimpfen über die miserable Führung der Roten Armee, was sich schlagartig ändert, als am 10. Oktober mit Marschall Georgij K. Schukow, dem späteren Eroberer von Berlin, ein erstklassiger, energischer Fachmann den Oberbefehl über den Mittelabschnitt übernimmt.
Deutsche Panzer erreichen Mohaisk. Am 14. Oktober fällt Kalinin. Die sowjetische Regierung und das politische Korps werden nach Kujbyschew (Samara) evakuiert. Über Moskau verhängt Stalin, der in der Hauptstadt bleibt - vielleicht um mit ihr unterzugehen -, den Belagerungszustand und proklamiert ihre Verteidigung bis zum Letzten.
Marschall Schukow hat das Glück des Tüchtigen; bevor er die Verteidigung Moskaus organisieren kann, kommt ihm ein dramatischer Wetterumschlag zu Hilfe: Russlands tiefgrauer Himmel platzt. Unvorstellbare Regengüsse brechen die Dämme, reißen Brücken weg, machen aus der Erde Brei. »Im Herbst gibt ein Löffel voll Wasser einen Eimer voll Schlamm«, lautet ein russisches Sprichwort, und so verwandeln sich Rinnsale

in Ströme, Pfützen in Seen, Wiesen in Morast, E-Häfen in Schlammgruben. Bei Startversuchen sacken die Fahrgestelle der Flugzeuge bis zu den Tragflächen ein. Den Infanteristen quillt der Dreck in die Knobelbecher; er verschmiert Waffen und Ausrüstung. Der Schlamm ist ihre Stellung, ihre Deckung, ihr Bett. In dieser gallertartigen Masse versinken ihre Verpflegung, ihre Munition, ihre Zelte, ihre Träume, die Grüße von zu Hause und auch die Grabkreuze ihrer Kameraden.

General Guderian lässt Knüppeldämme für seine Panzer bauen, vergeblich. Selbst die Panjefuhrwerke versinken bis zu den Achsen; jeder Schritt wird zur Fußfalle. Die Bahnhöfe liegen bis zu 200 km hinter der kämpfenden Truppe, die geschlossen hungert, umgeben von verwesenden Kadavern tausender von Rindern, die von den Russen niedergemetzelt wurden. Auf der sogenannten Rollbahn nach Moskau brauchen die Laster eineinhalb Tage für 100 km. Am 20. Oktober bricht auch noch dieser klebrige Kriechverkehr zusammen. 5000 Lkws mit dringend benötigter Munition, Sprit und Verpflegung stranden, hoffnungslos ineinander verkeilt.

Der Schlamm lähmt Angriff und Verteidigung, aber die Russen gewinnen Zeit, um aus dem asiatischen Hinterland Truppen nach Europa zu werfen. Die versunkene Armee wartet verzweifelt auf das Ende des Dauerregens, und weder General noch Mann wissen, dass es von der Traufe in die Katastrophe führen wird.

Der Schuss fiel am 17. November 1941 kurz vor neun Uhr, weit von der Ostfront entfernt - und doch von den dortigen Vorgängen ausgelöst -, im Schlafzimmer einer Berliner Luxuswohnug. Den Mann, der sich tötete,

kannte jeder: Ernst Udet, ›des Teufels General‹. Sein Fall war weit mehr als eine menschliche Tragödie und für Kenner der Rüstungssituation bereits eine vorweggenommene Bankrotterklärung. Um sie zu vertuschen, ließ Göring bekanntgeben, der Generalzeugmeister sei bei der Erprobung eines neuen Flugzeugtyps abgestürzt. Der Bonvivant - mit Freunden in aller Welt - hatte einer Wasserkopfbehörde mit 4000 Bürokraten vorgestanden. Das Weltkrieg-I-Jägerass, später ein berühmter Kunstflieger und deshalb von Generalstäblern oft als ›Luftclown‹ abgetan, wollte sein Amt ursprünglich gar nicht antreten, aber Göring hatte ihn mit der entwaffnenden Feststellung dazu überredet, auch er müsse erst in seine Aufgabe hineinwachsen.
Udet hatte mit einem blendenden Einstand begonnen: Er importierte die Stuka-Idee aus den USA nach Deutschland. Nahezu alle anderen Planer wehrten sich gegen die Ju 87, die am 15. August 1939 bei Neuhammer in der Saganer Heide vor den Augen dreier Luftwaffengenerale eine schaurige Premiere erlebte: Wetterwechsel, in letzter Minute Bodennebel, 13 Maschinen der I. Gruppe StG 76 waren mit ihren Besatzungen in die Erde geknallt.
Die Blumen auf den Kränzen ihrer Gräber blühten noch, als schon der Ernstfall eintrat und die Stukas als Todesvögel sofort Siegesgranaten wurden. Alle, die gegen sie gewesen waren, verlangten nunmehr von jeder Neukonstruktion eines Bombers die Sturzflugfähigkeit. Deshalb wurde die Ju 88 verspätet und mit zahllosen Mängeln an die Front ausgeliefert. 50.000 Verbesserungen waren noch nötig, als sie längst in Serie gefertigt wurde. Nach einer Frontbesichtigung während der Schlacht um England erklärten die Besat-

zungen der Gruppe III des KG 30 dem Generalfeldmarschall Milch, sie müssten unter der Ju 88 genauso leiden wie unter den Engländern. Der hohe Militär schrieb grimmig in seinen Bericht: »Die Gruppe hat keine Angst vor dem Feind, aber vor der Ju 88.«
Sie wurde schließlich durch immer weitergehende Verbesserungen bis Kriegsende ein brauchbares Kampfflugzeug, und die Geschichte ihrer Entwicklung war typisch für die Fehler, die bei der hektischen Ausrüstung begangen worden waren. In knapp sieben Jahren lässt sich keine Luftstreitmacht aufbauen. Experten schätzen, dass der Zweite Weltkrieg - technisch, nicht moralisch gewertet - für die blaue Waffengattung um viereinhalb Jahre zu früh gekommen ist.
Es fehlte vor allem ein viermotoriges Kampfflugzeug, der ›Ural-Bomber‹, den der erste Generalstabschef der deutschen Luftwaffe gefordert hatte. General Walther Wever war am 3. Juni 1936 über Dresden abgestürzt, und seine Nachfolger ordneten die Verschrottung der viermotorigen Versuchstypen Do 17 und Ju 89 an, die beide Motorenprobleme hatten, aber sonst durchaus vielversprechend gewesen waren. Mit dieser Entscheidung war der Krieg schon verloren, bevor er begonnen hatte.
Deutschland hatte wenig Rohstoffe, und Göring wollte mit großen Ausstoßzahlen prunken. An Stelle einer Viermot-Maschine ließen sich zum Beispiel drei Stukas produzieren. Deshalb war schon während der Luftschlacht um England nur ein Zehntel aller Ziele von deutschen Kampfflugzeugen zu erreichen gewesen. Dieses Verhängnis potenzierte sich in Russland, wo sich die Kampfflugzeuge gerade noch in den Luftraum hinter Moskau durchquälen konnten. Die in Gorki lie-

Bild 27: Ju 87 R6 - genannt »Panzer-Ju« oder »Kanonenmaschine«. Es gab nur einige Exemplare dieser Type im Geschwader Immelmann, Oberst Rudel.

Bild 31: Stalingrad. Im Hintergrund die Tankanlagen an der Wolga, in der Mitte die Rote Barrikade.

Bild 32: Bombenvolltreffer auf einer Brücke bei Bronnizij.

genden Industrieanlagen, die tausende und abertausende von T 34 fertigten, konnten sie schon kaum mehr stören.
Für die Planungslücken suchte man einen Sündenbock - und fand Ernst Udet. Er wurde entmachtet, sein Chefingenieur gefeuert, sein Adjutant an die Front versetzt, sein neues Rüstungsprogramm verworfen. Göring riet ihm zu einer Kur im Schwarzwald. Freunde schickten, um den deprimierten Generalluftzeugmeister aufzurichten, ein Telegramm mit der gefälschten Unterschrift des Reichsmarschalls. Aber Beruhigung gab es keine. In ein paar Wochen würde auch Amerika im Krieg sein, das jetzt bereits dreimal so viele Flugzeuge produzierte wie Deutschland. Und England stand vor dem Start einer verheerenden Offensive mit Viermot-Bombern gegen deutsche Städte. Bald würde der gemäßigte Chef des Bomber Command, Sir Richard Peirse, in die (indische) Wüste geschickt und durch Air Marshall Arthur T. Harris (›Bomber-Harris‹) ersetzt.
»Machen wir Schluss mit dem Krieg, indem wir den Deutschen die Seele aus dem Leib schlagen«, erläuterte er sein Programm der Flächenbombardements nach den Wünschen Churchills: »Vielleicht kommt einmal der Tag, an dem man jede Bombe wissenschaftlich richtig werfen kann. Aber bis wir diesen Stand erreicht haben, wollen wir Ströme von Bombern hinüberschicken, die Schicklgrubers Häuser flachlegen und seine Arbeiter demoralisieren.«
Ernst Udet wusste, dass der Kriegseintritt Amerikas nicht mehr lange auf sich warten lassen würde und nur noch eine Frage von Tagen oder Wochen war. Er hatte die Vision brennender deutscher Städte, die nicht oder nur mangelhaft geschützt werden konnten.

Kurz bevor er die Konsequenz daraus zog, sagte er: »Wir brauchen Jäger, tausende von Jägern, oder wir sind verloren.«
Sein früherer Adjutant kam aus dem Osten zurück und berichtete, dass die Luftwaffe in Russland vor unlösbaren Aufgaben stünde. Er sprach auch von Judenerschießungen. Es war zu viel für Udet, er griff zur Pistole.
In seinem Buch ›The rise of the Luftwaffe‹ schreibt der amerikanische Autor Herbert Molloy Mason: »Am kalten, grauen Morgen des 17. November 1941 griff Udet in seiner Berliner Dienstvilla in der Stallupöner Allee zum Telefon und rief seine langjährige Freundin Inge Bleyle an: ›Inge‹, sagte er, ›ich kann nicht mehr weiter. Ich erschieße mich. Ich wollte nur Adieu sagen. Sie sind hinter mir her.‹
Frau Bleyle flehte Udet noch an, zu warten, bis sie zu ihm komme, als sie bereits den lauten Knall eines Pistolenschusses hörte. Sie eilte in die Villa und fand Udet tot auf. An die Wand über dem Bett hatte er eine Abschiedsbotschaft an Göring geschrieben: ›Eiserner, du hast mich verlassen.‹«
Am gleichen Tag, an dem sich der Generalluftzeugmeister erschoss, trat die Wehrmacht zu einem letzten Sturm auf Moskau an und geriet dadurch in ihre bisher größte Krise.
Drei Wochen später befanden sich die USA im Kriegszustand mit Deutschland.
Aus Regengüssen werden Schneestürme, Schlammfelder verwandeln sich in Eispisten. Die deutschen Soldaten vor Moskau haben wieder festen Boden unter den Füßen und das heißt: Angriff. Am 17. November bewegt sich die erstarrte Front tausendfach. Die Solda-

ten treten zum letzten Sturm auf Moskau an. Sie tragen zum Teil noch die Drillichklamotten, mit denen sie am 22. Juni die Grenze überschritten haben. Die lästigen Wolldecken haben sie in der Hitze der Sommerschlacht weggeworfen. Die Winterausrüstung schickte man ihnen nicht nach, weil der Krieg im Spätherbst beendet sein sollte. Auf einer Frontbreite von 1000 km gibt es keine Reserven. Aber Moskau ist nah, und wenn die Angreifer die sowjetische Hauptstadt genommen haben, ist ihrer Meinung nach der Krieg im Osten aus. Man sagte dem Millionenheer immer wieder, dass nach der Zerschlagung der Roten Armee nur noch Nachhutgefechte zu führen seien. Hitler hat bereits befohlen, Moskau die Kapitulation zu verweigern und nach dem Einmarsch unverzüglich den Kreml in die Luft zu sprengen.

Die Südflanke ist abgeschirmt. Am 19. Oktober waren Taganrog, am 21. Stalino, am 25. Charkow gefallen, und nun toben erbarmungslose Häuserkämpfe in Rostow. Die Russen sind nicht mehr wiederzuerkennen. Sie ringen mit flammender Erbitterung und zwingen die Angreifer, das Land meterweise zu nehmen.

Nordwestlich von Moskau erlebt die 2. Panzerdivision mitten im Vormarsch eine seltsame Überraschung: Plötzlich bricht aus den Wäldern von Wolokolamsk eine mongolische Reiterdivision hervor und greift mit gezogenen Säbeln an. Die Selbstmordreiter werden blutig abgefertigt, und keiner der Männer in den Stahlkästen kann sich vorstellen, dass wenige Tage später schon die Kavallerie aus dem Fernen Osten den motorisierten Verbänden überlegen sein wird.

Bereits ab Mitte November stellen Fernaufklärer der Luftwaffe immer wieder gewaltige sowjetische Truppentransporte nach dem Westen fest. Drei Wochen lang waren die sibirischen Reiterverbände quer durch das Riesenreich mit der Bahn unterwegs, dann wurden sie ausgeladen und greifen nun sofort in die Kämpfe ein. 34 sibirische Elitedivisionen bringen die Russen an die Front, 20 allein in das total verminte Vorgelände von Moskau, wo Marschall Schukow die Angreifer empfängt wie noch nie ein sowjetischer Heerführer zuvor.

Am 20. November sinkt die Quecksilbersäule auf 35 Grad unter Null, stellenweise noch tiefer. Die Panzermotoren müssen über Holzfeuern angewärmt werden. Auf dem E-Hafen von Orscha hängen jeweils fünf Mann an dem Propeller einer Ju 88, aber sie können die Luftschraube nicht einen Zentimeter bewegen. Der Sprungkraftanlasser verbrauchte schon beim ersten Startversuch die Spannung der Batterie, der Motor ist tot, und der schwere Vogel rührt sich auf der plattgewalzten Schneepiste nicht von der Stelle.

Bei 40 Grad minus gefriert sogar das Benzin; statt ein paar Minuten dauert das Betanken eine volle Stunde. Und das heißt dann noch lange nicht, dass die Maschine hochkommt. Nicht einmal die Russen fliegen mehr bei so extrem niedrigen Temperaturen, aber die deutschen ›Kuttenzwerge‹ bringen immer noch jede fünfte Maschine in die Luft. Sie malochen unter unglaublichen Bedingungen und müssen alle paar Minuten abgelöst werden. Manche gehen direkt von der Schufterei mit Erfrierungen ins Lazarett. Es fehlen Kräne und Hebegeräte, Spezialwerkzeuge und Ersatzteile.

Die Motorenwarte pressen Acetylengas aus Schweißflaschen in die Triebwerke und zwingen die Maschinen durch das hochexplosive Gemisch zum Anspringen, eine kriminelle Methode, aber eine, die noch funktioniert. Oder sie wenden das russische Verfahren an und verdünnen das steife Öl mit Benzin. Jedes dieser Verfahren brächte normalerweise die Ingenieure und ihre Helfer vor das Kriegsgericht - aber Kriegsgerichte sind weit weg vom Schuss, und die Schlacht um Moskau steht auf der Kippe.

Die besonderen Bedingungen des Ostfeldzugs lernen die Männer der III. KG 50, direkt aus Wien, von der schönen blauen Donau, in die Eishölle von Kirowograd verlegt, gleich beim ersten Einsatz kennen. Nach dem Start verschwinden fünf Maschinen in einer Nebelwand, greifen ein Ersatzziel an und kurven dann in einer Milchsuppe, die nicht erkennen lässt, wo vorne, wo hinten, wo Freund, wo Feind ist. Und das heißt, dass Leutnant Seib mit seiner Besatzung in Uman, Leutnant Wels in Kanatow landen, Oberleutnant Antrup und Leutnant Klemmer Bruchlandungen bei Uman und Kirowograd hinlegen und Leutnant Bliesener mit zerschmettertem Fahrwerk auf der Straße Bialaj - Shitomir liegenbleibt. Die letzte Maschine der Gruppe trudelt acht Stunden nach dem Start wieder ein (c´est la guerre: in Russland).

Und weiter schleppen sich die Angreifer nach Moskau. Die Truppen haben zum Teil seit 14 Tagen kein Brot mehr fassen können. Ohne Brot kann man vielleicht überleben, aber ohne Munition nicht kämpfen. Die Pferde fressen das Stroh von den Dächern, die Soldaten die Pferde vom Wagen. Der hohen Ausfälle wegen werden Bataillone von Unteroffizieren geführt und Regimenter von jungen Leutnants.

»Von Tula bis Dimitrow taumelten die deutschen Angreifer im Sturm vorwärts wie Betrunkene«, schildert

Raymond Cartier die Situation. »Die 106. Division trieb einen Keil bis Kranaja Poljana, ein 27 km vor Moskau gelegenes Industriestädtchen. Aber die Bedingungen wurden immer schwieriger. Die Nacht hörte erst um zehn Uhr morgens auf, und um drei Uhr nachmittags war es schon wieder dunkel. Das Thermometer fiel auf minus 40 Grad. In der Etappe froren die Lokomotiven ein, an der Front konnten die Geschützverschlüsse nicht mehr geöffnet werden, und die automatischen Waffen funktionierten nicht mehr, weil das Fett hart geworden war. Die Panzer blieben liegen. Die Margarine war marmorhart gefroren, und das Brot musste mit dem Beil zerkleinert werden.
Die kleinste Verwundung war tödlich. Die Verbandspäckchen wurden hart wie Holz, und ein Verwundeter erfror im Schnee in wenigen Minuten. Die Verrichtung ihrer Notdurft konnte für die Soldaten schwere Erfrierungen zur Folge haben. Nicht einmal jeder Infanterist besaß Schal und Handschuhe. Sie bedeckten sich mit allem, was ihnen in die Hände fiel, mit alten Säcken, mit Fellmützen, die sie in den Hütten fanden. Die Leiche eines sowjetischen Soldaten war für manchen die Rettung, denn die russischen Truppen waren mit wattierten Jacken und dicken Filzstiefeln versehen. Man taute die Toten am Feuer auf, und die Soldaten losten dann um die Kleidungsstücke. Der Wind trieb einen bleischweren Schnee vor sich her. Die optischen Instrumente versagten ... Wenn man Stahl anfasste, blieb die Haut daran hängen.« Trotzdem kommt der Angriff voran, mit Soldaten ohne Socken, mit durchlöcherten Stiefeln. Frostklamm und halb wahnsinnig vor Hunger stehen die Angriffsspitzen im Norden 32 km vor Moskau. Im Vorort Istra kommen Panzer bis auf 22 km

heran, und ein Stosstrupp erreicht eine äußere Straßenbahnhaltestelle der Stadt und erkennt die Kremltürme in der Pulverbeize.

Die Verbände der Luftwaffe haben die Heereseinheiten bis nach Moskau begleitet und abgeschirmt, und sie haben dafür bezahlt. Die Geschwader sind unter zehn Prozent der Sollstärke gesunken, und das heißt, dass die Gruppen statt 40 nur noch drei bis vier Maschinen haben.

In diesen kritischen Tagen und Wochen bringt die Luftwaffe ganze 500 Flugzeuge in den Einsatz, zersplittert in eine Vielzahl von Aufgaben von Leningrad bis Sewastopol.

Typisch für die geschwundene Präsenz ist ein Zwischenfall im nördlichen Frontabschnitt. Der Kommodore des JG 54, Major Hannes Trautloft, sieht sich die Kämpfe von der Erde aus als vorgeschobener Beobachter an. Plötzlich muss er sich in Deckung werfen. Zwei Rotten ›Ratas‹ greifen im Tiefflug an, drehen, bringen den Tod zurück. »Verfluchter Mist!«, flucht Trautloft, »wo stecken denn unsere Jäger?«

Wo stecken sie? Dies ist die Preisfrage der gesamten Ostfront. In diesem Fall begleiten sie Stukas, die einen Angriff auf die Kronstädter Bucht fliegen, und sie können nicht gleichzeitig überall sein. Das begeisterte Einvernehmen zwischen den Heerestruppen und den Luftgeschwadern der ersten Russland-Wochen ist längst dahin. Die Infanteristen glauben sich von den ›Schlipssoldaten‹ verlassen; die Luftwaffe ist verärgert, weil sie sich für ihre selbstlosen Risikoeinsätze stets noch Vorwürfe anhören muss.

Der Krieg in Russland bricht ihre Maßstäbe, stellt ihre Erfahrungen auf den Kopf. Es ist der Albtraum aller

Besatzungen, in die Schneewüste verlegt zu werden. Kampfflieger aus Afrika kommen noch in Tropenuniform aus 35 Grad Hitze in die arktische Kälte der Sowjetunion. Für den Infanteristen dauert der Krieg täglich 24 Stunden; für die fliegenden Besatzungen ist nach dem Ausflug zur Front Feierabend in der Etappe, und das heißt: Unter die Brause, ein frisches Hemd, eine anständige Mahlzeit, eine Flasche Wein, Feldpost, Marketenderwaren und vielleicht sogar eine kurze Stipvisite im nächsten Bistro.

Das gibt es in Russland nicht: Kein Dienstschluss, kein einsatzfreier Tag, kein Urlaub, keine Abwechslung, und wenn sie doch einmal aus der Sowjetunion herauskommen, müssen die Luftwaffensoldaten wie alle anderen durch die Entlausungsstation.

Hier gibt es keinen Schönwetterkrieg mehr wie im Westen. Geflogen wird unter allen Bedingungen, im Regen, im Nebel, im Schneesturm. Schwere Kampfflugzeuge greifen selbst noch bei einer Wolkenuntergrenze von 30 m an. Und das bedeutet Ausfälle durch Unfälle, Beschießung durch die eigene Flak und Angriffe von eigenen Jägern.

Der Vormarsch in die Katastrophe geht weiter. In Orscha ist den Russen beim deutschen Einmarsch nicht mehr gelungen, den Flugplatz und die verlausten Kasernen zu sprengen. Der E-Hafen ist überfüllt: Transportflugzeuge, Bomber, Kuriermaschinen, Aufklärer; ein Umschlagplatz der Front vor Moskau.

Das KG 30 kommt von der Eismeerfront und löst eine in die Heimat verlegte Gruppe des KG 54 ab. Die Ju 88 greifen unverzüglich in den Kampf ein, sogar in der Nacht. Die Besatzungen sind bis zur Nasenspitze vermummt, stets von der Vereisung bedroht. Sie hören

mit Erstaunen, dass die Ersatzmaschinen endlich einen weißen Tarnanstrich und eine gute Heizung haben. Das erleichtert die Situation der Männer, bannt aber nicht die Vereisungsgefahr ihrer Flugzeuge.
Peter W. Stahl gehört zu den Flugzeugführern, die von der Murmanskfront nach Orscha verlegt werden. Er war vor dem Krieg Wetterflieger gewesen, aber hier begreift er, dass die Witterung nebensächlich ist, da ja in jedem Fall gestartet wird. Kein Befehl könnte das verlangen, aber die Besatzungen brauchen nur die Verwundeten zu sehen, die sich hier zu hunderten zu den Feldlazaretten quälen, zu Skeletten abgemagert, die Haut schwarz gefroren, die Wunden oft nur mit Stroh umwickelt. Und das sind noch die Glücklicheren. Ihre Kameraden liegen erfroren im Schnee.
Beim Überfliegen der deutschen Linien werden die Kampfflieger wieder einmal von der eigenen Flak beschossen. Das Übliche. Dann sehen sie von oben endlose schwarze Heerzüge, die sich vom Schnee deutlich abheben: Russen, Massen von Russen, unvorstellbare Massen. Die Besatzung der Ju 88 hämmert mit ihrer neuen elektrischen 2-cm-Kanone und den MGs mit der extrem hohen Feuergeschwindigkeit in die Kolonne. Sie setzt ihre Bomben in überfüllte Dörfer, geht sparsam damit um.
So geht es weiter, Tag für Tag. Wenn Flugzeugführer Stahl in Orscha landet, erfährt er, wer heute vermisst wird - irgendwo. In der Nähe von Tula greift er mit Erfolg einen russischen Bahnhof an. Geschafft. Als er die endlose weiße Fläche überfliegt, lehnt er sich in seinen Pilotensitz zurück und zündet sich eine Zigarette an.
Und dann sieht er am Instrumentenbrett, dass sein rechter Motor nur noch ganz geringen Öldruck an-

zeigt. Er stellt ihn ab. Er hat noch 380 km bis zu den deutschen Linien, und das heißt unter diesen Umständen eine Stunde und 32 Minuten Flugzeit; er schafft den Rückflug. In 400 m Höhe überfliegt er den E-Hafen Orscha.
Unten wird alles vorbereitet. »Eine einmotorige Landung mit einer Ju 88 ist immer aufregend«, schreibt P. W. Stahl in seinem Buch ›Kampfflieger zwischen Eismeer und Sahara‹: »Wahrscheinlich mehr noch für die am Boden als für den kranken Vogel.«
Der Pilot soll eine Bauchlandung machen; aber was zählt ein Befehl, wenn es um Kopf und Kragen geht? Stahl hat das Desaster seiner Kumpels vom KG 76 vor Augen, die in Gilze-Rijen eine Bauchlandung nach allen Regeln der Kunst zu Stande brachten. Aber dann sauste der Vogel wie ein überschneller Bob über die Piste und knallte in eine Schneewand am Rande. Der Aufprall drückte die Glasfenster ein, der Schnee flog mit einem solchen Druck in die Kanzel, dass alle vier Besatzungsmitglieder zerquetscht wurden.
»Ich fahre die Klappen«, schildert Feldwebel Stahl seine aufregendste Landung: »Langsam nehme ich das Gas zurück und trimme gleichzeitig die Ruder wieder in Normalstellung. Es kann eigentlich nichts mehr schief gehen. Schon bin ich im Einschweben auf den Aufsatzpunkt - da rollt eine Ju 52 an den Start, ohne offenbar darauf zu achten, ob einer im Anflug ist. Der Kerl muss blind sein ...
Es bleibt nur der Ausweg, im tiefen Schnee neben der Piste zu landen. Ein Überschlag ist dann unvermeidlich. Zum Glück schiebt der Transportheini im letzten Moment doch noch Gas rein, was an einer aufstiebenden Schneewolke zu erkennen ist. Und genau in diese

Schneewolke, nur wenige 20 m hinter der langsam anrollenden Ju, setze ich meine 88, die ja immerhin runde 200 Sachen drauf hat. Das Fahrwerk kommt ganz weich an den Boden. Eine Bilderbuchlandung! Ich stehe auf den Bremsen - kann nichts sehen -, warte darauf, dass wir in die Schneewand rechts oder links der gewalzten Piste schlittern oder auf die vor uns rollende Ju 52 donnern ...Unsere Rutschpartie wird langsamer. Die Schneewolke löst sich auf. Die Sonne ist wieder da. Wir stehen.
Raus! Nichts wie raus - ist das Einzige, was ich sagen kann. Die Besatzung will mir gratulieren. Sie wollen reden, sich gegenseitig sagen, wie froh sie sind, dass dieses Ding gut gegangen ist. Raus! Raus! Raus! Ist das Einzige, was ich will.«

Die deutschen Angreifer sitzen am Rand von Moskau, ohne Sprit, ohne Munition, ohne Verpflegung, ohne Reserven. Wenn Marschall Schukow seine Gegenoffensive mit ausgeruhten, winterfesten Truppen startet, muss die Front zusammenbrechen wie ein Kartenhaus. Zwar reicht jetzt die Eisenbahnlinie bis Rschew und Mohaisk, aber die Versorgungslage ist katastrophal, weil die Nachschubwege überdehnt sind und sich bereits die Anschläge der Partisanen auswirken. Allein im Aufmarschgebiet der Heeresgruppe Nord gibt es bereits elf zentral gesteuerte und aus der Luft versorgte Guerillaverbände. Einer von ihnen beherrscht in den dichten Wäldern bereits einen Raum von 100 km im Durchmesser.
Die Partisanen jagen Güterzüge in die Luft. Das Schicksal der Nachzügler und Versprengten, die ihnen in die Hände fallen, ist unbeschreiblich grausam. Es ist

die Antwort auf die Gräuel der Einsatzkommandos, auf Massenerschießungen und Deportationen. Deutsche Soldaten werden mitunter von Partisanen oder Rotarmisten zu Tode gefoltert, gepfählt, geschändet und mit ausgestochenen Augen, zertrampelten Köpfen und abgeschnittenen Geschlechtsteilen im Mund aufgefunden. Dieser Sadismus ist weniger Emotion als System. Die Drahtzieher wissen, das Terror Gegenterror auslöst, und dieser wiederum wird zur Waffe, mit der Stalin seine Landsleute auf Vordermann bringt.
Generaloberst Heinz Guderian, der Schöpfer der Panzerwaffe, sieht die Katastrophe voraus. Er fliegt nach Orscha, um seinem Oberbefehlshaber, Generalfeldmarschall Fedor v. Bock, den Vorschlag zu machen, mit Panzern einen Ring zu bilden, die Stellung auszubauen, zu überwintern und Moskau erst im Frühling zu nehmen.
Im Führerhauptquartier hat man keine Vorstellung von den Bedingungen, unter denen sie Soldaten kämpfen. Weder Hitler noch Keitel, noch Jodl, noch v. Brauchitsch, noch Halder verlassen in diesem Winter die wohlgeheizte Wolfsschanze, um sich selbst ein Bild von der Lage zu machen. Als Generalfeldmarschall Walther v. Brauchitsch schließlich vorsichtig Hitler den Vorschlag des Panzergenerals Guderian unterbreitet, wird er von ihm niedergebrüllt: »Ich will Moskau. Ich werde Moskau haben. Sie werden mich nicht daran hindern, Moskau zu bekommen!«
Am 168. Tag des Ostfeldzugs fällt das Thermometer unter 50 Grad minus. Guderian ruft noch einmal bei Generalfeldmarschall v. Bock an und teilt ihm mit, dass er Tula räumen wird. Erschrocken fordert der Oberbefehlshaber Mitte ihn auf, sich vor einer so

schwerwiegenden Entscheidung noch einmal an die Front zu begeben.

»Was meinen Sie denn, wo ich bin?«, erwidert Guderian. »Ich bin in Jasnaja Poljana, und neben meinem Gefechtsstand wird gekämpft.«

Der Panzerführer spielt mit seinem Kopf, aber das Überleben seiner Soldaten ist ihm wichtiger. Er befiehlt, was deutschen Truppen bisher erspart geblieben war: den Rückzug.

Auf dem anderen Flügel folgt ihm General Hans Reinhardt. Er überlässt Klin der Roten Armee und weicht um 100 km über die Lama zurück. Männer, Pferde, Fahrzeuge und ihre Verfolger tänzeln über die Eispiste. Moskau ist gerettet - der Ostfront droht der Einsturz.

Am 6. Dezember war Sowjetmarschall Schukow mit überlegenen Kräften zur Gegenoffensive angetreten. Aus Belagerern wurden Soldaten auf haltloser Flucht. Die Stimmung in der Wolfsschanze bei Rastenburg war düster wie der Tag. Göring spielte mit Geschwadern, die nur auf dem Papier standen. Hitler brütete stumpf vor sich hin. Im Casino des inneren Sperrkreises wagte kaum einer laut zu sprechen.

Am Mittag des 7. hielt Hitler die Große Lage ab, dabei ließ er erstmals erkennen, dass er die bei Moskau und Kalinin gestartete Offensive sibirischer Eliteeinheiten nicht mehr für einen örtlichen Gegenstoß, sondern für einen Durchbruch von apokalyptischem Ausmaß halte. Danach war der Diktator förmlich aus dem Kartenraum geschlichen, müde, leicht vornübergebeugt. Ohne Auftrag telefonierte Bormann den Leibarzt Morell herbei.

Dann war Hitler lange nicht mehr zu sehen gewesen,

als wäre er vor den Hiobsmeldungen, die laufend von der Ostfront eintrafen, in Deckung gegangen.
Plötzlich fuhren die Generalfeldmarschälle Keitel und Jodl im Befehlsbunker hoch. Die Tür wurde aufgerissen. Hitler stürmte ohne Mütze und Mantel herein, mit gerötetem Gesicht, keuchend vor Erregung. Er schwenkte ein Telegramm: »Die Japaner«, schrie er mit kippender Stimme: »Pearl Harbor!«
Seine Militärs betrachteten ihn verblüfft. Einen Moment lang befürchteten sie, der ›Reichsspritzenmeister‹ habe sich mit seinen Injektionen vertan. Dann begriffen sie, dass aus dem Krieg ein Weltkrieg geworden war. Das Eingreifen der Japaner und ihre stürmischen Anfangserfolge brachten zwar den Vormarsch der Roten Armee nach Westen nicht zum Stehen, aber Hitler erklärte, dass er nunmehr unbesiegbar sei, da die Japaner noch nie einen Krieg verloren hätten.
Schon jetzt ließ er erkennen, dass er als Bundesgenosse Nippons den USA, der stärksten Wirtschaftsmacht der Welt, den Krieg erklären würde. Es war eine groteske, makabre Situation: Drei Millionen deutsche Soldaten kämpften im Osten, spürten den Sowjetangriff an der Kehle und rangen ums nackte Überleben, aber der Diktator berauschte sich an einem neuen Kriegsgegner, der, das wusste jeder, der etwas von wirtschaftlichen Dingen verstand, den Krieg letztlich entscheiden würde.
Die Amerikaner produzierten dreimal so viele Flugzeuge wie die Deutschen. Sie verfügten über viermotorige Langstreckenbomber, die etwa zur gleichen Zeit in Serie gefertigt wurden, als man die deutschen Prototypen verschrottet hatte. Sie überstürzten nichts und standen gelassen zu ihrer Doktrin: Material spart Blut.

Die Frage war nur, wie die 8. Luftflotte der US Army Air Force (USAAF) nach England gebracht werden konnte. Das ließ sich nur in Etappen - über Labrador, Grönland und Island - bewerkstelligen. Der Generalstab rechnete mit einer Verlustquote von zehn Prozent - schließlich war im Jahre 1940 erstmals eine winterliche Flugzeugüberquerung des Atlantiks gelungen. Tatsächlich gingen nur 5,2 Prozent der bald über Deutschland eingesetzten Viermot-Bomber des Typs B 24 oder B 17 verloren.
Die Amerikaner brachten die Übermacht, die Engländer die Kriegserfahrung mit. Sie hatten eine wissenschaftliche Analyse der Bombenschäden während der Schlacht um England, vor allem der schwer betroffenen Städte Birmingham, Hull und Liverpool, erstellt. Sie bestätigte, was augenscheinlich war: Die wirksamste Rezeptur der Vernichtung war der kombinierte Brand- und Sprengbombenabwurf. Es gab noch keine Computer, aber die Rechnung war mit der gefühllosen Präzision eines elektronischen Roboters erstellt worden: Eine Tonne Brandbomben machte 100 bis 200 Menschen obdachlos. Ein Kampfflugzeug überstand durchschnittlich 14 Feindflüge und konnte, bevor es selbst zu Grunde ging, 10 Tonnen Bomben abwerfen, was gleichbedeutend mit 4000 bis 8000 Obdachlosen war. Die Experten stellten weiterhin fest, dass 22 Millionen Deutsche in 58 Städten lebten, die in der Reichweite englischer Bomber lagen.
Der Luftterror suchte sich für seine Generalprobe einen Schauplatz. Es war die Stadt Lübeck, die in der Nacht zum 28. März 1942 ahnungslos in ihr Schicksal hineinschlief. Das deutsche ›Tor zum Norden‹ ist eine schöne, mittelalterliche Stadt, mit Fachwerkhäusern,

die so romantisch anzusehen sind - und so leicht brennen. Um den Dom, den Heinrich der Löwe als romanische Basilika begonnen hatte, kuschelten sich die Häuser, in denen Menschen lebten, die in ihren Gedanken bei ihren Männern und Söhnen waren, irgendwo in der Winterschlacht in Russland.
Den Rückschlag vor Moskau konnte die Propaganda nicht mehr verheimlichen, obwohl das Abhören ausländischer Sender mit der Todesstrafe bedroht war. Am 19. Dezember wurde Generalfeldmarschall v. Brauchitsch der Oberbefehl über das Heer entzogen. Er verließ Rastenburg ohne Abschied, ohne Händedruck. Hitler hatte einen passenden Nachfolger gefunden: Hitler. Auch der bewährte Guderian musste später gehen.
Ein verspäteter Aufruf für eine Winterspende mobilisierte millionenfache Hilfsbereitschaft und nährte die Sorge. BdM-Führerinnen strickten Socken, alte Mütterchen lieferten ihre Pelzmäntel ab, Schüler ihre Skier, mit denen sich später die Etappe einheizte. Die Wintersachen erreichten, der chaotischen Transportverhältnisse wegen, kaum die Front. Aus Mitleid gingen Flugzeugbesatzungen dazu über, sich auf dem Rückweg von der Front zu ›verfranzen‹ und irgendwo im Hinterland auf eigene Faust ihre Maschinen mit Mänteln, Handschuhen und Pullovern vollzuladen.
Die Alarmsirenen heulten, die Pfadfindermaschinen der ersten Welle erreichten gegen 23 Uhr Lübeck. Die Stadt war von der Ostsee her leicht zu finden. Im gleißenden Mondlicht lag sie weithin sichtbar. Die Vorläufer von 234 Bombern, darunter die ersten viermotorigen, die in dieser Nacht 300 Tonnen Vernich-

tung abwerfen würden, zündeten um 23.17 Uhr die ersten ›Christbäume‹. Kurze Zeit später fiel der erste ›gesättigte‹ Bombenteppich. Dann der nächste. Wenn die Löschkommandos aus den Häusern wollten, jagten Sprengbomben sie wieder in die Keller zurück. Aus der Nachbarschaft kamen Feuerwehrtrupps mit 200 Motorspritzen der brennenden Stadt zu Hilfe.
Die nächste Welle. 170 Bomber. Sie sahen schon aus 80 km Entfernung die lodernden Flammen. Das Reichsbankgebäude brannte, das gotische Rathaus und die Marienkirche aus dem 12. Jahrhundert.
Trauriger Palmsonntag: Die Bomberpulks waren abgezogen. Flak und Nachtjäger hatten acht englische Maschinen abgeschossen; fünf weitere gingen durch Navigationsfehler verloren, aber die Zielfotografien bewiesen ein Vernichtungswerk wie nie zuvor. Von dem ehrwürdigen Buddenbrook-Haus stand nur noch die Fassade. Die ganze Altstadt war ausgebrannt, mindestens 2000 Häuser wurden zerstört.
Nach der gelungenen Generalprobe bereitete Bomber-Harris den ersten Angriff mit 1000 Bombern vor.
Deckname: ›Jahrtausend‹. Angriffszeit: die nächste Vollmondperiode. Ziel: Köln am Rhein.
Die Katastrophe in Russland schien unabwendbar. Leergefahrene, festgefrorene deutsche Panzer wurden im letzten Moment gesprengt. Selbst die Panjefuhrwerke blieben liegen, weil die Pferde längst aufgegessen waren. Schon in der ersten Woche des sowjetischen Angriffs hatte die Rote Armee 286 Panzer, 305 Geschütze und zahlreiche Zugmaschinen erbeutet.
Die Ordnung löste sich auf. Der Rückzug wurde chaotisch. In wilder Panik liefen sieggewohnte Soldaten auf einmal davon. »Der Rückzug über eine Strecke von

150 km bei minus 52 Grad wurde qualvoll. Der Mut der Soldaten war gebrochen. Vielleicht hätten sie sich ergeben, wenn man sich den Russen hätte ergeben können. Die entsetzliche Angst vor der Gefangenschaft war die moralische Kraft, die die deutschen Armeen weiter in Bewegung hielt. Die am meisten Erschöpften schossen sich eine Kugel in den Kopf oder ließen sich in den Schnee fallen, um dort zu sterben«, schreibt Cartier.

Am 9. Februar rissen vier Sowjetarmeen die Verbindung zwischen den deutschen Heeresgruppen Nord und Mitte auf und brachen in einer Frontbreite von 100 km durch. Bei Demjansk wurde das X. Armeekorps eingeschlossen und abgeriegelt. Sechs Divisionen saßen in der Falle. An die Transportgeschwader, die von allen Kriegsschauplätzen, einschließlich Nordafrikas, herangeholt wurden, erging der Befehl, die erste Luftbrücke der Geschichte aufzubauen.

Die nächsten Monate würden die Antwort darauf geben, ob es überhaupt möglich war, 100.000 Soldaten über eine 50 m breite und 800 m lange Notpiste aus festgestampftem Schnee zu versorgen.

Viele der jungen Soldaten, eingepfercht in den dicken Bauch der Ju 52, sehen während des Flugs in den Kessel von Demjansk aus, als ginge es zu ihrer Hinrichtung, und so abwegig ist diese Vorahnung gar nicht. Zuerst einmal müssen sie heil durch einen starken russischen Flakgürtel kommen, der den ›Balkon über der deutschen Front‹ eindeckt. Die Route zu den Belagerten führt 150 km über ein von der Roten Armee besetztes Gebiet. Dann, wenn sie fast am Ziel sind, kommen erfahrungsgemäß die ›Ratas‹ und ›Yaggs‹, und

der deutsche Begleitschutz leidet an Auszehrung. Sollten sie alle Gefahren überstehen, erfolgt die Landung im sowjetischen Artilleriefeuer. Wenn sie auch noch die dichten Granateinschläge überleben, droht als letzte Schikane, dass die überladene Tante Ju auf der plattgewalzten Schneepiste einbricht wie der Esel auf dem Eis.
Die Rettungsaktion für die sechs eingeschlossenen deutschen Divisionen läuft so verzweifelt wie großartig. Binnen 24 Stunden hat Oberst Fritz Morzik, der Lufttransportführer Ost, jede nur halbwegs verfügbare Maschine requiriert. Die Jus kommen von weit her, die z. b. V. 500 zum Beispiel aus Afrika. Sie landen auf E-Häfen, die aus Platznot Karambolagen am laufenden Band verschulden. Gleichzeitig sind Werkstattzüge zu den primitiven Basen Ostrow, Pleskau-West und Korowje-Selo unterwegs. Wegen Überfüllung müssen einzelne Staffeln bis nach Dünaburg und Riga zurückverlegt werden.
Die dicken Brummer sind optisch eine gewaltige Nachschubarmada, aber praktisch kommt nur jede vierte Maschine hoch. Der Frost friert die Hydraulik und die Ölleitungen ein. Der Gummi der Räder fliegt in Klumpen davon. Es fehlt an allen Ecken und Enden. Eiszeit - oft müssen die Besatzungen mit eigener Hand ihre Ju startklar machen.
Zuerst schickt man die Transportflugzeuge einzeln im Tiefflug los. Das hat wenig Sinn, sie werden abgeschossen wie Tontauben. Besser ist es schon, sie in größeren Verbänden fliegen zu lassen, in 2000 m Höhe, von Jagdflugzeugen des JG 3 und des JG 51 begleitet. Das gibt zwar einen Stau beim Entladen, aber der Luftsprung selbst ist verhältnismäßig sicher. Sowie

die dicken Lebensretter aufsetzen, hetzen in Demjansk die Freiwilligen los und schuften sich bei 40 Grad unter Null warm. Der Frost quält die Lebenden und konserviert die Toten. Jede Scheibe Brot, jeder Tropfen Sprit, jede Zigarette und jeder Schuss Munition sind nach Demjansk ›per Luftfracht‹ anzuliefern. Selbst wenn sich die 100.000 deutschen Verteidiger mit ihren Rationen nach der Schneedecke strecken, verzehren sie Berge von Proviant. Das Minimum sind 300 Tonnen Nachschub täglich, und so müssen die Jus trotz aller Hindernisse Massenstarts zu Wege bringen, fabrizieren sie Rollschäden, knallen sie zusammen, überschlagen sich bei Bauchlandungen, erleiden sie durch Unfälle mehr Verluste als durch Feindeinwirkung. Jetzt fehlen die hunderte von Ju 52, die beim Kraftakt auf Kreta vor die Hunde gegangen sind. Ohnedies hatte eine ganz auf das Offensivdenken ausgerichtete Rüstung Transportmaschinen nur als notwendiges Übel betrachtet. Aber immer, wenn sich der Krieg festgefahren hatte und der Feind dominierte, kratzte man auf sämtlichen Kriegsschauplätzen die Wellblechflugzeuge zusammen und schickte ihre Besatzungen in die Hölle.

Im Februar 1942 hat die Luftwaffe noch einen zweiten Kessel zu versorgen: In Cholm ist die 281. Infanteriedivision mit 3500 Mann eingeschlossen. Das deutsche Restgebiet hat nur noch einen Durchmesser von 2 km. Es gibt keinen Landeplatz für Flugzeuge, aber die geplagten Jus lassen sich auf einer verschneiten Wiese im Niemandsland nieder - manche nur einmal, die anderen so lange, bis die Verluste untragbar werden.

Jetzt muss das KG 4 mit seinen He 111 Versorgungsbehälter abwerfen. Selbst Lastensegler durchbrechen

das Sperrfeuer der Flak. Als diese Wegwerfflugzeuge bei den Russen landen oder von ihnen abgeknallt werden, hat man wieder einmal einen neuen Verwendungszweck für die Stukas: Man schnallt ihnen statt Bomben Nachschubgüter unter den Rumpf: Sturzflüge als Rettungsaktionen. Die Proviantbomben fallen auf Punktziele in den eigenen Linien.
Noch immer halten die beiden Kessel. Für die Verteidiger heißt es durchstehen oder untergehen. Eine Kapitulation wäre auf diesem barbarischen Kriegsschauplatz praktisch nur die Ersetzung einer Todesart durch eine schlimmere. In Demjansk sitzen die Belagerten auf den Waldai-Höhen und beobachten die sowjetischen Truppenbewegungen. Sie wissen, dass sie gerettet sein werden, wenn die Temperaturen steigen und die Eispiste, über die die Sowjets angreifen, sich wieder in Sümpfe verwandeln. Aber wann wird das sein? Sie sehen mit eigenen Augen, was die angeblich zerschmetterte Rote Armee an Waffen, Fahrzeugen und Reserven heranschafft. Die Übermacht addiert sich zunächst weniger aus den Hilfslieferungen ihrer westlichen Aliierten als aus eigener Produktion. Schon Anfang August hatten Fernaufklärer der Luftwaffe gemeldet, dass tausende von Zügen vom westlichen in das östliche Russland rollten. Man deutete es fälschlich als eine Massenflucht. Tatsächlich hatten die Sowjets begonnen, fast ihr gesamtes Industriepotential in Sicherheit zu bringen. Zum Beispiel die Röhrenfabrik von Dnjepropetrowsk und das Edelstahlwerk von Saporoschje. Insgesamt wurden von 1,5 Millionen Eisenbahnwagons 419 ukrainische und 498 Moskauer Fabrikationsanlagen geschlossen evakuiert. Es war eine beispiellose Gewaltleistung, deren Folgen die deut-

sche Armee jetzt zu spüren bekamen, denn die nunmehr eingesetzten Flugzeuge und Panzer hatten bereits die neuen Produktionsstätten geliefert.
Die deutschen Verteidiger bauen 12 km nördlich der Stadt bei Pyesky eine 30 m schmale Landebahn aus Schnee, und hier wird ihnen so viel Material zugeführt, dass sie einen massierten Fallschirmjägerangriff der Russen zusammenschießen können.
Die Tage vergehen langsam und zäh, in der Monotonie der Dämmerung und des Todes. Zu ihrer eigenen Not kommen bei den Soldaten mit dem Beginn des Luftterrors - an dem im Grunde keine Seite allein schuld ist und beide zusammen die Schuld tragen - die Ängste um die Angehörigen. Bislang hat die Heimat um die Front gebangt; nunmehr müssen die Millionen Soldaten sich darüber klar werden, dass ihre Schwestern, Mütter und Väter auch auf einem Kriegsschauplatz leben.
Nach Lübeck ist Rostock an der Reihe. In vier aufeinander folgenden Nächten greifen 468 Bomber die Stadt mit ihren Fachwerkbauten an und werfen 440 Tonnen Spreng- und 310 Tonnen Brandbomben. Sieben Zehntel der Stadt, drei große Kirchen und 1800 Häuser stehen in Flammen. Von 123.000 Einwohnern müssen 100.000 evakuiert werden. Und Rostock steht nur Modell für die noch weit größeren Leiden der anderen deutschen Städte.
Die Luftbrücke von Demjansk hält. Die Maschinen haben Kolbenfresser, die Instrumente fallen aus, die Motoren sind nach 50, 60 Flugstunden im Eimer, die Piloten erleiden Nervenzusammenbrüche, dopen sich mit Kaffee und Pervitin, legen zwischendurch Gedenkminuten für ihre gefallenen Kameraden ein ...

und fliegen, fliegen, fliegen: Truppen hinein, Verwundete heraus. Sie bringen 50.446 ausgeruhte Soldaten nach Demjansk und fliegen 22.093 Verwundete zu den Feldlazaretten. Auf diesem selbstmörderischen Nachschubweg schaffen sie 24 Millionen Liter Sprit zu den Verteidigern und 24.303 Tonnen Gesamtnachschub. 265 Transportmaschinen gehen dabei verloren.

Der erste Versuch, eine Luftbrücke zu installieren, ist gelungen. Eine bravouröse Leistung rettet 100.000 Soldaten. Und wird doch sechs Monate später grausame Folgen haben, als man sich in Stalingrad an Demjansk erinnert.

Die Ostfront hat sich gefangen, und im März 1942 rettet sie der Schlamm, der im Oktober 1941 ihren Vormarsch gebremst hatte. Die Wehrmacht hält im Mittelabschnitt die Verteidigungslinie Orel-Rschew. Während sich die Verteidiger von Demjansk und Cholm noch erbittert gegen den Untergang stemmen, wird im Süden bereits die Halbinsel Kertsch zurückerobert und die Operation zur Schlacht bei Charkow eingeleitet. Die deutschen Truppenführer leisten sich bereits wieder die arrogante Frage, welche Armee der Welt die erste Winterschlacht in Russland überstanden hätte.

Um einen furchtbaren Preis: Ende Februar waren 1.055.636 Soldaten des Ostheers ausgefallen, 31 Prozent seit Angriffsbeginn, darunter 33.233 Offiziere. Die ersten acht Monate Russland hatten 202.251 Soldaten das Leben gekostet - 725.642 wurden verwundet, 46.511 galten als vermisst, was ziemlich sicher gleichbedeutend mit ›tot‹ war.

»Dass dieser Kampf auf Leben und Tod nicht zum völ-

ligen Zusammenbruch der deutschen Mittelfront führte, mutet wie ein Wunder an«, schreiben im Auftrag des Arbeitskreises für Wehrforschung die Autoren Dr. Hans-Adolf Jacobsen und Dr. Jürgen Rohwer: »... Das ganze Abenteuer des Ostfeldzugs hatte seine Fehlerquelle in der Unterschätzung des Gegners, und zwar politisch, wirtschaftlich und militärisch. Das Machtpotential des Russen war ein ganz anderes, als es ihm die deutsche Führung, im Besonderen Hitler, zugetraut hatte. Schon in den Sommer- und Herbstkämpfen war es dem OKH und der Truppenführung zum Bewusstsein gekommen, dass es sich hier um einen ganz anderen Gegner handelte als dem aus den zurückliegenden Feldzügen gegen Polen, Frankreich und auf dem Balkan. Die zähe Kampfesweise mit der Flankenunempfindlichkeit, das überraschende Auftreten immer neuer Kräfte nach schwersten Personal- und Materialverlusten, das ungeheure Reservoir der Russen, der riesige weite Raum, all das war etwas bisher Unbekanntes. Spätestens beim Wendepunkt der Schlacht von Moskau musste sich die Wehrmachtführung klar werden, dass man sich mit ungenügenden Kräften in ein hoch gefährliches Unternehmen gestürzt hatte ...«
Schon in der ersten Stunde hatten die Westalliierten ihrem neuen Verbündeten großzügig Pacht- und Leihlieferungen zugesagt. Sie schickten den Sowjets bis 1. Juli 1942 30.000 Lastwagen, 4000 Panzer, 3000 Flugzeuge und 100.000 Tonnen Sprit. Die Russen bezeichneten die großzügige Unterstützung als ›Trinkgeld‹, was sie nicht hinderte, es einzustecken.
Als Verbündete waren sie weder angenehm noch aufgeschlossen, noch dankbar.
Sowjetische Diplomaten fielen in Washington durch

ihr arrogantes Benehmen auf, sie verlangten stur die sofortige Eröffnung einer zweiten Front, obwohl sie wissen mussten, dass die Vorbereitungen Zeit und Planung erforderten.
Als Privatgast auf Churchills Landsitz traf der sowjetische Außenminister Wjatscheslaw Molotow mit einer Horde abenteuerlichen Leibwächter ein. Er ließ alle Schränke durchwühlen, mehrmals, und schlief dann mit einer Pistole unter dem Kopfkissen.
Churchill blieb so reserviert wie möglich, aber US-Präsident Roosevelt akzeptierte - unter dem Einfluss seines Intimus Harry Hopkins, der ›roten Eminenz‹ - voller Eifer die unnatürliche Bundesgenossenschaft, Kapitalisten und Bolschewisten Hand in Hand. Aus dem finsteren Stalin, einem zweiten Hitler, wurde sein lieber ›Uncle Joe‹, dem er tausende von Gratisflugzeugen und Gratispanzern zugestand.
Bald schon schippern die US-Lieferungen auf der Eismeerroute. Im Herbst 1941 liefen elf Geleitzüge völlig unbehelligt die russischen Häfen Murmansk und Archangelsk an. Sie dampften bei Nacht und Nebel hart an der Packeisgrenze entlang. Erst als die Soldaten der Ostfront immer mehr amerikanische ›Air-Cobras‹, Bostons und Sherman-Panzer bekämpfen müssen, geht Göring gewissermaßen ein Nordlicht auf. Er befielt, in Zusammenarbeit mit der Kriegsmarine, die Konvois anzugreifen. Er verstärkt seine Geschwader im nördlichsten Norwegen und bringt sie auf den Flugplätzen südlich des Polarkreises in Lauerposition, zum Beispiel in Stavanger, Kirkenes und Drontheim. Die Ju 88 des KG 30, zwei Gruppen He 111 des KG 26, eine Gruppe des KG 40 mit der viermotorigen FW 200 Condor, einem umgebauten Zivilflugzeug, und zwei

Me-109-Gruppen des JG 65 übernehmen die Wacht im Nordmeer, an der sich die Kriegsmarine mit dem Schlachtschiff ›Tirpitz‹, drei schweren Kreuzern und mehreren U-Booten beteiligt.
Der Konvoi PQ 12 wird gesichtet, aber Fernaufklärer verlieren die Fühlung in einem wilden Schneesturm. Den nächsten Geleitzug sprengt zunächst das Wetter. Dann kommt die III. KG 30: Zwei dicke Pötte werden von den Ju 88 versenkt, drei weitere von Marinestreitkräften. PQ 14 verirrt sich ins Treibeis und dampft Richtung Heimat zurück. PQ 15 gerät am 26. April in die Fänge des KG 30, das sich drei Frachter herauspickt.
Der nächste Konvoi ist ein Mammutverband von 35 großen Handelsschiffen. Die KG 30 und 26 stürzen sich auf diese Ziele. Die See-Luft-Schlacht kostet sieben Frachter, zehn oder zwölf weitere sind beschädigt, das bedeutet, dass 300 Panzer, 100 Flugzeuge und 1500 Lkws die Rote Armee nicht erreichen.
Die britischen Matrosen wollen lieber leben, statt im Packeis für die Sowjets zu sterben. Das Ausmaß der Gefährdung an Leib und Leben ist bei diesen Todeskonvois nicht mehr zu überbieten. Wer über Bord geht, ist verloren, erfriert unverzüglich, auch wenn er sofort wieder aufgefischt wird. Auch die Körper der Männer, die sich in Boote retten können, sind nach wenigen Stunden hart gefroren wie Eisblöcke. Im ersten Halbjahr 1942 gehen von 170 Frachtern auf dem Weg nach Murmansk 44 verloren und zudem noch die Kreuzer ›Edinburgh‹ und ›Trinidad‹.
Die Amerikaner liefern die Kriegsware; die Briten übernehmen das Transportrisiko. Die Zusammenstellung der Konvois kostet Zeit. Nun protestieren die

Russen in Washington und behaupten, die Engländer würden die für sie bestimmte Leih- und Pachthilfe unterschlagen. Roosevelt interveniert; Churchill reagiert heftig. Die Sowjets verlangen, die Amerikaner drängen - und die Briten sterben.

PQ 17 führt zu einer der größten Marinekatastrophen des Zweiten Weltkriegs. Der Verband wird von deutschen Fernaufklärern bereits beim Auslaufen am 28. Juni in Island ausgemacht: 36 Handelsschiffe, begleitet von sechs Zerstörern, vier Korvetten, zwei Flakschiffen, vier Trawlern und zwei Minensuchern.

Vier Kreuzer übernehmen zusätzlich die Sicherung. Notfalls steht die gesamte britische Home Fleet bereit. Der Konvoi geht im Nebel verloren. Die Waschküche schützt die PQ 17 vor deutschen Bombern, aber zwei Frachter stoßen zusammen, und ein drittes Handelsschiff läuft auf eine Klippe.

Am vierten Tag finden die Fernaufklärer den Verband wieder in der Nähe von Jan Mayen. Er befindet sich außerhalb der Reichweite deutscher Kampfflugzeuge, aber er muss näher kommen, seinem Schicksal entgegen. Am 4. Juli erreicht er die Barentssee und erlebt um fünf Uhr das erst Debakel: Ein deutsches Flugzeug findet ein Loch in der Wolkendecke, stürzt sich auf einen Frachter, versenkt ihn. Schlimmer ist, dass der Verband weiterhin im Visier deutscher Verfolger liegt. Zuerst greifen Torpedoflugzeuge des veralteten Typs He 115 an. Mit wenig Erfolg, aber einen Tag später wiederholen die Schwimmerflugzeuge den Versuch, und ein Torpedo erwischt einen amerikanischen Frachter. Dann kommen die Ju 88 und He 111 zum Wurf. Ihre Bomben sind Volltreffer, sie richten böse Zerstörung an. Es ist klar, dass sich diese Angriffe bis zum bitte-

ren Ende wiederholen werden. Die Home Fleet hielt sich bisher ohnedies abseits, um ihre wertvollen Schiffe keiner Gefahr auszusetzen. Jetzt erhielt auch das Kreuzergeschwader den Befehl, sich mit äußerster Kraft zurückzuziehen. Selbst die Zerstörer wurden zurückbeordert - nur auf das Gerücht hin, die ›Tirpitz‹, das Schwesterschiff der im Mai 1941 versenkten ›Bismarck‹, sei ausgelaufen.
Der Konvoi soll sich, von allen Bewachern verlassen, zerstreuen. Die Frachter müssen versuchen, einzeln die sowjetischen Häfen zu erreichen. Grausames Finale: U-Boote und Flugzeuge versperren den Einzelgängern den Weg. In wilder Panik dringen einige Frachter ins Packeis ein. Die Eismeerstraße wird zur Todesroute.
»Kein erfolgreicher Geleitzug«, meldet Kommodore Dowding an die Admiralität. »Diese Feststellung gehört inzwischen zu den berühmten britischen Understatements«, schreibt in seinem Buch ›Geleitzug PQ 17‹ Günter Karweina: »Von den 35 Frachtern, die am 27. Juni 1942 von Island nach der Sowjetunion ausgelaufen sind, haben nur elf ihren Zielhafen Archangelsk erreicht. Zwei mussten bereits kurz nach der Ausfahrt wegen Beschädigung kehrtmachen, 22 wurden versenkt. Nimmt man noch die Rückfahrt von Russland nach Island hinzu - das darf man wohl -, dann erhöht sich die Zahl der verlorenen Schiffe sogar auf 24, denn im PQ 14 wurden ›Silver Sword‹ und ›Bellingham‹ ein Opfer der U-Boote. Außerdem gingen das Rettungsschiff ›Zaafaran‹ und der Flottentanker ›Aldersdale‹ verloren.
Mit den Schiffen von PQ 17 gingen unter: 3350 Lastwagen und Jeeps, 430 Panzer, 210 Flugzeuge, 99.316

Tonnen Ersatzteile, Nahrungsmittel, Panzerplatten, Munition usw.
Die Verluste der deutschen Kampfverbände waren dagegen gering: Zwei Ju 88, zwei He 111, eine He 115, eine FW 200 und eine BV 138 wurden als Totalschaden gemeldet.«

Auch in England kehren neue Besen gut, und so machte der Chef des Bomber Command, Sir Arthur Harris, Churchill den Vorschlag, Köln als erste deutsche Stadt mit 1000 Kampfflugzeugen anzugreifen.
»Und wo wollen Sie die Maschinen hernehmen?«, fragte der britische Premierminister, der immer für einen mächtigen Schlag gegen seine Gegner zu haben war.
»Ausleihen«, erwiderte der Air Marshall.
Die englische Bevölkerung war mit der Royal Air Force unzufrieden, da diese die im Hafen von Brest liegenden Schlachtkreuzer ›Scharnhorst‹, ›Gneisenau‹ und den schweren Kreuzer ›Prinz Eugen‹ trotz unentwegter Angriffe nicht versenken konnte. Und dann war dem starken Flottenverband am 11. Februar 1942, vorbei an der britischen Haustür, ein Ausbruch durch den Ärmelkanal in Richtung Norwegen geglückt. Das ›Unternehmen Donnerkeil‹, ein perfekter Luftschirm von 250 Jägern, war gewissermaßen das Antrittsgeschenk des neuen Generals der Jagdflieger, Adolf Galland, der den verunglückten Werner Mölders abgelöst hatte.
Der Kanaldurchbruch war eine Schlappe für die Engländer. Dazu kam noch, dass Hitler, bei dem das Vergeltungsdenken immer obenauf stand, für Lübeck und Rostock massierte Schläge gegen britische Städte anordnete; er brachte damit die Luftwaffe in Verlegen-

heit, weil dafür längst keine Kampfflugzeuge mehr zur Verfügung standen.
90 Maschinen, die man im Mittelmeer dringend brauchte, wurden aus Sizilien abgezogen und begannen im April eine Angriffsserie, von den Engländern ›Baedeker Raids‹ genannt, weil sie vorwiegend die Badestädte Canterbury, Exeter, Norwich und York trafen. 2000 Tonnen Bomben richteten erheblichen Schaden an, aber der Rachefeldzug versandete mangels Masse.
In dieser Situation wollte die Royal Air Force den Luftkrieg in einer neuen Dimension fortführen. Man betrachtete fünf Prozent Ausfälle bei einem Luftangriff als noch tragbar.
Für den 1000-Bomber-Angriff ›Millennium‹, ›Jahrtausend‹ im spöttischen Bezug auf das sich selbst als ›Tausendjähriges‹ apostrophierende ›Reich‹ so genannt, wurde die Rate mit zehn Prozent kalkuliert. Bereits die Vorbereitungen schienen diese Aderlassquote zu bestätigen, bei der Überführung stießen mehrere Maschinen zusammen, eine stürzte ab.
Bomber-Harris hatte die Pilotenschule nach Flugzeugführern ausgekehrt wie Taschen nach Kleingeld, um auf seine magische Zahl zu kommen; er musste Flugzeugführer akzeptieren, die ihre Ausbildung noch nicht abgeschlossen hatten, und auf Veteranen zurückgreifen. Er verwendete Maschinen, deren Farbe noch nicht getrocknet war. Statt die Werkstattflüge hinter sich zu bringen, sollten sie die Stadt Köln dem Erdboden gleichmachen. So kamen 1046 Flugzeuge zusammen, nebeneinander moderne Viermot-Typen und altertümliche Monster.
Sie sollten am 29. Mai in der Vollmondnacht auf Köln

angesetzt werden. Eine Wolkendecke über dem Kontinent stornierte diesen Zeitpunkt. Das Wetter erwies sich für beide Seiten immer wieder als ein zusätzlicher Feind. Es gab noch keine Satellitenbeobachter im Weltraum, und der internationale Nachrichtenaustausch war unterbrochen. Einige Wetterflugzeuge brachten Ergebnisse nach Hause, die bei der Landung oft schon überholt waren. Die Militärmeteorologen mussten bei ihrer Wetterprognose meistens mehr Vermutungen als Tatsachen verbreiten.

Einen Tag später wurden wiederum Gewitter und Bewölkung über Deutschland gemeldet, aber südlich des Ruhrgebietes war eine Besserung zu erwarten. Die Voraussage galt als unsicher, aber Luftmarschall Harris stand unter Zeitdruck. Er konnte die geborgte Mammutflotte nicht lange zusammenhalten. Das Küstenkommando zum Beispiel brauchte dringend seine Maschinen wieder. Die Marine hatte sich überhaupt geweigert, Flugzeuge abzustellen. Auch die Pilotenschulen mussten Schüler wie Lehrer schleunigst zurückhaben, wenn sie weiterhin fliegerischen Nachwuchs heranbilden sollten.

Am 13. Mai um 12.10 Uhr erging an 52 zum Teil provisorische Bomberflugplätze das Codewort für den Angriff. Die Maschinen wurden betankt und munitioniert. Ab 18 Uhr mussten sie einsatzklar sein. Bei der Einsatzbesprechung sagte man, dass Köln eine wichtige Rüstungsstadt sei und gab den Besatzungen als Orientierungshilfe die Türme des Doms an, der vom malerischen Altstadtviertel umlagert wird.

Köln, eine Stadt mit großer Vergangenheit und erfüllt von überschäumender Lebenslust, war als Stützpunkt römischer Großraumträume genauso bekannt wie

durch seinen Rosenmontagszug. 700.000 Menschen lebten zu dieser Zeit in der Stadt.
In den Altstadtkneipen floss das Kölsch dünn. Die Zecher waren bescheiden und müde, und Tünnes und Schäl standen an der Front. Die wenigen Nachtschwärmer gingen bald nach Hause, denn sie mussten am Morgen früh und hart arbeiten. Die meisten Kölner lagen längst im Bett, als kurz nach 23 Uhr in den RAF-Stützpunkten im Süden und Osten der Britischen Insel die Lichter angingen. Massenstart, eine Maschine hinter der anderen, in kurzen Abständen; im riesigen Aufgebot 338 moderne Viermot-Bomber, letzter Schrei des allgemeinen Vernichtungspotentials. Zuvor waren schon 50 schnelle Jabos gestartet. Sie flogen Ablenkungsmanöver kreuz und quer im Luftraum Holland, Belgien und Nordfrankreich und versuchten, die mittlerweile gefürchteten Nachtjäger auf sich zu ziehen und so in die Irre zu führen.
Mit den heftigeren und häufigeren englischen Nachtangriffen war auch die deutsche Abwehrkraft gewachsen. Die Nachtjäger des Generals Josef Kammhuber waren dazu übergegangen, die Feindmaschinen bis zu ihren Flughäfen zu verfolgen und sie über ihren eigenen Plätzen anzugreifen, sowie die Landelichter aufgeflammt waren. Bald gab es Spezialisten mit 20, 30 und noch mehr Abschüssen, aber die erfolgreichen Staffeln der fernen Nachtjagd wurden nach Sizilien verlegt, weil der Mittelmeerraum sie brauchte und Göring aus propagandistischen Gründen die Abschüsse feindlicher Bomber über deutschen Städten vorführen wollte.
Die Elektronik erhellte jetzt auf den Radarschirmen auch die dunkelste Nacht. Die Engländer verfügten

Bild 33: Oberst Hans-Ulrich Rudel, erfolgreichster Stuka-Pilot, hat mit einer speziell umgerüsteten Ju 87 insgesamt 519 sowjetische Panzer vernichtet. Das entsprach einem Viertel der russischen Monatsproduktion an Kampfwagen.

Bild 34: Hermann Göring im Kreise der höchsten Luftwaffenoffiziere. (Vordere Reihe von links) Generalfeldmarschall Milch, Generaloberst Löhr, Generaloberst Keller, Generalfeldmarschall Sperrle, Hermann Göring, Generaloberst Ritter von Gleim, Generalstabschef Jeschonnek, Generalfeldmarschall Kesselring und Generaloberst Stumpf (1943).

Bild 36: Da die Flugplätze um Stalingrad von den Russen eingenommen worden waren, konnten die wenigen Transporter, die noch einsatzfähig waren, nur Versorgungsbomben über der eingeschlossenen 6. Armee abwerfen. Aber auch diese Einsätze kamen zu spät. »Wir sprechen bereits aus einer anderen Welt zu Ihnen«, sagte Paulus am 20. Januar 1943 zu Milchs Berichterstattern. »Von uns bleibt nichts übrig, als was die Chronik noch über uns schreibt.« (Paulus und Hoth)

Bild 37: Vor sich den Feind, über sich den Himmel, unter sich Schnee und hinter sich nichts, so bestanden sie die schweren Tage.

über das neue Navigationsverfahren GEE, das im Grunde das verbesserte deutsche Knickebein-System war, ein Funkleitstrahl, der gerade noch bis Köln reichte. Ihren Gegenspielern ermöglichte eine verbesserte Radartechnik das ›Himmelbett‹-Verfahren. Der Luftraum war dabei in Planquadrate aufgeteilt worden, die sich überlappten. Jedes von ihnen wurde durch Radarmessung sorgfältig ausgelotet. Jeder Leitoffizier brachte in seinem Bereich einen der etwa 250 zweimotorigen Nachtjäger binnen zehn Minuten an den Feind, und das waren zunächst vorwiegend einzeln fliegende Maschinen oder kleinere Verbände. Wenn das ›Himmelbett‹ für den Feind aufgeschlagen war, konnte in jedem Quadrat nur ein Jagdflugzeug operieren: es gab eine englische Schlüsselrechnung, dass von 100 einfliegenden Bombern nur drei von deutschen Nachtjägern angegriffen wurden. Die Briten hatten bald gelernt, das ›Himmelbett‹ weitgehend zu umgehen. Die Zeit der Einzelflüge war vorbei. Die Engländer kreierten den ›Bomberstrom‹, der den Nachtjägern eine größere Feuerkraft entgegenstellte und durch seine große Zahl von Flugzeugen ohnedies in hohem Maße gegen Einzelangreifer gefeit war.
Während der englische Bomberstrom über Amersfoot bei Amsterdam auf Kurs Köln ging, war man sich in den deutschen Befehlsständen darüber klar geworden, dass sich in dieser Nacht über einer Stadt des Rhein-Gebiets ein Angriff von bisher nie erfolgter Wucht entladen würde. An mehreren Orten gab man Voralarm. »Der Voralarm, der diesen in der Luftkriegsgeschichte neuen Angriff ankündigte, wurde um 23.45 Uhr gegeben«, rekonstruierte in seinem Buch ›Tausend Bomber auf Köln‹ der britische Autor Eric Taylor: »Doch die

im Schlaf liegenden Bürger der Stadt erkannten nicht, dass es kein ungewöhnlicher Alarm war. Sie drehten sich gemächlich in ihren Betten um und konnten sich nicht entscheiden, ob sie die mollige Wärme gegen den Schutz der Bunker eintauschen sollten.«
Kurz nach Mitternacht heulten die Sirenen wieder. Der 295. Alarm dieses Kriegs kündigte den 115. Angriff an; die meisten waren glimpflich verlaufen, und darauf setzten die schlaftrunkenen Kölner auch heute.
Mütter rissen ihre Kinder aus den Betten, manche zum letzten Mal. Väter oder Großväter griffen nach dem vorsorglich gerichteten Handkoffer mit Ausweis, Lebensmittelkarten, Sparkassenbuch, Familiendokumenten und ein paar Schmuckstücken. Die Häuser zuckten schon im Rhythmus der Flaksalven, als die Letzten den vermeintlich sicheren Unterstand erreichten.
Dann fielen die ersten Bomben. Man hörte es gedämpft, doch schrecklich nahe, das Duell Flak gegen Feindmaschinen. Luftschutzwarte flitzen nach oben und wurden von den Sprengbomben wieder ins Haus getrieben. Gegenüber stand die ganze Häuserzeile in Flammen und gab der nächsten Welle Büchsenlicht. Das Postamt in Braunsfeld brannte genauso wie der Bahnhof in Mühlheim, wie die Zollhallen in Rheinauhafen, der Güterbahnhof Gereon. Es brannte die Altstadt.
Massierte Bombeneinschläge in Bayenthal, Zollstock, Klettenberg, Sülz, Ährenfried Bickendorf, Nippes, Deutz. Hiobsnachrichten trafen im unterirdischen Befehlsstand des Kölner Polizeipräsidiums an der Krebsgasse aus fast allen Stadtteilen ein. Die Telefonleitungen zum rechtsrheinischen Stadtgebiet waren unterbrochen. Die losgehetzten Melder kamen nicht durch

das Flammenmeer, mussten umkehren, so sie es noch konnten.
Vizeluftmarschall J. E. A. Baldwin flog den Einsatz in einer ›Stirling‹ mit, um die Wirkung dieses bisher größten Massenangriffs zu beobachten: »... Der Himmel hing voller Flugzeuge, die nach Köln unterwegs waren. Ich konnte Wellingtons, Hampdens, eine Whitley und andere Stirlings ausmachen. Wir drehten einen Augenblick lang kurz von der Stadt ab, um den geeignetsten Anflugweg ausfindig zu machen. Bei diesem Manöver konnte ich deutlich die zwei Türme des Doms erkennen, die sich gegen drei große Feuer abhoben. Dann griffen wir an, um die Bomben abzuwerfen, steuerbords von einer Wellington und backbords von einer anderen Stirling begleitet. Beim Abdrehen umflogen wir die Flaksperre und waren acht Minuten nach unserem Bombenabwurf bereits wieder auf dem Nachhauseweg. Wir schauten noch einmal zurück. Wie aufgehende Sonnen standen die Feuer vor dem dunklen Hintergrund. Je weiter wir uns von ihnen entfernten, um so mehr verstärkte sich dieser Eindruck.
Als dann noch die Strahlen der Flakscheinwerfer aus diesem Feuerofen hervorstießen, kam es uns vor, als ließen wir hinter uns ein gewaltiges Abbild der japanischen Flagge zurück. Etwa neun Minuten vor der Küste drehten wir noch einmal kurz um, damit wir einen letzten Blick zurückwerfen konnten. Ein riesiger Vulkan schien sich in der Ferne aufgetan zu haben.«
Die dritte Welle griff an. 90 Minuten lang dauerte das Inferno. 5000 Einzelbrände vereinigten sich zu 2000 Großfeuern. Fast 20.000 Wohnungen wurden zerstört, 2135 Gewerbebetriebe und 106 Industrieanlagen. ›Millennium‹, das war der Beginn der Massenvernich-

tung aus der Luft. Der reine Terror war von der Kette, und das kostete in der ersten Nacht, die er zelebrierte, 469 Tote und 5027 Verletzte sowie eine Vielzahl unersetzlicher Kulturdenkmäler.

In der St.-Gereons-Kirche, die im 14. Jahrhundert von Kaiserin Helena gestiftet worden war, brannte der Südturm. Die Glocken knallten nach unten. Pfarrer Brenner wollte wenigstens den Nordturm retten. Er ging von Löschtrupp zu Löschtrupp, bat, etwas zu unternehmen. »Ach, was brauchen wir Kirchen«, erwiderte ihm ein Parteibonze hämisch.

Beherzte Jungen kletterten an einem Seil in den Turm, zogen Wassereimer hoch und verhinderten das Übergreifen der Flammen, während ringsum die Fassaden einstürzten.

»Jetzt steigerte sich der Angriff zum Crescendo«, schildert Eric Taylor, der ebenso mit den beteiligten englischen Flugzeugbesatzungen wie mit den deutschen Augenzeugen in Köln gesprochen hat. »... Ein Menschenstrom ergoss sich auf die von Feuer hell erleuchtete Straße. Frauen mühten sich mit ihren kleinen Kindern ab, die im Halbschlaf auf ihren Armen hingen. Alte Leute stolperten mit Taschen und umgehängten Decken dahin. Zielsicher, schnell und wortlos schoben sich die Menschen vorwärts, den Ausdruck grenzenloser Angst auf ihren Gesichtern. Und ebenso schnell wie sie bevölkert war, hatte sich die Straße wieder geleert.

Am Himmel hingen Lichter aller Art: Scheinwerferstrahlen, Feuerkugeln, explodierende Granaten, brennende Flugzeuge und Myriaden glühender Funken, die überall in der Stadt hunderten von Bränden entstiegen. ›Es war ein furchtbares Bild. Und irgendwie hatte es etwas von der Größe einer Götterdämmerung‹, entsann sich eine Frau später ... Ein Luftschutzwart erinnert sich, dass er über einen Stiefel stolperte, in dem noch der Fuß steckte. Ansonsten war von einem Menschen nichts zu sehen. Ein Büroangestellter stieß auf eine junge Frau, die am Boden lag. Ihr Gehirn lag neben ihr auf dem Pflaster. Der Mann beugte sich nieder, hob sie mit seinen von Glassplittern aufgerissenen Händen auf und barg sie, um die Tote in einem Gefühl menschlichen Anstands den Blicken anderer zu entziehen, hinter einer Gartenmauer. Ein Bauarbeiter, der an zerstörten Pferdeställen vorüberging, entdeckte in einem der Gebäude einen wirren Haufen von schwer verletzten Männern und Tieren am Boden ...

In Köln weiß man heute noch von der Rettung eines Luftwaffengefreiten zu berichten, der unter den Trümmern des Hauses seiner Freundin in der Luxemburger Straße eingeschlossen war. Zwei Männer eines Rettungstrupps hatten sich durch den Schutt bis zu ihm vorgegraben. Doch konnten sie ihn nicht bergen, weil sein rechter Arm vom Ellenbogen abwärts unter einem schweren Mauerstück eingeklemmt war, auf dem wiederum die restlichen Trümmer des Hauses lasteten. Ein Arzt kroch daraufhin mit seiner Tasche durch den Rettungstunnel zu dem Eingeschlossenen hin und amputierte beim Schein einer Fackel den Unterarm. Den blutenden Stumpf mit Mull umwickelt, brachten sie den Bewusstlosen schließlich heraus.«

Auf englischer Seite stellte man fest, dass 898 Besatzungen das Ziel erreicht und insgesamt 1455 Tonnen Bomben abgeworfen hatten, darunter 970 Tonnen Brandbomben. Dass Köln brannte, war 250 km weit zu sehen. Noch an der holländischen Küste konnte man

den blutrot gefärbten Himmel über der Stadt ausmachen.
Im Befehlsstand von Bomber-Harris in High Wycombe saldierte man Gewinn und Verlust: Köln war eine geschlagene Stadt, 43 Bomber waren vom Einsatz nicht zurückgekehrt und 116 gingen bei der Landung zu Bruch. Die Gesamtverluste betrugen 3,6 Prozent.
Die Rauchwolke über der Domstadt reichte am nächsten Tag noch 5000 m hoch, und 2,5 km^2 Häuser und Straßen waren total vernichtet. Eine Nacht hatte fast so viele Schäden angerichtet wie alle vorhergehenden zusammen, und das heißt, dass der deutschen Bevölkerung eine grausame Passion bevorstand: ›Aerea-bombing‹, das Flächenbombardement, würde weitergehen; der Tod sich potenzieren.
Auf Köln folgte Essen, auf Essen Bremen; Wilhelmshaven, Mainz, Kassel und Düsseldorf waren dann an der Reihe. Bis zum September 1942 mussten deutsche Städte Terrorangriffe hinnehmen. Die braune Propaganda unterschlug oder bagatellisierte das Schicksal der bombardierten Städte. Die Bevölkerung litt zunehmend, während an allen Fronten die Wehrmacht wieder zu siegen begonnen hatte.
In Nordafrika fegte Erwin Rommel mit seinen Panzern wie ein Sturm durch die Wüste. Auch im Osten ging es wieder vorwärts. Hitler, der neue Oberbefehlshaber des Heeres, wiederholte seine Entscheidung vom Vorjahr, den Angriff auf das jetzt wieder 150 km von den deutschen Linien entfernte Moskau zurückzustellen, um zuerst im Süden gegen Don und Wolga vorzustoßen und einen Keil in Richtung auf die Ölstadt Baku voranzutreiben. Ein Ziel aber ließ ihn alles andere vergessen: Stalingrad, auf das die 6. Armee zumar-

schierte. Im Trommelwirbel und dem Fanfarengeschmetter der Sondermeldungen ging ein Ereignis unter, das mehr als alles andere auf die Zukunft hinwies, die Deutschland drohte: Am 4. Juli 1942 gingen die ersten US-Bomber auf dem Kontinent in den Einsatz. General Eisenhower kam selbst zum E-Hafen und hielt eine markige Rede. Weniger spektakulär war das Resultat der Angriffspremiere: Von sechs Boston-Bombern hatten nur zwei das Ziel erreicht, zwei Maschinen wurden abgeschossen, eine dritte stark beschädigt. Am 17. August unternahm die 97. Bombergruppe mit 18 ›Fliegenden Festungen‹ einen Angriff auf Rouen-St. Otterville, den General Ira Eaker an der Spitze des Verbandes leitete.

Diesmal klappte es, und der Pulk kehrte so geschlossen zurück, wie er gestartet war. Es gab einen großen Presserummel, und General Carl Spaatz, der Oberbefehlshaber der US-Luftstreitkräfte in Europa, stellte fest, dass die Alliierten so lange nicht siegen könnten, ehe sie nicht die totale Luftherrschaft über Deutschland errungen hätten. Das bedeutete, dass die Zahl der im Jahre 1942 auf Deutschland geworfenen 41.400 Tonnen Bomben sich innerhalb von zwölf Monaten verfünffachen würde.

Es geht wieder stürmisch vorwärts, an allen Fronten, in der afrikanischen Wüste wie in der östlichen Steppe. In Russland versucht die Wehrmacht während des Sommers 1942, im zweiten Anlauf zu schaffen, was im Vorjahr der frühe Wintereinbruch verhindert hatte. Die Heeresgruppe Süd tritt auf einer Frontbreite von 800 km zum Angriff an. Die deutschen Linien reichen von Woronesch bis zum Kaukasus. Die Stimmung bei

der Truppe hat sich gebessert, die Panikszenen sind vergessen, und wer die Winterhölle, wenn auch mit Erfrierungen aller Grade, überlebt hat, kann sich mit der Ostmedaille schmücken, die von den Soldaten spöttisch der ›Gefrierfleischorden‹ genannt wird.
Die ausgelaugten, ausgebluteten, aber auch wieder aufgefrischten Geschwader der Luftwaffe werden, nunmehr ausschließlich auf die taktische Zusammenarbeit mit den Erdtruppen beschränkt, bis zum Letzten strapaziert. Wenn sie auftauchen, werden sie nach wie vor mit ihren Gegnern im Osten fertig, aber die deutsche Luftüberlegenheit verliert sich bei Russlands gewaltigen Entfernungen. Trotzdem stellt Sowjetmarschall Wassily J. Tschuikow in einem Bericht an Stalin fest: »Die deutschen Flugzeuge nageln alles an den Boden.«
Die Angriffskolonnen kommen zügig voran. Am 31. August wird auf dem Elbrus, dem höchsten Berg des Kaukasus, die deutsche Flagge gehisst. Zwei Tage später erreicht die Heeresgruppe B die Wolga, sie steht nördlich von Stalingrad - es ist der am weitesten vorgeschobene Punkt der deutschen Ostfront. Der Schiffsverkehr auf der Wolga, über die amerikanische Hilfslieferungen aus dem Iran herangeschafft werden, wird unterbunden. Die Luftwaffe muss ihre dezimierten Geschwader hin und her schieben wie Figuren auf einem Schachbrett. Man konzentriert sie, wo man sie gerade braucht; unter Zeitdruck verlegt man sie ungeduldig, bevor sie ihre Aufgaben ganz erfüllt haben. Das KG 77, erfolgreich und unabkömmlich im Mittelmeerraum, wird, ebenso wie zwei Jagdgruppen, über Nacht an die Ostfront befohlen. Ein typisches Beispiel für die Zersplitterung der fliegenden Verbände bietet das II.

Fliegerkorps, dessen Einheiten jetzt auf Russland, Sizilien und Nordafrika verteilt sind.
Den Abzug nach Osten bekommen die deutsch-italienischen Konvois auf dem Weg zum Afrikakorps bald zu spüren. Malta ist ein noch immer unbereinigter Vorposten der Alliierten. Der Verteidiger, Lord Gort - er hatte das sich bei Dünkirchen absetzende britische Expeditionskorps geführt -, war von Churchill mit den pessimistischen Worten zu seinem neuen Kommando verabschiedet worden: »Sie werden wohl die traurige Aufgabe übernehmen müssen, Malta dem Feind zu übergeben.«
Die 246 km^2 große Felseninsel beherrscht wie ein riesiger, unversenkbarer Flugzeugträger das 500 km breite Meer zwischen Sizilien und Afrika. Wer Malta hat, kontrolliert die Nachschubwege, und wer den Nachschub nach Nordafrika voll durchbringt, wird letzten Endes die Wüstenschlacht gewinnen. Kampfflugzeuge, U-Boote und Stukas durchkämmen Tag für Tag das Mittelmeer, zersprengen englische Konvois, versenken britische Zerstörer und können doch nicht verhindern, dass einzelne Frachter durchkommen und die Verteidigungskraft der bereits abgeschriebenen Insel allmählich wieder erstarkt.
Die Luftwaffe macht sich erbötig, Malta wie Kreta zu erobern, dazu noch mit weit weniger Verlusten. Die Italiener lehnen es ab; ihr Nationalgefühl empfindet es als unerträglich, dass die Deutschen eine ihnen zukommende Aufgabe lösen. Das ›Unternehmen Herkules‹, die Landung auf der Insel, soll unter italienischer Führung vorgenommen werden, erst in drei Monaten - und damit zu spät.
Auf britischer Seite kämpfen in der Wüstenschlacht

unter Führung der Engländer Südafrikaner, Inder, Neuseeländer, Australier und Hilfstruppen aus den Kolonien. Wichtiger aber sind die Amerikaner, die jetzt in die Kämpfe gegen Rommel aus der Luft und zur See eingreifen. Von Gibraltar aus versucht der US-Flugzeugträger ›Wasp‹, so nahe an Malta heranzukommen, dass seine 47 Jagdflugzeuge die Insel mit dem letzten Sprit gerade noch erreichen. Das gelingt auch, aber die vorgewarnten Verbände der Luftwaffe schlagen die gelandeten Maschinen kurz und klein oder schießen sie bei ihren ersten Startversuchen ab.
Im Mai starten die Amerikaner einen zweiten Anlauf mit den gemeinsam operierenden Flugzeugträgern ›Wasp‹ und ›Eagle‹. Über die Oberdecks jagen 64 ›Spitfires‹, erreichen die Insel. Sie werden sofort in sichere Unterstände geschafft, aufgetankt und gegen die deutschen Angreifermaschinen eingesetzt. Malta hat wieder Jagdschutz, seine Häfen können von nun an - wenn auch unter Verlusten - von Geleitzügen angelaufen werden.
Göring startet den ›Malta-Blitz‹. Die Insel wird systematisch von Ju 88 und He 111 umgepflügt. Aber die Leihbomber müssen bald wieder nach Russland zurück. Zudem wird Hitler voreilig gemeldet, dass Malta praktisch ausgeschaltet sei. Doch die Insel bleibt wie eine Zwingburg im Mittelmeer, einer riesigen, eintönigen Wüste vorgelagert, die vielleicht der schillerndste Schauplatz des Zweiten Weltkriegs ist: Es ging vor, zurück, vor. Eine Stadt wie Tobruk wechselte dreimal den Besitzer. Staubfahnen markierten die Front. Die Siege wurden mit Bluff und Bravour errungen.
Sofort bei seinem Auftauchen in Afrika Anfang 1941

hatte Rommel seine erste erfolgreiche Von-der-Hand-in-den-Mund-Offensive begonnen. Von den Engländern bis El Agheila zurückgetrieben, kam der ›Wüstenfuchs‹ einer weiteren Offensive durch einen, für den Gegner unerwarteten, verwegenen, durch taktische und strategische Luftunterstützung gesicherten Gegenstoß zuvor.

Die Wüste, das ist ein Krieg der Panzer und der Luftstreitkräfte. Sie kämpfen gegen eine sich täglich steigernde Übermacht. Luftaufklärer haben 800 angloamerikanische Maschinen auf frontnahen Flugplätzen fotografiert. Gegen sie stehen die beiden Wüstenjagdgeschwader 27 und 53, die pausenlos starten und landen. Die Feldflughäfen bestehen oft nur aus ein paar Benzinfässern, die mitten in der Wüste abgeladen wurden, irgendwo in der Nähe ein paar Zelte für die Besatzungen.

Auf einem solchen ›Flugplatz‹ erscheint plötzlich der Oberbefehlshaber Süd zu einer Besichtigung des JG 27. Eine Staffel kommt gerade vom Feindflug zurück. Ihr Kapitän wackelt mit den Tragflächen, er landet und flitzt mit Tennisschuhen und weißen Socken auf den hohen Gast zu: »Melde Herrn Generalfeldmarschall zwölf Abschüsse meiner Staffel.«

»Und wie viele kommen auf Ihr Konto, Marseille?«, fragt Kesselring.

»Zwölf, Herr Generalfeldmarschall«, erwidert der drahtige Junge aus Berlin trocken.

Sein Oberbefehlshaber reicht ihm stumm die Hand, setzt sich auf einen Stuhl, starrt in den Sand und sagt kein Wort. Die Meldung muss ihm buchstäblich die Stimme verschlagen haben.

Hans-Joachim Marseille, Kurzform: Jochen, wird von

seinem General Adolf Galland als der ›unerreichbare Virtuose unter den Jagdfliegern‹ bezeichnet. ›Seine Leistungen galten bislang als unmöglich und wurden nach seinem Tod von niemandem übertroffen.‹ Er war ein fixer, blendend aussehender Junge und stammte aus einer Berliner Hugenottenfamilie. Fliegen war seine Leidenschaft, aber er hasste Zwang und Drill und hätte ohne seinen Vater, einen General, wohl keine Chance gehabt, die Luftkriegsschule zu überstehen. Sein Führungszeugnis beschuldigte ihn der ›fliegerischen Unzucht‹. Nicht zu Unrecht: Er landete mutwillig auf Autobahnen. Er setzte seinem Kommandeur als Morgengruß eine MG-Garbe vor das Zelt. Er nutzte seine Beliebtheit beim schönen Geschlecht und kam von seinen Ausgängen jeweils so übernächtigt und abgeschlafft zurück, dass er mit Startverboten belegt werden musste.
Während des Frankreichfeldzugs wurde er als junger Fähnrich viermal abgeschossen; sieben Gegner schaffte er selbst im Luftkampf, aber drei Siege blieben unbestätigt. Die Bilanz war ausgeglichen, und damit war der Fähnrich höchstens Durchschnitt.
Das JG 52 gab Marseille schließlich an das JG 27 ab; es war ein Abschied ohne Tränen.
Nach Nordafrika versetzt, hatte er gleich beim Überflug einen Kolbenfresser. Er machte auch hier eine Bruchlandung nach der anderen, sodass sein späterer Kommodore Eduard Neumann ihn nach einem Feindflug ins Gebet nahm: »Menschenskind, Marseille, Sie leben nur noch, weil Sie mehr Schwein als Verstand haben.« Aber der neue Chef ist der erste Vorgesetzte, der den ›ältesten Oberfähnrich der Luftwaffe‹ zu nehmen weiß. Er erfüllt ihm den spleenigen Wunsch, auf

dem Rückflug vom Begleitschutz Übungsangriffe auf seine eigenen Kumpels fliegen zu dürfen.
Der noch nicht 21-jährige starrt stundenlang in den Sand, um eine neue Taktik auszuknobeln. Oder er diskutiert mit seinen Staffelkameraden ganze Nächte hindurch. Oder er tanzt wie ein Derwisch im Zelt herum nach seiner Lieblingsplatte: ›Rumba a sul‹.
Und dann geht´s los. Eine Erfolgsserie wie nie zuvor. Doublettenabschüsse sind noch das Bescheidenste. Marseille landet mit drei, mit sieben, mit zwölf Luftsiegen nach einem Start. Er pfeift auf die Regeln der Jagdfliegerschule, die vorschrieben, sich mit Vollgas aus Sonne und Überhöhung auf seinen Gegner zu stürzen. Seiner Meinung nach muss ein guter Jäger aus jeder Position schießen können. Er nimmt das Gas zurück und lässt sich mit seiner ›Gelben 14‹, die bei Freund und Feind berühmt und berüchtigt ist, mit gedrosselter Geschwindigkeit in den geschlossenen Abwehrkreis eines weit überlegenen Verbands plumpsen und pflückt sich seine Opfer aus dem Pulk heraus. Eines nach dem anderen. Er schießt in der Kurve, im Steigen, im Fallen, in der Rolle, auf dem Rücken. Oft fährt er die Landeklappen heraus, um noch engere Kurven fliegen zu können. Sein selbstmörderischer und doch traumhaft beherrschter Stil ist oft an den Kondensstreifen zu erkennen, die seine Me 109 in den Himmel schreibt.
Es ist ein Treppenwitz, dass diesen verwilderten Individualisten, Wanderer zwischen Kriegsruhm und Kriegsgericht, der Jagdflieger wird, Experten beider Seiten für den Besten des Zweiten Weltkriegs halten, für den ›Stern von Afrika‹, ein kritisches Prädikat, für das er nichts kann. Alles in allem ist dieser strahlende

Heros die tödliche Widerlegung eines stumpfsinnigen Militarismus.
Marseille bringt seine Rottenflieger um den Erfolg, weil sie stets so damit beschäftigt sind, ihren Staffelkapitän abzuschirmen und seine Siege zu bestätigen, dass sie nicht zu eigenen Abschüssen kommen; man nennt seine Katschmareks ›fliegende Zählwerke‹. Als Schütze ist er König, als Pilot Artist, und er hat unglaublich gute Augen. Mitten im Gefecht schreit er seinem Rottenflieger: »Achtung, Poettgen, hochziehen!« zu - und schießt seinem Bewacher einen unbemerkten Verfolger vom Heck. Es kommt vor, dass Freund und Feind von der ›Gelben 14‹ so fasziniert sind, dass sie ihre eigenen Kämpfe abbrechen, um Marseilles unglaubliche Kurventechnik zu verfolgen.
Nach ein paar Monaten hat er 50, 60 und noch mehr Abschüsse und wird zu einer Legende. Er hat keine Rivalen bei seiner Einheit, ist der stolze Gemeinbesitz des JG 27, eine bestaunte Sehenswürdigkeit. Bei der Besichtigung durch General Galland liegt Marseilles E-Hafen auf einem Felsplateau. Den Weg zur Einheit weisen Schilder mit der Aufschrift: ›Zur besten Jagdstaffel der Welt‹.
»Ich spürte sofort die ganze Wirkung von Marseilles Charme und sein natürliches Führungstalent«, berichtet sein General: »Wir unterhielten uns bis lange in die Nacht hinein. Am Ende sprach ich davon, dass ich einer wichtigen menschlichen Verrichtung nachgehen müsse, bevor ich mich nach dem letzten Schluck schlafen legen wollte. Marseille besorgte sofort einen kleinen Spaten und sagte: ›Gehen Sie 60 Schritte geradeaus vom Zelt weg, dann 20 Schritte nach rechts und benutzen Sie den Spaten, Herr General.‹ Ich befolgte

gehorsam seine Anweisungen. Am Morgen nach dem Wecken trat ich aus dem Zelt, um den Spaten wieder zu benutzen. Ich war erstaunt, jetzt Wegweiser vorzufinden. Das letzte Schild hatte einen großen Pfeil nach unten mit der Aufschrift: ›An dieser Stelle antwortete am 22. September der General der Jagdflieger dem Ruf der Natur.‹«

Als es auf Marseilles 100. Abschuss - ausschließlich gegen westliche Gegner - geht, hat er längst Ritterkreuz und Eichenlaub, und das ganze Geschwader fiebert der runden Zahl entgegen. »Wann ist es so weit, Jochen?«, fragt einer.

»Übermorgen Mittag«, erwidert der Star des Wüstenjagdgeschwaders und springt bei seinem Einsatz am 17. Juni 1942 vom 95. auf den 101. Luftsieg.

Um 13.35 Uhr fegt der Staffelkapitän mit wackelnden Tragflächen über den E-Hafen. »Von allen Seiten eilen die Männer herbei und umringen die ›Gelbe 14‹«, schreiben in ihrem Buch ›Jagdgeschwader 27‹ die Autoren Hans Ring und Werner Girbing: »Marseille schiebt das Kabinendach zur Seite. Sein Bordwart Meyer löst die Anschnallgurte. Doch Marseille bleibt sitzen, den Kopf nach hinten geneigt und mit maskenhaft starrem Gesicht unter der Haube. Als er auf die Fläche klettert, wollen ihn die Männer auf die Schultern heben. Er winkt ab. Er sieht grau und unendlich müde aus. Zum ersten Mal wird vielen Umstehenden bewusst, welche ungeheuerlichen Anstrengungen und welche Konzentration die scheinbar so leicht errungenen Luftsiege ihm abverlangt haben mussten. Man hält ihm eine Zigarette hin, und alle sehen, wie seine Hände zittern.«

Sein Kommodore befiehlt nach den Glückwünschen:

»Sie machen Urlaub!«
Marseille fliegt mit seiner Ju 52 nach Hause, er macht einen Umweg über das Führerhauptquartier, holt sich die Schwerter zum Eichenlaub ab, während die Wüstenoffensive weiterrollt. Angriffe, das heißt für die Flugstaffeln: Wanderzirkus. Ihre Absprungbasen liegen so dicht hinter den deutschen Panzerkolonnen, dass das Bodenpersonal nicht mehr nachkommt. In Afrika ist nicht nur der Kampf gegen einen überlegenen Gegner zu überstehen; es müssen auch die typischen Wüstenplagen ausgehalten werden: Sandstürme schlagen plötzlich in tropische Regengüsse um. Motor und Gerät verstauben, Milliarden von Fliegen quälen die Soldaten, Skorpione und Sandvipern bedrohen sie. Sie leiden ständig an Verdauungsbeschwerden und leben in der Angst vor Gelbsucht und Malaria. Dazu kommen noch die nächtlichen Überraschungsangriffe britischer Sabotagetrupps, die sich selbst an Rommels Hauptquartier heranwagen. Typisch für die Wirksamkeit dieser Kommandoeinsätze ist ein Zwischenfall auf der Insel Kreta, wo die besonders erfolgreiche Kampffliegergruppe des Hauptmanns Helbig - bei einem einzigen Einsatz von sieben Ju 88 hatte sie im Mittelmeer drei britische Zerstörer versenkt - eine peinliche Überraschung erlebt: Ein britischer Sabotagetrupp schleicht sich in den E-Hafen Iraklion ein und klebt Haftminen an die Flugzeuge. Alle Maschinen fliegen in die Luft.
Der Vormarsch geht weiter, die Siegesmeldungen kommen wie vom Fließband. Vier Tage nach Marseilles Abreise fällt Tobruk. Am 23. Juni überschreiten Rommels verschlissene Panzer die ägyptische Grenze. Am 26. Juni kapituliert Sollum, am 28. Marsa Matruk, und es sind noch 200 km bis Kairo. Wenn Rommel die

ägyptische Hauptstadt nimmt, so meint er, ist Malta höchstens noch eine Laus im Pelz. Er will sich durch die überfällige ›Operation Herkules‹ nicht aufhalten lassen und gleich zum Nil durchpreschen. Seine Handschrift ist die Verwegenheit, ohne die er vom Schwarzen Kontinent geflogen wäre, bevor er sich überhaupt dort festgesetzt hatte. Aber sein Afrikakorps ist nicht so unaufhaltsam wie sein Temperament. Auch die kühnste Armee kann ohne Nachschub nicht kämpfen, und so bleiben Rommels Truppen in dem vormals unbekannten Wüstenkaff El Alamein hängen, warten auf Nachschub und fragen sich, ob er früher kommen wird als der alliierte Gegenschlag.

Am 23. August kehrt Marseille aus Deutschland zurück, wo er neun Wochen Urlaub als Vorschuss auf den völligen Abschied, sein baldiges Sterben genommen hat. Er kommt gerade noch zu Rommels letztem Anlauf zum Nil zurecht. Die deutschen Angreifer kommen nicht mehr durch die El-Alamein-Linie. 100 km westlich von Alexandria geht ihnen die Luft aus. Die Engländer spielen jetzt ihre Übermacht aus: zum Beispiel 1100 Panzer gegen 500 deutsche.

Die ›Gelbe 14‹ ist wieder an der Front. Marseille gelingt es noch einmal, seine eigenen Rekorde zu brechen. Am 1. September schießt er zwischen 8.28 und 8.39 Uhr zwei ›Curtiss‹ und zwei ›Spitfires‹ ab, beim zweiten Einsatz am späten Vormittag binnen zehn Minuten um Alam El Halfa acht ›Curtiss‹ und beim dritten Einsatz zwischen 17.47 und 17.53 Uhr fünf weitere ›Curtiss‹. Unter dem farbigen Titel ›Ein Mann schlägt eine Schlacht‹ gehen die PK-Berichte über diese 17-fache Blitzsiegserie durch alle deutschen Zeitungen.

Marseille erhält dafür die Brillanten.
Die Propaganda braucht Helden, um von der Kriegslage abzulenken, und Marseille - aus dem ältesten Oberfähnrich der Luftwaffe wird ihr jüngster Hauptmann - ist ein Modell für den Heroenkult: Er wird eine Art früher James Dean, der via Feldpost waschkorbweise Briefe von unbekannten Verehrerinnen erhält.
Und er kämpft weiter wie ein Berserker. Er erzielt im Monat September 57 Siege; der letzte Luftkampf dauert zehn Minuten. Es folgt ein Einsatz ohne Feindberührung: »Um 11.22 Uhr dreht die Staffel zum Rückflug nach Fuka ab«, schildert Karl-Ludwig Opitz das Ende eines einzigartigen Fliegerasses: »Marseille flog eine funkelnagelneue Me 109 F, ebenfalls wieder mit der gelben Zahl 14 gekennzeichnet. Um 11.32 Uhr rief Marseille über den Sprechfunk: ›Elbe eins! Ich habe Qualm in der Kiste! Kann kaum noch sehen!‹
Feldwebel Poettgen und die Staffelkameraden gingen dicht an die ›Gelbe 14‹ ran, Poettgen gab Kurskorrektur: ›Mehr rechts halten. Gut so.‹
›Ich kann nichts sehen!‹, rief Marseille, hustete. Seine Me 109 F qualmte.
›Noch drei Minuten bis El Alamein!‹, rief Poettgen.
Dort war die Staffel über den britischen Stellungen hinweg, und Marseille konnte aussteigen.
›Ich muss hier raus!‹, keuchte Marseille im Sprechfunk.
Unten kam bereits die kleine weiße Moschee von Sidi Abd El Rahman in Sicht. Und jetzt legte Marseille die Messerschmitt auf den Rücken. Feldwebel Poettgen scherte aus dem Verband aus, ging in eine Linkskurve. Er sah, wie von der ›Gelben 14‹ die Haube wegflog. Marseille fiel aus dem Cockpit, schlug gegen das Leit-

werk und stürzte runter wie ein Stein. Poettgen sah Marseille liegen.
Hauptmann L. Franzisket, Staffelkapitän der 1./JG 27, fuhr mit seinem Kübelwagen durch die Wüste. 7 km südlich der kleinen Moschee fand er Marseille. Quer über seine Brust blutete eine breite Schlagwunde. Der Fallschirmgriff war nicht gezogen. Hauptmann Hans-Joachim Marseille war tot.«
Als letzter Eintrag in seinem Flugbuch: 388 Feindflüge mit 158 Abschüssen. Laufende Nummer des Flugs: 482, Flugdauer 49 Minuten. Unter der Rubrik ›Landezeit‹ wird ein schwarzes Kreuz eingetragen. Marseille ist tot, wenn auch unbesiegt, aber das macht allenfalls für die Propaganda einen Unterschied.
Die Männer seiner Staffel sind verstört. Hauptmann Franzisket, ein anderes Jagdfliegerass, bietet die Spezialität seiner Staffel, Feigentorte, an: »Hier, esst ... Ihr könnt doch nicht ewig so weitermachen, wenn Jochen das sähe ...« Einer legt ›Rumba a sul‹ auf. Keiner sieht den anderen an, während die Platte sich dreht.
Rommels Karussell dreht sich nicht mehr. Es steht still. Eine Stunde vor Mitternacht tritt am 23. Oktober der neue britische General Bernard Montgomery zum Angriff an, ein drahtiger, kühler Oberbefehlshaber, ein Puritaner, der nicht raucht und nicht trinkt und sich zuerst einmal bei der britischen Armee durch ein reichlich theoretisches Merkblatt zur Bekämpfung der Geschlechtskrankheiten lächerlich macht.
Am 13. November erobert er Tobruk zurück, am 17. Derna und am 20. November Benghasi. Mit der Landung amerikanischer und britischer Truppen mit 500 Schiffen am 7. November in Marokko und Algerien ist das Schicksal der deutschen Afrikaner endgül-

tig besiegelt. Rommel zieht sich bis zur Westgrenze der Cyrenaika zurück. Er hat jetzt auch den Feind im Rücken. Die Deutschen und Italiener sitzen in der Falle.

Der drohende Zusammenbruch in Nordafrika wird von einer anderen Katastrophe überlagert; sie zieht die deutsche Bevölkerung in ihren Bann wie nie zuvor: Stalingrad. Die 6. Armee hat die Stadt zu zwei Dritteln erobert, in grässlichen Nahkämpfen, Schritt für Schritt, Ruine um Ruine. In den riesigen Getreidesilos kommt es zu erbitterten Handgemengen, die mitunter mit Schaufel, Hacke und Beil ausgetragen werden. Oft sterben beide Gegner unter Kaskaden von Getreidekörnern, einer die Hand an der Kehle des anderen.
Am 8. November sagt Hitler über Stalingrad: »Das war ein gigantischer Umschlagplatz. Wir haben ihn nämlich. Es sind nur noch ein paar ganz kleine Plätzchen da, die ich mit ganz kleinen Stoßtrupps erledige. Die Zeit spielt dabei keine Rolle ...Was wir einmal besitzen, das halten wir dann schon tatsächlich auch so fest, dass in diesem Krieg jedenfalls ein anderer da, wo wir stehen, nicht mehr hinkommt.«
Aber die sowjetischen Widerstandsnester waren nicht zu nehmen, und der einsetzende Frost brachte die 6. Armee in Zeitnot. Es schien zu einer Regel zu werden, dass den Deutschen der Sommer und den Russen der Winter gehörte.
Es herrschte übelstes Wetter, als die Rote Armee am 19. November aus Nebelbänken heraus zu einer Offensive überging, die schon beim ersten Anlauf die Fronten der rumänischen 3. und 4. Armee, die Stalingrad südlich und nördlich absichern sollten, durch-

brach. Die sowjetischen Angriffszangen bewegten sich mit einem solchen Tempo aufeinander zu, dass bei Kalatsch - hier schloss sich der Ring - die Basen der Nahaufklärer und Stukas überrannt wurden und eine Schlachtfliegertruppe nur noch im letzten Moment herauskam. In und um Stalingrad waren 284.000 deutsche Soldaten eingekesselt.
Aus der heilen Welt seines schönen Berghofs auf dem Obersalzberg fragte Hitler den Reichsmarschall, ob es möglich sei, die 6. Armee aus der Luft zu versorgen. »Meine Geschwader schaffen das«, erwiderte Göring zum Entsetzen seiner Generale.
Inzwischen war Generalfeldmarschall Erich von Manstein mit einer zusammengewürfelten Heeresgruppe bis auf 48 km an das Wolgazentrum herangekommen. Dann blieb sein Versuch, den Kessel aufzusprengen, im russischen Abwehrfeuer liegen. Nur ein Ausbruch konnte die 6. Armee noch retten, aber Hitler hatte ihn verboten, und Generaloberst Friedrich Paulus blieb bis zum vorletzten Tag einer der grausamsten Tragödien der Weltgeschichte sein gehorsamer Soldat.
Unverzüglich wurde eine Luftbrücke à la Demjansk eingerichtet. Jede nur irgendwie verfügbare Maschine, selbst Stabs- und Kurierflugzeuge, flog für Stalingrad, aber es waren dreimal so viele Soldaten zu versorgen wie im kleineren Kessel des Vorjahrs. Als Mindestbedarf der 6. Armee galten täglich 300 Tonnen Nachschub - in den ersten beiden Tagen schaffte die Luftwaffe ganze 130 Tonnen zu den Belagerten, am dritten überhaupt nichts.
Alle Schwierigkeiten des Vorjahrs wiederholten sich in noch gesteigertem Maße. Wieder hingen die Männer des Bodenpersonals an den Luftschrauben, wieder

wurden die Aggregate mit Lastwagenmotoren vorgewärmt, wieder gab es Serienunfälle und wiederum mündeten maßlose Anstrengungen in einem ständigen Kampf gegen Schneestürme, Flakhölle, ›Waschküche‹ und Vereisung. Da kaum mehr Jagdflugzeuge vorhanden waren, mussten die Versorgungsflüge weitgehend in die Nacht verlegt werden. Die Sowjets lockten die Piloten in ein falsches Funkfeuer - vor allem die unerfahrenen neuen Besatzungen flogen auf direktem Weg in den Tod.
Bald wurden durch den raschen Vormarsch der Sowjets die großen Absprungshäfen Morosowskaja und Tazinskaja hinter dem Fluss Tschir gefährdet. Sie waren über 200 km - jeweils 50 Flugminuten durch des Teufels kalte Küche - vom Stalingrader Flugplatz Pitomnik, einem niedergewalzten Schneefeld in der Steppe, entfernt. Wenn ›Moro‹ und ›Tazi‹ ausfielen, gab es überhaupt keine Versorgung für die Eingekesselten mehr.
Die Jus landeten immer wieder, mehrmals am Tag. Verwundete klammerten sich an die Fahrgestelle. Aus den Tanks der Maschinen wurde für die Kraftfahrzeuge der Sprit gesaugt. Eine Maschine nach der anderen fiel aus, wurde abgeschossen, hatte ihre Motoren verschlissen, sprang nicht an: Nur jede vierte konnte starten.
Kurz vor Weihnachten schafften 450 Maschinen in drei Tagen 700 Tonnen Nachschub in den Kessel, aber dann verhinderte der Nebel weitere Starts. Russische Panzer rollten fast ohne Widerstand gegen ›Tazi‹ vor. Wer nur irgendwie aufzutreiben war, wurde ihnen als Alarmeinheit entgegengeworfen, nahezu unbewaffnet. Die T 34 walzten zu Boden, was sich ihnen entgegen-

stellte. Am 24. Dezember standen auf der Rollbahn 180 Ju 52 in dichten Nebel gehüllt. Ihre Motoren waren schon vorgewärmt, aber sie durften nicht starten, auf Befehl Görings, erteilt aus 2000 km Entfernung. Die T 34 rollten weiter, die ersten Panzergranaten wuchteten in die wehrlosen Riesenvögel. General Martin Fiebig hielt sich noch immer an den Wahnsinnsbefehl seines Oberbefehlshabers.
Die Fernsprechleitung fiel aus. Die Flughafengebäude standen in Flammen. Die Offiziere der Transportgruppen beschworen den General, der immer noch sinnlos versuchte, Verbindung mit der Luftflotte 4 zu bekommen.
Sowjetpanzer erreichten das Flugfeld. Da endlich, um 5.30 Uhr, erlaubte Fiebig einen Ausbruchsversuch in Richtung Nowotscherkassk.
»Was sich in den nächsten 30 Minuten auf dem Rollfeld abspielte, hat es nie zuvor und nie wieder gegeben«, schreibt in seinem Buch ›Angriffshöhe 4000‹ der Autor Cajus Bekker: »Die Motoren brüllen auf. Aus allen Richtungen rumpeln die Jus über den Platz. Kreuz und quer. Nebelschwaden hüllen sie ein. Schnee wird von den Rädern hochgewirbelt. Die Sicht reicht kaum 50 m weit. Und direkt über dem Platz, fast mit der Hand zu greifen, hängen schon Wolken.
Mit Vollgas rasen die Maschinen ins Ungewisse. Die meisten sind schwer beladen; nicht etwa mit wichtigem Bodengerät, um auf einem neuen Platz sofort einsatzbereit zu sein, sondern mit Versorgungsgut für Stalingrad - mit Munition und Spritkanistern.« Plötzlich eine gewaltige Explosion: Mitten über dem Platz sind zwei aus verschiedenen Richtungen gestartete Ju 52 ineinandergerast. Brennende Trümmer wirbeln umher.

Andere Jus stoßen schon beim Rollen auf der Startbahn zusammen. Sie berühren sich mit den Tragflächen, kreiseln umeinander, bleiben mit Leitwerkschäden liegen. Doch viele Besatzungen haben Glück. Ihre Maschinen huschen knapp aneinander vorbei. Heben schwerfällig ab. Überspringen oft im letzten Augenblick sowjetische Panzer, die selbst nur zögernd vorrollen. In diesem Augenblick schützt der Nebel sogar die Jus, weil er ein gezieltes Feuer des Gegners verhindert ...«

Tazi war verloren, Moro ging verloren, und die verratene Armee hockte verzweifelnd im Kessel. Ihre Soldaten verbluteten, verhungerten, erfroren, wurden von einstürzenden Trümmern erschlagen, von russischen Geschossen zerfetzt. Oder sie fielen vor Apathie einfach um, mit einem letzten Fluch auf die Transportstaffeln der Luftwaffe, die einzigen Helfer, die sie gehabt hatten. Insgesamt schafften diese in 72 Tagen 8350 Tonnen Nachschub nach Stalingrad, in pausenlosen Einsätzen, die insgesamt 266 Ju, 165 He 111, 42 Ju 86, 9 FW 200, fünf He 177 und eine Ju 290 kosteten, und 34.000 Verwundete heraus.

Aber insgesamt 115 Tonnen Versorgungsgüter im Tagesdurchschnitt konnten letztlich nur das Sterben der 6. Armee verlängern. Sie kämpfte weiter, auf immer engerem Raum. Das letzte Hauptquartier des drei Tage vor der Kapitulation zum Generalfeldmarschall ernannten Paulus lag in den Kellerräumen eines Kaufhauses am Roten Platz. Als die Russen darauf zustürmten, gab es kein Abwehrfeuer mehr.

Ein sowjetischer Parlamentär forderte die Kapitulation. Apathisch, zum Skelett abgemagert, übergab Paulus am 31. Januar Stalingrad. 90.000 Mann gingen in eine Kriegsgefangenschaft, die nur wenige überlebten. Die sowjetische Nachrichtenagentur TASS gab bekannt, dass 146.300 Gefallene aufgesammelt und verbrannt worden seien.

Die Legende von Hitlers Feldherrngenie war zerstört; er kochte auch nur mit Blut. Selbst seine gläubigen Anhänger konnten das erkennen, und so weit sie immer noch der braunen Propaganda folgten, gaben ihnen die Amerikaner jetzt aus der Luft erbarmungslosen Nachhilfeunterricht.
Die 8. US-Luftflotte, durch die Kapitulation in Nordafrika freigesetzt - bei dem Stalingrad der Wüste waren drei Monate nach der Katastrophe an der Wolga 252.000 deutsche und italienische Soldaten in die Gefangenschaft gegangen -, setzte, zusammen mit den Engländern, zum ›round-the-clock-bombing‹, zur Bombardierung rund um die Uhr an, der letzten erbarmungslosen Eskalation eines uneingeschränkten Luftkriegs.
Stalingrad wurde zu einem Menetekel in Flammenschrift. Wenn auch die Bevölkerung die apokalyptische Dimension der Katastrophe noch nicht erfassen konnte, so ließ sich doch der Untergang der 6. Armee jedenfalls nicht verheimlichen. Selbst bedingungslose Gefolgsleute Hitlers waren verstört und begannen, am deutschen Sieg zu zweifeln. Dann, vierzehn Tage nach der Kapitulation der Letzten an der Wolga, fielen schrille Töne in das Schweigen der Trauer: Vor bestellten Claqueuren, die sich in minutenlangen Begeisterungsausbrüchen in die eigene Vernichtung hineinapplaudierten, proklamiert Joseph Goebbels den ›totalen Krieg‹. Er beendet schließlich die Propagan-

daveranstaltung mit den pathetischen Worten: »Nun, Volk, steh' auf! Und Sturm, brich los!«
Umgehend und ganz anders als verheißen bricht der Sturm los. Bereits Anfang März startet London seine sorgfältig geplante Vernichtungsoffensive gegen das Ruhrgebiet mit dem erklärten Ziel, Europas dicht besiedeltstes Gebiet in eine tote Trümmerwüste zu verwandeln. Der britische Luftmarschall Arthur Harris sagte später über die Zeit, in der er bei seinen Soldaten den Spitznamen ›Butch‹, der Schlächter, erwarb: »Wir haben niemals ein besonderes Industriewerk als Ziel unserer Nachtangriffe ausgewählt. Die Zerstörung von Industrieanlagen erschien uns als eine Art Sonderprämie. Unser eigentliches Ziel war immer die Innenstadt.«
Am 5. März meldet die Funküberwachung bereits am Nachmittag einen zu erwartenden Großangriff britischer Nachtbomber auf eine unbekannte deutsche Stadt. Um 19 Uhr starten die ersten Feindmaschinen, klettern auf Höhe, sammeln sich über der britischen Steilküste und fliegen in dichten Pulks in Richtung Holland. Einige fallen wegen Motor- oder Steuerungsschäden aus und kehren um, vielfach beneidet von ihren Verbandskameraden, denn der Einsatz von heute gilt ihrem häufigsten und verhasstesten Ziel. Nirgendwo stehen die Flakgeschütze massierter, greifen hellere Fangarme der Scheinwerferbatterien nach ihnen, sitzt ihnen der Tod aus den Bordkanonen der Nachtjäger dichter im Nacken als im Herzen des Ruhrgebiets, und so finden sie den Zielort Essen zum Kotzen.
Auf den Radarschirmen des zentralen Leitstandes, genannt ›Gefechts-Opernhaus‹, in Arnheim-Deelen tauchen 422 Viermot-Bomber auf. Zu dieser Stunde sind

die meisten Essener noch auf. Die Alarmsirenen treiben keinen zur besonderen Eile an. Ein Fliegeralarm mehr. Bisher sind alle nächtlichen Angriffe mehr lästig als blutig verlaufen.
Die Briten haben über ihrer Stadt Schlappe auf Schlappe erlitten und im Vorjahr bei Angriffen auf die Ruhrmetropole an die 200 Maschinen verloren. Das Wasser des Baldeneysees ist abgelassen, damit in mondhellen Nächten die Angreifer keine Orientierungshilfe finden. Davon kann heute keine Rede sein. Rauch und Rußwolken, die sonst die Augen beizen und die Lungen ätzen, hüllen die Stadt in einen dunklen, dreckigen Schutzmantel. Und der Sperrgürtel der Batterien ist so undurchlässig, dass früher manche Piloten vor dem Ziel scheuten wie Pferde vor der Hürde. Sie kehrten um, und ihre tödlichen Eier landeten im Wald und auf der Heide, aber nicht in Essen.
Um 20 Uhr erscheinen die Pfadfindermaschinen, die ›Zeremonienmeister‹, und setzen ihre Zielbomben, zuerst Rot, dann Grün. Die Flak ballert wie wild. Die Häuser zittern im Rhythmus der Salven, aber die Vorboten des Todes kurven heute unbehelligt über der Stadt, und wenn sie abziehen, kommt alle sechs Minuten ein weiterer Beleuchter, um die Illuminierung des Untergangs nicht erlöschen zu lassen. Der Anflugweg ist durch Leuchtbomben markiert. Von oben sieht er aus wie eine einzige Lichterkette; er ist eine Einbahnstraße in den Tod.
Die erste Welle der Bomber erreicht das Zielgebiet. Essens erste Todesnacht beginnt um 21.17 Uhr, und sie dauert 38 Minuten. Viele Bewohner sterben in ihren Wohnungen und im Treppenhaus, bevor sie überhaupt begreifen können, dass heute alles anders läuft als

sonst. Spreng- und Brandbomben, im Verhältnis zwei zu eins, rauschen aus den Schächten der ›Stirlings‹, ›Lancasters‹ und ›Halifaxes‹. Der erste Bombenteppich legt sich aufs Zentrum, Häuser wackeln wie bei einem Erdbeben. Mauern brechen, Fassaden stürzen ein. Eine Riesenfaust drückt die großen Geschäftshäuser an der Limbeckerstraße zusammen bis auf ihre Fundamente.

Flammen schlagen aus den Industrieanlagen. Es bersten die idyllischen Kneipen neben den Zechen, die einst der alte Krupp aufkaufte, um die Kumpels nach ihrer Schicht am Trinken zu hindern. Es brennen Kirchen und Lazarette und die vielen Siedlungshäuser am Rand des Industriegeländes mit ihren kleinen Gärten und liebevoll gepflegten Brieftaubenschlägen.

Das Straßenbahndepot an der Grillostraße ist ein einziger Schrottberg. Im Stadtteil Segeroth sind zahlreiche Menschen in Kellern von Bränden eingeschlossen und schreien gellend um Hilfe. Manche entkommen, fallen in den kochenden Asphalt, verschmoren in Sekunden zu unkenntlichen Klumpen.

Gierig lecken die Flammen weiter, weisen der nächsten Bomberwelle den Weg, dann der übernächsten. Über 1000 Tonnen Vernichtung fallen auf das Herz der Ruhr, zerstören ein Kerngebiet von 6,5 km^2 und beschädigen in einem Umkreis von 18 km^2 drei von vier Häusern schwer. In manchen Straßen steht kein Gebäude mehr und bleibt selbst bei den Ruinen kein Stein mehr auf dem anderen. Es ist der bisher härteste Luftangriff auf eine deutsche Stadt, und noch härtere werden ihm folgen. Fünf allein in Essen, an deren Ende tausende von Menschen getötet, hunderttausende obdachlos und 17.000 Häuser zerstört sein werden.

Als der alte Krupp von Bohlen und Halbach am Morgen nach der ersten Angriffsnacht erfährt, dass fast die Hälfte seiner Anlagen zertrümmert ist, erleidet er einen Zusammenbruch. Auch der Reichsverteidigung droht ein Kollaps, denn die Engländer, wie immer konzentriert von Flak und Nachtjägern angegriffen, haben nur 14 Maschinen verloren. Nie war ihr Angriff so wirksam und nie die bisher so erfolgreiche deutsche Abwehr so unwirksam gewesen. Die Erkenntnis, die man daraus ziehen muss, ist niederschmetternd: Der Feind verfügt auf einmal über völlig neue Möglichkeiten, den Terror zielgenau in die deutschen Wohnviertel zu tragen.

Am 23. Mai greifen 826 britische Maschinen Dortmund an, mit dem ausdrücklichen Befehl, die westfälische Stadt für alle Zukunft von der Zielliste zu streichen. Während eine Pfadfinderstaffel einen Ablenkungsangriff gegen Münster führt, um die deutschen Nachtjäger auf sich zu ziehen, fliegt das Gros des Bomberstroms über den Ort Osterwick in südlicher Richtung nach Dortmund weiter. 250 Minen, 1500 Spreng- und 182.129 Brandbomben rauschen in das nördliche, östliche und zentrale Stadtgebiet. 629 Bewohner werden getötet, 25 vermisst, 1340 verwundet und 90.000 obdachlos. Die Stadt ist ein Ruinenfeld, unfähig, noch ein normales Leben zu führen.

Dann ist Duisburg an der Reihe: In 20 Stunden fallen 180.000 Zentner Bomben auf die Stadt mit dem größten deutschen Binnenhafen. Die Vernichtung schreitet fort: Bochum steht in Brand, Gelsenkirchen wird angegriffen, Oberhausen bedecken die ›gesättigten‹ Bombenteppiche. Mülheim ist an der Reihe, in Remscheid, in Mönchengladbach, in Krefeld, in Münster,

in Aachen, in Düsseldorf und in Köln brennen die Innenstädte aus. Trümmer, Tränen und Verwesung - Frühling an der Ruhr, anno 43.
Die deutschen Nachtjäger erleben, dass ihnen die Pfadfindermaschinen, auf die sie sich immer zuerst stürzen, um den nachfolgenden Pulk zu blenden, einfach davonfliegen. Auch die Flak macht die neue Erfahrung, dass diese ›Zeremonienmeister‹ sich ungestört über ihren Sperrvorhängen tummeln. So hoch kann aber zu dieser Zeit keine Angreifermaschine fliegen.
Keine Geistermaschine, sondern ein Holzflugzeug führt die Flugabwehr auf den Holzweg, die ›Mosquito‹, eine Schöpfung der de-Havilland-Werke, weit über 600 km/h schnell und fähig, noch in 10.000 m Höhe zu fliegen. Deshalb braucht sie keine Bewaffnung, und weil sie nicht armiert sein muss, fliegt sie noch schneller.
Die RAF-Verantwortlichen wollten die ›Mosquito‹, die von den Soldaten bald liebevoll ›Mossie‹ genannt wird, nicht haben. Keiner erkannte, dass das nun bald in 40 Versionen in Serie gehende Vielzweck-Flugzeug zum ›wooden-wonder‹, zum ›hölzernen Wunder‹, werden sollte. Schließlich gab man eine Vorserie von 50 Aufklärern in Auftrag. Dann erkannte Air Marshal Harris die Bedeutung der Maschine und trieb den Serienbau voran.
»Die ›Mosquitos‹ wurden, wie das Insekt, dessen Namen sie trugen, für Führung und Bevölkerung zu einer entnervenden Plage«, stellte Jagdfliegergeneral Adolf Galland fest: »Mit unseren Jagdflugzeugen konnten wir sie nur einholen, wenn wir aus großer Überhöhung andrückend in der Verfolgung ihr gegenüber einen

zeitweiligen Geschwindigkeitsüberschuss erzielten. Da die ›Mosquitos‹ jedoch üblicherweise ohnehin schon sehr hoch flogen, war das nur möglich, wenn der Anflug rechtzeitig erkannt und laufend durch Radar verfolgt werden konnte. Hier lagen die Schwierigkeiten. Einmal war unser Radarnetz durchaus noch nicht lückenlos, und zum anderen sprach der in Gemischtbauweise mit sehr viel Holz konstruierte kleine Vogel unsere Geräte nur schwach an.«
Sodann war in die ›Mosquito‹ das brandneue Navigationsgerät ›Oboe‹ eingebaut, das eine Reichweite von 450 km hatte. Zwei Sender, ›Cat and Mouse‹, spielen mit der deutschen Abwehr Katz und Maus. Sie ziehen die Lotsen, die auf einem Funkstrahl reiten, schnurgerade durch Nacht und Nebel. Der Pilot vernimmt im Kopfhörer kurze Punktmorsezeichen, wenn er links vom Kurs abkommt, und lange, falls er nach rechts abweicht. Liegt er genau auf Kurs, hört er einen Dauerton, der der ›Oboe‹ den Namen gab.
Während dieses System noch bodenabhängig ist, verfügen die ›Zeremonienmeister‹ auch bereits über das neue, bordeigene Gerät HS 25, das bei jedem Wetter die Erde auf einem Radarschirm reliefartig sichtbar macht, weshalb es die Luftwaffe ›Panoramagerät‹ nennt.
Diese Neuerungen der Vernichtung wirken sich sofort aus. In einer mathematisch richtigen, wenn auch herzlosen Berechnung stellt die RAF fest, dass 80 Tonnen Bombenwurf nur noch eine Maschine kosten, während im Vorjahr noch zwei dafür zu opfern waren. Das heißt, dass die Briten ihre Schlagkraft verdoppelt haben.
›Butch‹ Harris hatte Churchill und Roosevelt verspro-

chen, bis zum 1. April 1944 die Deutschen durch den uneingeschränkten Luftkrieg in die Kapitulation zu bomben, und so brachte er für seine Besatzungen, die er Nacht für Nacht in den Tod schickte, kaum mehr Mitleid auf als für deren Opfer in den Kellern und Unterständen. In den ersten sieben Monaten des Jahres 1943 verlor die RAF 872 Flugzeuge mit 6000 Mann; 2126 weitere Viermot-Bomber wurden schwer beschädigt. Bei gesenkter Quote wurden die Verlustzahlen erhöht. »Die alltägliche Aussicht auf einen plötzlichen Tod war für die Bomberbesatzungen an die erste Stelle aller Betrachtungen getreten«, stellt der britische Autor Alastair Revie in seinem Buch ›...war ein verlorener Haufen‹ fest.

Trotzdem rollt die Offensive gegen den Kohlenpott weiter. Die Bewohner des Ruhrgebiets, ein kerniger, grundehrlicher Menschenschlag, der nicht so leicht umzuwerfen ist, leben im Feuerofen und sind am Morgen froh, wenn ihnen die Nacht nur den Schlaf und nicht Eigentum oder das Leben gekostet hat. Nur den Müttern mit Kindern, die nach Ostpreußen oder Oberbayern evakuiert sind, bleibt die Passionszeit erspart. Für die anderen, verstärkt durch viele Zwangsarbeiter, verschiebt sich der Weltuntergang von Angriff zu Angriff.

Am 16. Mai droht das halbe Revier zu ertrinken. In einer hellen Vollmondnacht startet die 617. RAF-Staffel die ›Operation Chastise‹ (›Unternehmen Züchtigung‹). In drei Wellen starten 19 ausgewählte ›Lancaster‹-Besatzungen, alles Freiwillige, die mindestens 60 Einflüge nach Deutschland überlebt haben, zu einem Himmelfahrtskommando gegen die Möhne- und die Edertalsperre, die insgesamt 332 Millionen m^3 Wasser stau-

Bild 38: So endete der Wahnsinn des 2. Weltkrieges: Viele deutsche Städte waren nach den angloamerikanischen Bombenangriffen - wie hier Berlin - ein einziges Flammenmeer. Verzweifelte Menschen irrten durch das Inferno: Soldaten auf Heimaturlaub versuchten zu retten, was noch zu retten war. Mehr als 500.000 Deutsche starben im Bombenhagel, Millionen verloren Haus, Hab und Gut.

Bild 43: Das zerstörte Köln (Foto: Imperial War Museum).

Bild 44: Die 95. US-Bomber Group beim Angriff auf Braunschweig (Foto: Heinz J. Nowarra).

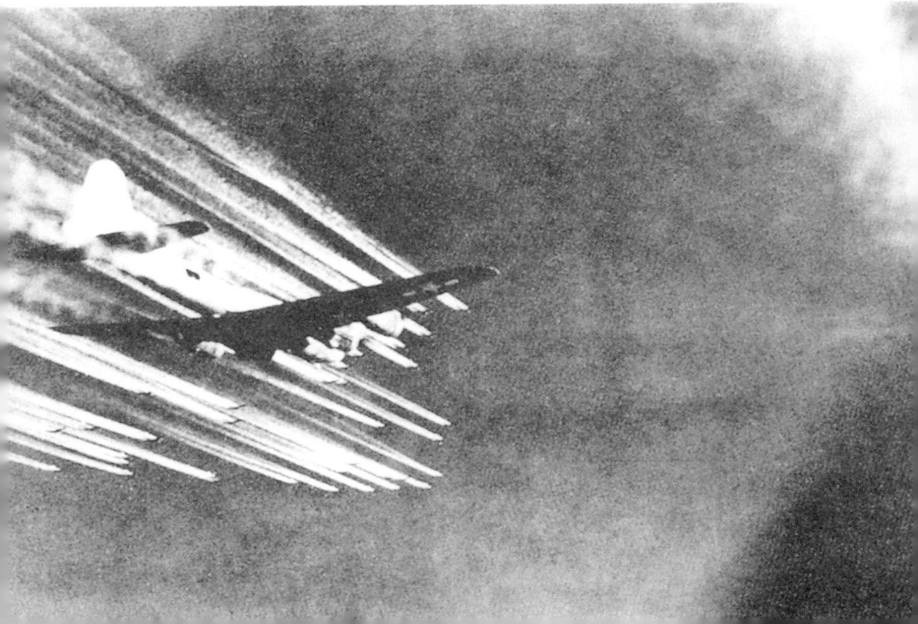

en. Quer unter die Rümpfe der Bomber ist eine 419-kg-Springbombe angeschnallt, die bei einer Geschwindigkeit von 352 km/h in einer Höhe von 18,30 m über dem Wasserspiegel und einer Entfernung von 387 m vom Staudamm abzuwerfen ist. Äußerste erlaubte Abweichung: 23 m plus oder minus. Bevor die überschwere Vernichtungsnovität ausgeklinkt wird, versetzt der Pilot sie in Rotation. Richtig aufgesetzt, hüpft sie wie ein flacher Stein auf der Wasseroberfläche, um an einem genau errechneten Punkt zu explodieren und die Staumauer in Stücke zu reißen.
Die ersten neun Maschinen fliegen im Tiefflug die Sperre an. Wing-Commander Guy Gibson, der den Einsatz leitet, trifft mit seinen Rotten nacheinander die Möhne- und die Edertalsperre. Flight-Sergeant Brown versucht zehnmal hintereinander den Angriff auf den Sorpedamm. Von den 19 Maschinen kehren zehn zurück.
Die freigesetzten Fluten der Edertalsperre spülen bis in einen Vorort von Kassel. Im Tal der Möhne werden sechs E-Werke und 100 Häuser mitgerissen. Die Wasser- und Energieversorgung des Ruhrgebiets ist nach britischer Schätzung zu 35 Prozent geschädigt. Mehr als 20.000 Arbeiter müssen vom Atlantikwall abgezogen werden, um die Schäden auszubessern. Commander Gibson empfängt aus der Hand des englischen Königs das Viktoriakreuz, 600 russische Zwangsarbeiterinnen - etwa die Hälfte der in den Fluten umgekommenen Zivilisten - erhalten ein Massengrab.
13 Tage nach dem Angriff auf die Staudämme erreicht das Grauen an der Ruhr seinen Höhepunkt. Ein Aufgebot von 719 Maschinen startet in einem Abstand von

jeweils einer halben Minute in die laue Frühlingsnacht. Sein Ziel ist eine Stadt, in der 360.000 Menschen leben: Wuppertal. In den tiefen Kessel, den sich der Fluss gebahnt hat, ist noch nie eine Bombe gefallen, und so sagen die Bewohner scherzhaft zu Bekannten und Verwandten im Revier: »Kommt zu uns, wenn ihr euch mal ordentlich ausschlafen wollt.«

Wie immer, wirft den einfliegenden Feindverbänden die Leitstelle in Holland ihre in Frankreich, Belgien und in den Niederlanden stationierten Nachtjäger entgegen. Das Angriffsziel ist voraussichtlich wieder das Ruhrgebiet, und so heulen auch in Wuppertal fünf Minuten nach Mitternacht die Sirenen.

50 Nachtjäger greifen die Pulks an, und Leutnant Heinz-Wolfgang Schnaufer erringt drei Abschüsse hintereinander. Aber über dem Tal der Wupper stehen um 1.05 Uhr die ersten Leuchtkerzen. Die ›Stirlings‹, ›Lancasters‹ und ›Wellingtons‹ nähern sich einer aufgescheuchten Stadt, die sich nicht wehren kann, weil sämtliche schweren Flakbatterien von ihr abgezogen worden sind. Die Pulks werfen ihre Bomben, fliegen dann in Richtung Bonn weiter, drehen schließlich zur Insel ab und sehen noch immer das Feuer einer Hölle, das sie gezündet haben, wobei sie 33 Maschinen verloren.

»Hinter den Angreifern blieb eine Stadt zurück, in der nunmehr der Kampf ums Überleben begonnen hatte«, schreibt in seinem Buch ›Luftschlacht über Deutschland‹ der englische Autor Alfred Price: »Die Flammen konnten sich an vielen Stellen ausbreiten und schließlich ganze Häuserblocks in Brandfackeln verwandeln. Die ungeheure Hitze verursachte einen aufsteigenden Luftstrom, in dessen Folgen die Flammen aufschossen

und die Mauern einstürzten. Außerdem setzte dieser Feuersturm durch Funkenflug und brennende Trümmer noch andere Stadtteile in Brand, die ursprünglich gar nicht getroffen waren. Der Bahnhof, zwei Kraftwerke, zwei Gaswerke und ein Wasserwerk sowie fünf von sechs großen Fabriken wurden schwer beschädigt. Die Verluste an Menschen waren nicht minder groß, 3350 wurden getötet (verglichen mit 380 während des deutschen Angriffs auf Coventry, und 474 bei dem 1000-Bomber-Angriff auf Köln), weitere 2000 Menschen wurden verletzt und über 100.000 obdachlos.«
In der Stadt spielen sich unvorstellbare Szenen ab. Die Bevölkerung ist ohne Erfahrung im Luftkrieg, und so trifft sie die Katastrophe fast unvorbereitet. Bomben rauschen in die verwinkelte Stadt, knallen in die Wohnbezirke Heckinghausen, am Hohenstein und in die Umgebung der Zeughausstraße. Fast jede Bombe ist ein Volltreffer, sodass ganze Wohngemeinschaften Tage später in einem Pappkarton beigesetzt werden.
»Es war ein herrlicher klarer Frühlingsabend«, berichtet der Arzt Dr. Hermann Drews, der in Wuppertal-Barmen in privates Entbindungsheim leitete: »Ich setzte mich auf den Balkon meiner im obersten Stock der Klinik gelegenen Wohnung, aß zu Abend und ging um 21 Uhr schlafen, ausnahmsweise ohne Schlaftabletten. Nach etwa zwei Stunden wurde ich durch die Sirenen geweckt ... Wir hatten Notbetten im Keller. Die Säuglinge wurden sowieso immer im Keller zur Ruhe gebettet. Alle meine Patientinnen waren gehfähig, wenn auch einige Frischoperierte und Frischentbundene darunter waren. Außerhalb des Kellers blieb nur eine Stationsschwester. Sie konnte den Schutzraum nicht mehr erreichen, als die Bomben fielen, und kam in der Kli-

nik um. Wir fanden am nächsten Tag ihre völlig verkohlte Leiche. Zwei Sprengbomben rissen tiefe Krater in den Garten der Klinik. Das Haus selber wurde mehrfach von Brandbomben getroffen, ebenso die Nachbarhäuser. Alles stand sofort lichterloh in Flammen. Über den ganzen Stadtteil legten sich giftige, gelbe Schwaden von Phosphor, Schwefel und Rauch. Die Augen tränten, man konnte selbst im Keller nicht atmen. Durch Risse in den Wänden und entlang den Rohrleitungen sickerten auch brennender Phosphor und Kautschukmasse in den Keller.
Eine Panik drohte ...«
Dr. Drews will mit seinen Patientinnen aus dem Haus stürzen, aber die Vorderfront der Klinik ist eine einzige Flammenwand. Im Gartenhaus entdeckt er ein schmales Fenster. Er steigt hinaus und rettet 25 Erwachsene und zehn Säuglinge. Mit ihnen hastet er, um Bombenkrater herum, bis zur Anlage an der Stadthalle. Die Geretteten warfen sich flach auf den Boden und verfolgten, wie ihre Stadt vernichtet wurde.
»Erst am nächsten Morgen sah ich, dass meine Klinik nur noch ein einziger Schutthaufen war. Von den Menschen im Keller - etwa 15 bis 20 - war keine Spur zu entdecken. Erst als im Jahre 1958 die Ruine abgerissen und das Grundstück für einen Neubau ausgeschachtet wurde, fand man ihre Reste. Sie hatten sich in die Waschküche geflüchtet, in der eine riesige, mit Wasser gefüllte Wanne stand. Ganz offenbar haben sie sich, als die Hitze und der Rauch unerträglich wurden, in den Bottich gestürzt, um Abkühlung zu finden. Doch es half ihnen nichts. Das Einzige, was von ihnen blieb, waren einige Aschen- und Knochenreste, die nicht identifiziert werden konnten ...«

Die Eskalation des Luftkriegs griff vom Kohlenpott aus auf das übrige Reichsgebiet über. Bald wurden Stuttgart, Mannheim, Frankfurt, Kiel, Rostock, Stettin, Berlin und Pilsen mit unterschiedlichem Erfolg angegriffen. Die Engländer flogen in der Nacht Not und Tod nach Deutschland - am Tag tauchten jetzt immer öfter die überschweren Viermot-Bomber der auf der Britischen Insel stationierten 8. US-Luftflotte auf.
General Ira C. Eaker, ein besonnener Draufgänger, der in seiner Führungsmaschine ›Yankee-Doodle‹ häufig an der Spitze seines Verbands flog, kämpfte über Frankreich mit einem eigenen Jägerschutz und bereitete sorgfältig den Einsatz in Deutschland vor. Er war nicht nur ein Mann starker Worte, sondern auch harter Taten.
Der Reichsmarschall hatte auf dem Erntedankfest 1942 in Bückeburg gesagt: »Nun bin ich der Letzte, der die amerikanische Rüstung unterschätzt. Wir wissen, sie haben kolossal viele und schnelle Autos gemacht, dann gehört noch das Radio zu ihren besonderen Taten und die Rasierklinge ... Doch vergessen Sie nie: Amerika hat ein Wort ganz groß geschrieben, riesengroß, und dieses Wort heißt Bluff.«
Schon der erste US-Einsatz am 21. Januar 1943 wurde zum Vorgriff auf eine grausame Zukunft. In den Jägerzentralen und in den Flakständen schüttelte man ungläubig den Kopf, als man hörte, dass am hellen Tag 64 Feindmaschinen der Typen B 17 ›Flying Fortress‹ und B 24 ›Liberator‹ ohne Jägerschutz in das nördliche Reichsgebiet eingeflogen waren. Als sich Wilhelmshaven als Angriffsziel herausstellte, starteten die deutschen Abfangjäger und stürzten sich auf die stur im

Verband fliegenden Angreifer. Das Wetter war diesig. Künstlicher Nebel hüllte die Ziele der Hafenstadt ein, aber 58 Viermot-Bomber kamen zu Präzisionswürfen. Auf die Jäger, die versuchten, sie aus der Überhöhung von hinten anzugreifen, machten sie wohl den gleichen Eindruck wie Hannibals Elefanten auf die alten Römer. Als Mes und FW 190 begannen, die ›Fliegenden Festungen‹ zu beharken, erlebten sie ein Feuerwerk wie nie zuvor: 27 Viermot-Bomber vereinigten in ihren Hecks eine Kampfkraft von über 200 überschweren Maschinengewehren.

Die Flugzeuge mit dem Stern feuerten bereits aus 1 km Entfernung, während für die Angreifer die günstigste Distanz 200 m war. Mehr als 25 2-cm-Treffer nahmen die fliegenden Ungetüme hin, ohne zu demontieren oder abzuschmieren. Die Bilanz der Premiere war entsprechend: die Pulks hatten ihren Kampfauftrag erfüllt und dabei drei ›Fliegende Festungen‹ verloren, während sie sieben deutsche Jagdflugzeuge herunterholten.

Den Viermot-Bombern war nur durch einen massierten Einsatz deutscher Abfangjäger beizukommen. Aber die gesamte Reichsverteidigung bestand zu dieser Zeit nur aus etwa 200 Me 109 und FW 190, die noch dazu auf ein riesiges Gebiet verteilt werden mussten, da die ›Fliegenden Festungen‹ wegen ihrer übergroßen Reichweite jede Stadt Deutschlands bombardieren konnten. Abfangjäger, die sie verfolgten, mussten auf einer so langen Distanz dreimal heruntergehen, um nachzutanken. Immer wieder hatten die Kommodores den vorrangigen Ausbau der Jagdwaffe verlangt und waren im Führerhauptquartier abgeblitzt. Hitler wollte keine Jäger, er forderte den deutschen Schnellbomber.

Und Göring versicherte, es stünden genügend Maschinen zur Verfügung, wenn nur erst Russland niedergeworfen sei. Im Osten jedoch kämpfte die Wehrmacht seit Stalingrad nicht mehr um den Sieg, sondern um das Überleben. Gerettet wurde sie dabei fürs erste durch die Schlammperiode und durch geschickte Führung.
Die deutschen Jäger hatte Mut und Verve hinreichend bewiesen, aber nach den ersten Begegnungen mit den an Feuerkraft weit überlegenen Viermot-Bombern mit ihren 10-Mann-Besatzungen holten sie sich zunächst einen regelrechten Schock. »Gegen 20 Russen zu kämpfen, die dich abknipsen wollen, oder selbst gegen ›Spitfires‹ ist ein Spaß«, stellte Oberstleutnant Hans Philipp, Kommodore des JG 1, mit 26 Jahren und 206 Abschüssen einer der erfolgreichsten deutschen Jäger, fest: »Du denkst dabei noch nicht einmal daran, wie gefährlich dieses Leben ist. Aber wenn du in einen Verband von 70 ›Fliegenden Festungen‹ hineinkurvst, fallen dir alle Sünden deines Lebens ein. Du hast dich dann endlich überwunden, dann steht die noch schlimmere Aufgabe vor dir, jeden Piloten deines Geschwaders bis hinunter zum jüngsten Häschen mitzureißen. Ich habe es getan, aber - mein Gott- wie schwer ist das alles.« Vier Tage später schoss Philipp seinen letzten Gegner ab und wurde von ihm in den Tod mitgenommen.
Die Amerikaner änderten ständig ihre Taktik. Sie gliederten ihre Formation in drei Gruppen zu je 19 Maschinen auf, während die anderen beiden Gruppen sich über und hinter die Spitzformation setzten. Ein Pulk benötigte so am Himmel einen Raum von 550 m, war über eine Breite von 1600 und eine Tiefe von 800 m

gestaffelt, und hinter dieser Gruppierung folgte in 10 km Abstand das nächste Geschwader.
Am 18. März balgten sich 97 Viermot-Bomber mit 50 deutschen Jägern herum. Sie verloren dabei zwei Maschinen, zerschmetterten aber in einem Präzisionsangriff die U-Boot-Werft Vegesack und deckten ihren Rückzug gegenseitig durch Kreuzfeuer. Der Generalstabschef der Luftwaffe, Hans Jeschonnek, bezeichnete die Angriffe der US-Viermot-Tagesbomber als ›Gefahr von einem Ausmaß, gegen das die Katastrophe von Stalingrad geringfügig gewesen ist‹.
Die Engländer und Amerikaner waren grundverschiedener Auffassung über den zweckmäßigen Einsatz ihrer Luftflotten. Die Briten wollten ›gesättigte‹ Angriffe gegen die Wohnbevölkerung, um diese zu demoralisieren, obwohl sie wissen mussten, dass die deutschen Angriffe auf London und Coventry das genaue Gegenteil bewirkt hatten. Die Amerikaner waren für Angriffe auf strategische Ziele, und letzte Präzision war nur am Tag zu erreichen. Es war nicht so sehr ein Kalkül der Menschlichkeit, wie sie im Krieg auf jeder Seite klein geschrieben wird, aber zerbombte Flugzeugfabriken und brennende Ölraffinerien erschienen der US Air Force als das wirksamste Mittel, den Sieg so rasch wie möglich zu erringen. Selbst als Churchill persönlich General Eaker bestürmte, der britischen Auffassung zu folgen, lehnte der Amerikaner kühl ab.
Der Schrecken in Deutschland multiplizierte sich eigentlich aus einem Streit heraus: Den Briten gehörte die Nacht, den Yankees der Tag, und so lief der Luftkrieg rund um die Uhr - und doch nicht so, wie die Alliierten es sich vorgestellt hatten.
In den Geisterstädten des Ruhrgebiets wurde bald nach

den Angriffen fast unvermindert weiterproduziert. Die deutsche Luftverteidigung, die unter den Hammerschlägen der Viermot-Bomber gewankt hatte, fing sich wieder und holte auf. Mit der Angriffswucht war auch die Abwehrkraft gewachsen.

Die Amerikaner spürten es am 26. April, als sie versuchten, ihren Vegesack-Erfolg zu wiederholen. Sie wurden vom deutschen Frühwarnradar erfasst, und zwei geschlossene Gruppen des JG 1 lauerten auf ihre übermächtigen Todfeinde. Mit Zorn und Verve starteten sie, durchquerten die krepierenden 8,8-Granaten der eigenen Flak, warfen sich ungestüm und rücksichtslos auf die Amerikaner, griffen sie pausenlos an. Sie pflückten aus den feuerspuckenden Pulks 15 Maschinen heraus und beschädigten 48. Selbst verloren sie dabei nur fünf Flugzeuge.

Die Jäger hatten ihren Schock überwunden, Major Egon Mayer, Kommandeur der III. JG 2, erfand eine Rezeptur gegen die Übermacht, die gleichermaßen tödlich für die B 17 wie für ihre Angreifer enden konnte: Da die Feuerkraft der ›Fliegenden Festungen‹ im Heck installiert war, versuchte er, sie von vorne anzugreifen. Er verfolgte die eingeflogenen Verbände, fegte voraus, drehte dann um 180 Grad auf den Feindverband zu und raste mit einer Gesamtgeschwindigkeit von 1000 km/h auf die Schnauzen der Bomber zu, drückte auf alle Knöpfe, um dann, im letzten Moment, seine Mühle nach unten zu drücken oder sie nach oben zu ziehen. Für Anfänger war diese Technik Selbstmord. Selbst Fortgeschrittene brauchten neben beispiellosem Mut eine ungeheure Portion Glück, um solche Attacken zum Erfolg zu führen - und trotzdem zu überleben.

Endlich wurden monatlich 1000 Jagdflugzeuge produziert, und das waren, viel zu spät, noch immer viel zu wenige. Man musste daher auf die alte Notlösung zurückgreifen und ein Loch auf Kosten des anderen stopfen.
Man zog abgekämpfte und ausgeblutete Jagdstaffeln von anderen Fronten ab, sogar von Russland, wenn auch hier nur vorübergehend, denn Anfang Juli 1943 traten die deutschen Divisionen zur größten Schlacht des gesamten Russlandfeldzugs an, dem ›Unternehmen Zitadelle‹. Wie auch immer - die Luftwaffe hatte es geschafft, noch einmal 1700 Maschinen - Bomber, Schlachtflieger und Jäger - bereitzustellen, die entscheidend in den Kampf eingreifen sollten.

Die Nacht vor der letzten und größten deutschen Offensive im Osten ist kurz und aufregend. Mit dem ersten Tageslicht früh um 3.30 Uhr wird das ›Unternehmen Zitadelle‹ anlaufen. Fünf Monate nach Stalingrad hat die Wehrmacht noch einmal ein Aufgebot zusammengebracht, das alle Russlanderfahrungen des Ostheeres auf den Kopf stellt.
In den Bereitstellungen der Front bei Kursk warten genauso viele Flugzeuge und Panzer auf die X-Zeit, wie in der ersten Stunde des Russlandfeldzugs an der gesamten Front zur Verfügung gestanden hatten. In den letzten Tagen und Stunden wurden pausenlos Verstärkungen von anderen Frontabschnitten und Ersatzmaschinen aus der Heimat herangeflogen.
Panzerdeckung und Luftschirm waren für die Überlebenden des zweiten Russlandwinters längst zur Legende geworden. Fast allein auf sich gestellt, hatten sie einen verheerenden Rückzug vom Kaukasus bis zur Li-

nie Charkow-Kursk-Orel hinter sich, mit blutigen Kämpfen am Kuban-Brückenkopf, am Donez und an der Mius-Front. Die Sowjets hatten seit Kriegsbeginn elf Millionen Rotarmisten verloren, aber mit dem Sieg von Stalingrad war ihr Selbstvertrauen wieder auferstanden. Sie drängten mit einem Ungestüm nach Westen, dass der gesamten Front der Einsturz drohte. Die Marschälle der Roten Armee hatten die Strategie der deutschen Blitzkriege übernommen, jedoch verwässert; statt rücksichtslos in die Tiefe vorzudringen, verzettelten sie sich in der Breite, und so hatte sich im April 1943 die deutsche Auffanglinie bereits wieder gebildet. Der Zusammenbruch der Ostfront war geprobt und noch einmal verhindert worden. Im Mai stabilisierten sich die Widerstandslinien endgültig, und im Juni rüsteten beide Seiten zum entscheidenden Schlag.

Auf den kleinen Einsatzflughäfen gleich hinter der Front sind die Pisten mit Bombern, Stukas, Jägern und Schlachtfliegern überfüllt. Sie werden am Vorabend des schlagartigen Masseneinsatzes in der Reihenfolge ihrer Starts geordnet, und das heißt: die Langsamsten an die Spitze und die Schnellsten ans Ende. Wenn die Kampfflugzeuge bereits ihre Platzrunden drehen, sich sammeln und auf Kurs gehen, rollen die Mes erst an den Start, um dann mit der Überfliegung der deutschen Linien an der Seite ihrer Schützlinge zu sein.

Im Kursker Bogen stehen 1000 deutsche Flugzeuge bereit, bei Orel 700. Überall das gleiche Bild auf den E-Häfen. Schon vor Tageslicht sind die Besatzungen aus ihren Zelten gekrochen, in ihre Kombinationen geschlüpft. Sie trinken noch einen Kochgeschirrdeckel voll heißen Kaffees oder essen - da man nie weiß, was

geschehen wird - ihre Fliegerschokolade auf, so weit sie die Rarität nicht für ihre Kinder, Frauen oder Bräute in der Heimat sparen. Dann stapfen sie gemächlich an ihre Maschinen, ohne sichtbare Nervosität, wiewohl sie - von der zahlenmäßigen Übermacht ganz abgesehen - ihr Urteil über die Tauglichkeit der sowjetischen Maschinen und die Fähigkeit ihrer Piloten längst revidieren mussten.
Plötzlich endet die Ruhe vor dem Start. Eine Alarmmeldung vom Horchdienst: Hunderte sowjetischer Bomber sind im Anflug, um in einem Überraschungsangriff die deutschen Flugzeuge noch vor ihrem Einsatz am Boden zu zerschmettern und so den Luftschirm der ›Operation Zitadelle‹ zu zerschlagen.
Die schwerfälligen Russen sind auf einmal dabei, mit einem taktisch glänzenden Manöver den flinken deutschen Gegner zu übertölpeln. Bevor noch das Ausmaß dieses Debakels übersehen werden kann, flitzen die Jagdpiloten zu ihren Maschinen, lassen die Motoren an, laufen Slalom um die Kampfflugzeuge, zwingen sich durch die Lücken, vorbei an Tankwagen, heben ab, schrauben sich hoch. Noch im Steigen lassen sie sich Höhe und Position der heranfliegenden Bomberpulks geben. Alarmstarts haben die Flugzeugführer von der Pike auf gelernt; sie sind auf diesem gottverlassenen Kriegsschauplatz ihre tägliche Not.
Auf allen E-Häfen das gleiche Bild. Die Staffeln des JG 52 und des JG 3 bringen keine Minute zu früh alle Maschinen in die Luft und fegen der fliegenden Sowjetarmada entgegen, sichten sie und stürzen sich auf die stur in Formation fliegenden Russen, vorbei an den Begleitjägern, als gäbe es sie nicht.
Es kommt zu einer Massenluftschlacht wie nie zuvor.

Die Mes greifen von oben, von unten, von vorne, von hinten an, pflücken sich die Bomber einzeln aus dem unbeirrt weiterfliegenden Verband, greifen sofort wieder an.

Auf dem Gefechtsstand des VIII. Fliegerkorps in Mikojanowka verfolgt der Generalstabschef der Luftwaffe, Hans Jeschonnek, die Hölle am Himmel: »Es war ein ganz selten gesehenes Schauspiel«, schildert Generalmajor Hans Seidemann die Szenen in unmittelbarer Nähe seines Befehlsstands: »Überall brennende und abstürzende Maschinen! Binnen kürzester Zeit wurden rund 120 Sowjets abgeschossen. Die eigenen Verluste waren so gering, dass man von einem totalen Luftsieg sprechen konnte ...«

Die Reste des Sowjetpulks fliegen weiter, verfolgt von den Jägern, wirksam beschossen auch von der Flak. Sie kommen zu keinem gezielten Bombenwurf. Jetzt können die geretteten deutschen Kampfflugzeuge auf die Minute pünktlich zu ihrem großen Schlag ausholen und ihrerseits sowjetische Flugplätze, Bunker, Schützengräben und Artilleriestellungen zerbomben.

Gleichzeitig rollen die Panzer zum Angriff an, erzielen die ersten Einbrüche. Wenn sie stecken bleiben, greifen - wie einst im Mai des Frankreichfeldzugs - Stukas ein, die ihnen den Weg freihämmern. Die Infanteristen, die den neuen Panther-Kampfwagen folgen, fragen sich misstrauisch, wie lange ihnen diese massierte und geborgte Kampfkraft noch erhalten bleiben wird.

Immer wieder starten die Jäger. Die Zahl ihrer Abschüsse wird astronomisch, sodass ein junger Pilot mit ein paar Dutzend Luftsiegen kaum noch von sich reden machen kann. Das ist allenfalls guter Durchschnitt, der

noch nicht darauf schließen lässt, dass zum Beispiel der junge Leutnant Erich Hartmann der weitaus erfolgreichste Jagdflieger des Zweiten Weltkriegs werden wird. Zumal, wenn er zuvor nur durch Milchtrinken, Bruchlandungen und Verstöße gegen die fliegerische Zucht aufgefallen war. Seine Laufbahn verläuft ähnlich wie die von Hans-Joachim Marseille. Erich Hartmann wird bei den Sowjets bald ›Schwarzer Teufel des Südens‹ heißen, seines Wappenzeichens an der Me 109, einer schwarzen Tulpe, wegen. Der junge Leutnant des JG 52 mit dem Spitznamen ›Bubi‹ schießt am ersten Tag der Offensive in vier Einsätzen fünf LaGG-5-Jäger ab, zwei Tage später weitere fünf und drei JL-2. Er hat damit 22 bestätigte Luftsiege, die er am 8. Juli auf 31 erhöht. Die rasche Serie seiner im Nahkampf errungenen Abschüsse lässt jetzt - zunächst nur bei seiner Einheit - darauf schließen, dass der junge Leutnant ganz groß herauskommen oder ganz schnell enden wird.
Es geht vorwärts, aber die Sowjetsoldaten des Jahres 1943 ziehen den Tod der Gefangenschaft vor. Ihr Verteidigungssystem ist tief gestaffelt, und sie verfügen, im Gegensatz zu den Angreifern, über schier unerschöpfliche Reserven.
Trotzdem kommen deutsche Panzerstoßkeile voran, wenn auch langsam, zäh. Nach drei Tagen hat die 4. Panzerarmee schließlich 40 km geschafft, aber ihre rechte Flanke bleibt ungeschützt, da ein wild wucherndes Waldgebiet nördlich Bjelgorod nicht vom Feind gesäubert werden kann.
Diese Gefahrenregion erreicht am vierten Tag der Offensive auf dem Rückflug von der Front der Kommandeur der Panzerschlachtfliegergruppe im SG 9. Haupt-

mann Bruno Meyer fliegt bereits die gepanzerte zweimotorige He 129, die am Vorabend der Schlacht von der Waffenerprobung in Deutschland an die Front verlegt worden ist. Erst der Ostfeldzug hatte den stets vernachlässigten Zweig der Fliegerei nach sowjetischem Vorbild groß ins Fach gebracht. Was sich mit Schlachtflugzeugen anstellen lässt, war von Bruno Meyer vor zwei Jahren im Frontabschnitt Witebsk vorgeführt worden: Mit seiner Staffel hatte der damalige Oberleutnant praktisch nur mit Lärm und 2-cm-Kanonen, die wie Kieselsteine von den Panzerplatten abprallten, eine Kolonne T 34 mit pausenlosen Tiefangriffen in ein Sumpfgelände gehetzt, aus dem kein Kampfwagen mehr herauskommen konnte. Die Sowjets sprengten ihre Panzer, und die Staffel verbuchte 47 ›indirekte‹ Abschüsse.

Hauptmann Meyer stutzte: Unter sich sieht er plötzlich T 34, 30, 40, eine ganze Brigade. Dazwischen dicht gedrängt Infanteristen. Keine Frage, die Russen formieren sich zum Flankenstoß. Der Kommandeur ruft seine Bodenstation. Im Alarmstart flitzen vier Staffeln mit je 16 He-129-Panzerjägern über die Piste, während er selbst als fliegender Befehlshaber über den Sowjets kreist.

16 Minuten später ist die erste Staffel am Feind, greift mit 3,7-cm-Granaten - die jede Panzerplatte durchschlagen - die Kolonnen an. Die ersten Kampfwagen stehen bald in Flammen. Die Infanteristen türmen in die Wälder. Die Schneise ist übersät mit brennenden Wracks. Die Panzer-›Schlächter‹-Gruppe hat den Bravourakt der Jäger vom ersten Kampftag wiederholen können.

»Der Flankenstoß der Russen war aufgefangen«,

schreibt in seinem Buch ›Angriffshöhe 4000‹ Cajus Bekker: »Als die deutsche 4. Panzerarmee durch den Gefechtslärm auf die Bedrohung ihrer Flanke aufmerksam wird und beim VIII. Fliegerkorps dringend um Luftangriffe gegen die neue Feindgruppe bittet, weil ihre eigenen Kräfte im Angriff nach Norden gebunden sind, ist die Lage durch den sofortigen selbstständigen Einsatz der Schlachtflieger schon geklärt.«
Und dann, nach 50 km Vormarsch, geht der letzten deutschen Offensive im Osten der Atem aus.
»Als die Sowjets am 11. Juli, nur sechs Tage nach Beginn des deutschen Großangriffs, nördlich und östlich von Orel zum befürchteten Gegenschlag antreten, müssen Heer und Luftwaffe ihre Verbände aus dem eigenen Angriff herausziehen, um die vom Gegner aufgerissenen Frontlücken zu stopfen. Aus der Angriffsschlacht im Kursker Bogen wird die Abwehrschlacht im Orel-Bogen ...
Am 19. Juli blockiert eine sowjetische Panzerbrigade bei Chotynez bereits die Bahnlinie Brjansk-Orel und bedroht die südlich davon verlaufende Rollbahn. Damit ist der einzige Nachschubweg für zwei Armeen in höchster Gefahr.
In diesem Augenblick schlägt die Luftwaffe zu. Mit Stukas, die von dem dicht neben dem Einbruchsraum gelegenen Karatschew aus starten. Mit Bombern, Jägern und Panzerschlachtfliegern ... Der Erfolg bleibt nicht aus. Vernichtende Schläge werfen die Sowjets zurück. In den nächsten Tagen kann die Einbruchstelle auch am Boden abgeriegelt werden ... Die Luftwaffe hat entscheidend dazu beigetragen, ein zweites, in seinen Ausmaßen noch furchtbareres Stalingrad zu verhindern.«

Es ist der letzte Großeinsatz im Osten. Von nun an verdunstet die Luftüberlegenheit wieder in den weiten Räumen. Die Zeit des Niedergangs wird zur Stunde fliegender Einzelkämpfer, wie des jungen Leutnants Hartmann, der seine Rekorde ständig überrundet.
Der in Württemberg geborene Arztsohn hatte seine ersten Kindheitseindrücke in China empfangen, wohin seine Eltern ausgewandert waren. Wieder nach Deutschland zurückgekehrt, wurde der benachbarte Fliegerhorst Böblingen sein Kinderspielplatz. Seine Mutter war eine der ersten deutschen Motorpilotinnen. Mit 16 war der ›Bubi‹ bereits Segelflieger. Er wollte Arzt werden, mit einem Umweg über die Fliegerei. Als er zur Luftwaffe einrückte, wurde er vom Vater mit den Worten verabschiedet: »Nie werden wir diesen Krieg gewinnen. Welche Fehler und welche Verschwendung!«
Der junge Hartmann war übermütig, kess, jedem Drill abgeneigt. Er überflog in 10 m Höhe auf dem Rücken den Flugplatz Gleiwitz: Das brachte ihm eine Woche Stubenarrest und eine dreimonatige Kürzung seines Wehrsolds ein. Als 20-jähriger kam er an die Front. Von Krakau sollte er eine Ju 87 nach Maikop überfliegen; er setzte den ungewohnten Todesvogel in eine Bretterbude mit dem Schild ›Flugleitung‹. Ähnlich unglücklich verlief sein erster Frontflug, bei dem er seinen Rottenführer mit einem Sowjetjäger verwechselte, in eine Wolke flüchtete und bei einer Notlandung seine Mühle in ihre Bestandteile zerlegte. Strafe: drei Tage Bodenarbeit mit dem Wartungspersonal.
Die Frontgeschwader züchteten verwegene Typen. Grundsätzlich führte, ohne Rücksicht auf den Dienstgrad, im Luftkampf der beste Pilot oder der Flugzeug-

führer in der günstigsten Situation. Bei einem seiner ersten Einsätze hörte Pilot ›Bubi‹ Hartmann zu, wie Leutnant Grislawski Major von Bonin mitten im Luftangriff anbrüllte: »Verflucht und zugenäht! Wenn Sie jetzt nicht auf mich hören, dann können Sie mich am Arsch lecken!« Nach der Landung kam der Kommandeur verständnisvoll lächelnd auf den aufgebrachten Leutnant zu und berichtete ihm, dass sein Funkgerät ausgefallen sei.

Als sich Erich Hartmann auf dem - durch zwei Bombenkisten repräsentierten - Gefechsstand des JG 52 meldete, dröhnte aus dem Lautsprecher des Funksprechgeräts der Alarmruf: »Haltet den Platz frei! Ich bin getroffen ... muss runter.« Die Offiziere flitzten aus dem Zelt und hörten noch: »Verflucht, mein Motor brennt.«

»Am Ende des Grasplatzes war eine Me 109 im Anflug, die eine dicke Rauchfahne hinter sich herzog«, schreiben in ihrem Bestseller ›Holt Hartmann vom Himmel‹ die amerikanischen Autoren Raymond F. Toliver und Trevor J. Constable: »Das Fahrwerk war ausgefahren, der Pilot fing ab, und die angeschlagene Maschine sackte auf die Graspiste, rollte einige Meter. Dann brach etwas vom Fahrwerk ab und flog von dem Flugzeug weg. Brennend und rauchend brach die Me 109 nach links aus und überschlug sich mit einer donnernden Explosion.«

»Es ist Krupinski«, schrie einer. Die Rettungsmannschaften rasten los, um das Feuer zu bekämpfen, aber die Munition der Me 109 begann zu explodieren. Leuchtspur und 2-cm-Granaten jagten in allen Richtungen aus dem Bruch.

Hartmann stand da und konnte seinen Blick nicht von

den Flammen wenden ... es war die erste Begegnung mit seinem späteren Staffelkapitän Walter Krupinski. ›Bubi‹ wurde sein Rottenflieger, nicht weil sein späterer Freund erpicht darauf war, mit einem Anfänger zu fliegen, sondern weil die erfahrenen Unteroffiziere und Feldwebel wussten, dass ›Graf Punski‹ der Ruf vorausging, er könne weder fliegen noch schießen. Tatsächlich hatte der damalige Oberleutnant Krupinski ein Talent entwickelt, sich in ausweglose Situationen hineinzumanövrieren, die er mit Absprüngen, Bauchlandungen und Verletzungen bezahlte. Es änderte nichts daran, dass er mit 197 Luftsiegen einer der erfolgreichsten Jagdflieger des Zweiten Weltkriegs wurde.

Der neue Staffelkapitän führte dem neuen Rottenflieger sofort seine Überlebenskünste vor: ›Graf Punski‹ setzte bei einer Bauchlandung seine Me 109 in ein Minenfeld und hielt die ersten Explosionen für Artilleriebeschuss. Er wollte aus dem Cockpit springen. Ein paar gedehnte Sekunden vergingen, bis er die Situation begriff, die ihm ein von weitem fuchtelnder und brüllender Infanteriefeldwebel klarzumachen suchte. Es dauerte zwei Stunden, bis er aus der explosiven Falle ausgebaggert werden konnte.

Am nächsten Tag fliegt er wieder an der Seite Hartmanns, der sein Rivale wird. Bereits am 3. August registriert das Geschwader den 50. Abschuss des Leutnants. Das reichte früher zum Ritterkreuz. Jetzt hängt der Orden im Osten höher, bei 150 Luftsiegen. Und Erich Hartmann fliegt und schießt, landet, fliegt, kämpft und startet wieder. Am 5. August hat er die 60. Sowjetmaschine vom Himmel geholt, 14 Tage später die 80. Ende September sind es 115. In acht Monaten erreicht er 148 Abschüsse. Die Russen, die den deutschen Funkverkehr abhören, kennen den ›Schwarzen Teufel‹ längst und setzen schließlich eine Prämie auf seinen Kopf, die 10.000 Rubel betragen soll.

Während es im Osten also nur noch darum ging, die Rote Armee aufzuhalten oder wenigstens ihr Vormarschtempo zu bremsen, hatte sich im Katastrophenjahr 1943 - die Alliierten rechneten Hitler den Verlust von mehr als einer Million Soldaten vor - auch an den anderen Fronten die Lage erheblich verschlechtert. Bereits vor den angloamerikanischen Landungen in Italien hatte Hitler den Mittelmeerraum als Kriegsschauplatz Nummer eins bezeichnet.
Zwei Tage nach der Invasion auf Sizilien - die Insel wurde von den Italienern kaum mehr ernsthaft verteidigt - waren bereits Syrakus und Augusta in Feindeshand.
Die eilig herbeigerufenen deutschen Verstärkungen waren zu schwach und kamen zu spät. Sie lagen in einem ständigen Bombenhagel. Die Luftwaffe war den vom nahen Tunesien oder von der Insel Malta aus startenden Bomberpulks hoffnungslos unterlegen. Ihr Oberbefehlshaber handelte auf seine Weise: Statt Verstärkungen zu schicken, den Flakgürtel auszubauen, wollte er - so berichtet Johannes Steinhoff, zu dieser Zeit Oberst und Kommodore des die Straße nach Messina sichernden JG 77 - von jeder Staffel einen Flugzeugführer wegen Feigheit vor dem Feind vor das Kriegsgericht stellen lassen.
Zwar gelang es den vier auf Sizilien kämpfenden deutschen Divisionen, sich unter starkem Feuerschutz von der Insel auf das Festland abzusetzen, aber mit Sicher-

heit waren weitere alliierte Landungen und der Abfall Italiens zu erwarten. Am 25. Juli trat Mussolini zurück. Das faschistische System brach zusammen, der italienische Marschall Badoglio wollte durch einen Sonderfrieden sein Land aus dem mitverschuldeten Weltkrieg hinausmogeln.

In den Stunden dieses jähen Frontwechsels lief die ›Operation Gomorrha‹ an, und damit die vorderhand letzte Eskalation des Luftkriegs: Während die englischen Pulks bisher ihre Vernichtungsmixtur ungezielt über deutschen Wohnvierteln abgeladen hatten, war diesmal der gezielte Untergang angeordnet worden. Die Zerstörung der zweitgrößten Stadt Deutschlands - aus der man in kriminellem Leichtsinn Frauen, Kinder und die Alten noch nicht evakuiert hatte - war beschlossen worden.

Die erstmals in Massen abgeworfenen Stanniolstreifen lösten einen Wellensalat aus, der sowohl Nachtjagd wie Flak blendete und lähmte. Die britischen Viermot-Bomber konnten den Tod nahezu ungestört über der Hansestadt abladen. Horrorszenen, die sich auf fast allen Straßen und Plätzen Hamburgs abspielten, machten Dantes Inferno zu einer vergleichsweise harmlosen Idylle. Als die Löschkommandos aus den Kellern stürmten, um tausende von Bränden zu bekämpfen, explodierten - auch eine Neuheit - Sprengbomben mit Spätzündern. Die Männer wurden zerfetzt oder mussten - so weit sie überlebt hatten - in Deckung gehen, dazu verdammt, ohnmächtig zuzusehen, wie sich die vielen Feuerzungen nach unabänderlichem physikalischem Gesetz aufeinander zufraßen und den Sauerstoff aufbrauchten, den die Menschen in den Kellern zum Überleben brauchten: »So wie in dieser Nacht, so ist noch nie gebetet worden in Hamburg«, schreibt der britische Autor David J. Irving: »Zehntausende von Bränden breiten sich ungehindert aus, werden von den Druckwellen der Sprengbomben angefacht wie von einem Blasebalg, fressen sich gierig in das zundertrockene Holz der alten Häuser, greifen mit züngelnden Flammen aus den ausgeblasenen Fensterhöhlen, prallen, zischen und fauchen immer lauter, immer drohender.«

Die meisten Schutzsuchenden in den Kellern versäumten ihre letzte Fluchtchance. Aber wohin sollten sie sich wenden? Stellenweise erreichte der Feuersturm Temperaturen von 800 bis 1000 Grad. »Längere Strecken über die glühend heißen Straßen von springenden Flammen zu laufen, war unmöglich«, hieß es im Geheimbericht des Polizeipräsidenten Kehrl: »Viele Flüchtlinge starben durch die Hitze. Sie stürzten, erstickten, verbrannten oder rannten tiefer in das Feuer hinein. Zahlreiche Menschen hüllten sich in nasse Decken oder tränkten ihre Kleidung mit Wasser. Aber Kleidung und Decken trockneten in kurzer Zeit und wurden heiß. Jedem, der auch nur eine geringe Entfernung durch diese Hölle zurücklegen musste, begann die Kleidung zu brennen. Auch die Decken brannten und wurden vom Sturm davongerissen.

Viele sprangen in die Kanäle und Wasserstraßen. Dort blieben sie stundenlang, schwimmend oder bis zum Hals im Wasser stehend. Sogar sie erlitten Verbrennungen an den Köpfen. Der Feuersturm mit seiner Hitze und seinen Funkenschauern jagte dicht über das Wasser dahin. Er war so mächtig, dass selbst dicke Pfahlgruppen und Dockdalben bis zur Wasserfläche abbrannten. Eine Reihe der unglücklichen Menschen

ertrank ...« Um sich die Kraft des Feuersturms vorstellen zu können, muss man daran denken, dass das Brandgebiet 22 km^2 groß war. Der Sturm war so stark, dass er nicht nur Funken, sondern brennende Dachstühle von enormer Größe davontrug ... Der Orkan riss Kinder von den Händen der Eltern los, wirbelte sie ins Feuer.
Menschen, die sich schon gerettet glaubten, stürzten und starben in wenigen Augenblicken. Die zerstörerische Hitze war so gewaltig, dass von vielen Opfern nichts übrig geblieben ist. Die Zahl der Menschen, die in einem großen Luftschutzkeller umgekommen sind, konnte von den Ärzten nur anhand einer weichen Ascheschicht auf dem Boden mit 250 bis 300 angegeben werden ...«
Hamburg war nahezu vernichtet. Selbst in den ersten Jahren nach dem Krieg konnte man noch nicht mit Sicherheit sagen, ob die Todesnächte 30.000 oder 40.000 Menschenleben gefordert hatten. Es gab nie mehr ein Lebenszeichen von Menschen, die sich kurz vor den Angriffen für ein paar Minuten oder ein paar Stunden verabschiedet hatten; die Schicksale verloren sich für immer im Feuersturm. Oder im Löschkalk, mit dem man die unbekannten Toten vor ihrer Beisetzung im Massengrab zugeschüttet hatte, um die Seuchengefahr zu bannen.
In den Hamburger Bombennächten erlitt die elektronisch geblendete Reichsverteidigung einen Kollaps. Die Nachtjäger waren aus ihrem ›Himmelbett‹ geworfen, der ›Westwall am Himmel‹ erwies sich als eine Illusion.
»Noch fünf oder sechs weitere Angriffe wie diese auf Hamburg«, stellte Generalfeldmarschall Erhard Milch,

der Stellvertreter Görings, fest, »und das deutsche Volk ist weich, egal, welche Willenskraft es auch besitzen mag ... Die verstiegenen Vorstellungen von Nachtjägern für die Ostfront und Luftschutz für Sizilien kommen jetzt gar nicht mehr in Frage. Der Mann an der Front wird sich ein Loch buddeln und dort bleiben müssen, bis die Angreifer wieder weg sind.«

Das Schicksal Hamburgs drohte allen deutschen Städten, wenn es nicht unverzüglich gelänge, ein Patentrezept gegen die ›Silberwolken‹ der Engländer, gegen das ›Window‹-Verfahren zu finden Die RAF kannte die Düppelstreifen bereits seit 18 Monaten, hatte sie aber nicht angewandt, um die Deutschen nicht auf diesen wirksamen Billigtrick aufmerksam zu machen. Aber auch die Gegenspieler - wenigstens ihre höchsten Führungsstäbe - wussten von den gefährlichen Stanniolstreifen. Sie informierten die Kommandeure der Reichsverteidigung nicht, um den Briten nicht eine vermeintlich unbekannte Waffe zuzuspielen. So hatte die Zivilbevölkerung die übertriebene Geheimhaltung auszubaden, im eigenen Blut.

Elektronische Abwehrwaffen, die sich vom ›Window‹-Verfahren nicht bluffen ließen, waren bereits in der Entwicklung, aber es konnte noch Monate dauern, bis die SN-2-Geräte einsatzbereit waren. Bis dahin würden, wie in der englischen Presse angekündigt, die deutschen Großstädte längst ›hamburgisiert‹ sein.

In der Not griff man auf den wahnwitzigen Vorschlag eines Kampffliegers zurück, den der nach einem Streit mit Hitler abgelöste Nachtjägergeneral Josef Kammhuber (›Wurzelsepp‹) vor Hamburg abgelehnt hatte: Statt die Städte zu verdunkeln, wollte der Major sie hell anstrahlen, die Flak ab einer bestimmten Höhe

ausschalten, um dann im Sichtflug mit einsitzigen Jagdmaschinen wie ›wilde Säue‹ unter die britischen Viermot-Bomber zu fahren, die ihm die Scheinwerfer auf einem Lichttablett zu servieren hatten.
Es war dann immer noch ein Kampf mit einem Feind, der über eine überlegene Feuerkraft verfügte, aber er wäre wenigstens nicht mehr in den Schutz der Dunkelheit gehüllt.
Der Major, als Bomberpilot schon mit 30 einer der wenigen Veteranen des Hexenkessels über London, der Luft-See-Schlachten im Nördlichen Eismeer und der Flakhölle von Malta, arbeitete an der Luftwaffenakademie im Wildpark Werder als Referent für ›taktisch-technische Forschung‹. Nachts kurvte er mit einer geliehenen FW 190, unter die er sich einen 400-Liter-Zusatztank geschnallt hatte, am Himmel herum, um auf eigene Faust Krieg gegen die eingeflogenen Engländer zu führen. Er zeigte die ersten Erfolge vor, und so genehmigte man Herrmann schließlich ein paar Männer, die ihn bei seinen Selbstmordausflügen begleiteten.
Als Hamburg in Flammen stand, wurde der Major überstürzt in den Luftraum über der Hansestadt beordert. Wieder kamen er und seine Männer zu Luftsiegen, aber sein ›Wilde Sau‹-Verfahren hatte nur dann einen Sinn, wenn es im großen Stil und im Zusammenspiel mit der Flak betrieben wurde. Major Herrmann wusste es aus eigener Erfahrung: Über Köln war er in das konzentrierte deutsche Flakfeuer geraten und dem Tod noch einmal von der Schippe gesprungen.
Die Not beendete alle Skrupel, und zur Stunde gab es keine andere Möglichkeit, das Leck in der Reichsver-

teidigung zu stopfen. Der Major, den die einen für genial und die anderen für verrückt hielten, bekam den Auftrag, einen ›Verlorenen Haufen‹ aus Freiwilligen aller fliegenden Verbände aufzustellen: das Jagdgeschwader z. b. V 300.
Es fehlte nicht an Verwegenen, die sich zu diesem vorderhand schillerndsten Kampfverband meldeten, Abenteurer und Fanatiker, Männer mit ›Halsschmerzen‹ - denen zum Ritterkreuz noch ein paar Abschüsse fehlten - und solche, die ihre Angehörigen in den Bombennächten verloren hatten und nun einen Rachefeldzug auf eigene Faust gegen die Briten führen wollten. In Hangelar bei Bonn aufgestellt, sollte nunmehr der exzentrische Sonderverband die deutschen Städte retten, vor allem das bedrohte Berlin.
Die ›Wilden Säue‹ warteten in der Nähe der Reichshauptstadt auf ihren ersten Masseneinsatz. Am 17. August, 14 Tage nach der ›Hamburg-Woche‹, schien es so weit zu sein. Die Sirenen heulten, englische Pfadfindermaschinen setzten ihre ›Christbäume‹. Die Flak schoss ihre Rohre heiß. Major Herrmann und seine Piloten hingen am Himmel in Lauerstellung. Ab und zu sahen sie die Konturen eines Feindflugzeugs, stürzten sich darauf - und gerieten dabei nur in das Abwehrfeuer der Flak.
Sie schossen Erkennungssignale, aber die Kanoniere der 91 schweren Batterien am Boden übersahen sie und feuerten weiter, über 11.000 Granaten. Wie sich herausstellte, in die Luft, denn der Angriff auf Berlin war nur ein Bluff, meisterlich inszeniert von einer längst zurückgeflogenen ›Mosquito‹-Staffel.
Eine heillose Verwirrung. 55 ›Wilde Säue‹ und 158 zweimotorige Nachtjagdmaschinen jagten einander

selbst, zum Glück weitgehend unblutig. Während die Groteske über Berlin andauerte, lag zur gleichen Stunde das Raketenversuchsgelände Peenemünde im Bombenhagel.
Die ersten beiden Angriffswellen waren fast ungestört geblieben, denn die deutschen Zweimot-Jäger erkannten zu spät das Angriffsziel. Für Herrmann und Co. war die Verfolgung zu Ende; sie mussten zum Auftanken herunter.
Die Generalprobe war danebengegangen, aber die ›deutschen Kamikaze‹ wussten, dass ihre Stunde - und vielleicht ihre letzte - bald schlagen würde.

Am späten Nachmittag des 23. August 1943 kommt auf den E-Häfen in Südengland ein Einsatzbefehl, mit dem die Besatzungen der heute startklaren 727 Viermot-Bomber längst gerechnet haben. Das Angriffsziel ist Berlin, die X-Zeit 23.45 Uhr.
Der Anflug über deutschem Gebiet ist 385 km lang, und das bedeutet, dass sich die Briten - Umwege, Angriff und Rückflug inbegriffen - fast drei Stunden in der ›heißen Zone‹ aufhalten müssen.
»Wir können Berlin von einem Ende bis zum anderen zerstören«, hat ›Butch‹ Harris seinem Premierminister Winston Churchill versprochen. »Das kostet uns vielleicht 100 bis 200 Maschinen, den Feinden aber den Sieg.«
Die ›Mosquitos‹ der 100. Group sind schon in der Luft, eine Spezialeinheit, gebildet aus den besten und erfahrensten RAF-Piloten, darauf spezialisiert, durch Scheinangriffe die eigentlichen Ziele bis zum letzten Moment zu verschleiern. Das Verwirrspiel ist vor sechs Tagen beim Angriff auf Peenemünde, der Ge-

burtsstätte der in der letzten Entwicklung stehenden Vergeltungswaffen V 1 und V 2, glänzend gelungen, und die Wiederholung dieser meisterlichen Täuschung soll heute in Berlin versucht werden.
Die flinken Vorboten des Todes werfen ihre Silberstreifen, die noch immer die deutsche Abwehr narren, wenn auch nicht mehr so wirksam wie in Hamburg. Die jetzt von Funkfeuer zu Funkfeuer in freier Jagd operierenden deutschen Verfolger sind auf den Bluff gefasst. Die gewitzteren Besatzungen verstehen sich bereits darauf, den Wellensalat halbwegs sicher zu entwirren.
Die feindlichen Pulks sammeln sich nördlich von Berlin über dem Müritzsee, dicht geschlossen, wie bei einem Übungsflug. Welle um Welle, insgesamt 18.000 Tonnen Vernichtung in den Schächten. Die Briten haben in dieser Nacht beim Anflug kaum eine Berührung mit den deutschen Nachtjägern gehabt, aber auf dem Rückflug werden sie erfahrungsgemäß spießrutenlaufen.
Schon von weitem sehen die RAF-Besatzungen die grellen Leuchtbomben über dem Häusermeer, das ›hamburgisiert‹ werden soll. Unten heulen die Sirenen. Die Berliner gehen ohne Eile und Panik in die Keller, denn bei den bisherigen Angriffen sind sie verhältnismäßig glimpflich davongekommen.
Über dem Zielgebiet werden die Angreifer von Nachtjägern - die von ihrer Bodenabwehr auch nicht abgeschossen werden wollen - erfahrungsgemäß nicht belästigt.
Kurz nach Mitternacht fallen die ersten Bomben aus den Schächten, rauschen in die Wohnblocks an der Hardenbergstraße. Eine abgeschossene ›Lancester‹

knallt in die Lichtenberger Laubenkolonie ›Weiße Taube‹. Das ganze Zoogelände steht in Flammen. Der Potsdamer Platz liegt im Bombenhagel. Hohe, grelle Flammen schlagen aus dem ›Haus Vaterland‹. Bombenteppiche in Steglitz und in Friedenau. Zwischen der Friedrichstraße und der Wilhelmstraße steht kein Haus mehr.

Bevor der erste Pulk abdreht, bricht am Himmel ein Feuerzauber aus wie nie zuvor. Die Lichtarme der Scheinwerferbatterien greifen nicht mehr nach einer einzelnen Maschine und illuminieren das Ziel für die Geschützrohre; sie vereinigen sich am Himmel zu einem riesigen, tragenden Lichtbalken, der die Silhouetten der Viermots konturiert.

Bevor die Piloten erfassen, was ihnen droht, ist Herrmanns wilde Horde unter ihnen, mitten im Verband, und ballert im Nahkampf aus allen Rohren. Eine ›Lancaster‹ wird in der Mitte auseinandergesägt, eine zweite explodiert. Ein anderer Verband setzt beim Anflug im Notwurf seine Bomben in die Seen und Wälder der Umgebung Berlins. »Über der Flakzone hingen die Jäger der Wilden Sau. Wie Läuse sehen sie die britischen Bomber über die von unten angeleuchtete und aufgehellte Wolkendecke kriechen. Sie nennen diese nebelweiße Fläche das ›Leichentuch‹«, schildert in seinem Bericht ›Reichsverteidigung‹ der Autor Günter Stein die Ouvertüre der Schlacht um Berlin: »Herrmann, der Rudelführer der Wilden Sau, taucht hinab, kurvt zwischen ›Christbäumen‹ und Zielmarkierern, Flakexplosionen und grellroten Leuchtbombenkaskaden hindurch, klemmt sich hinter eine ahnungslose ›Lancaster‹, drückt auf die Kanonen- und MG-Knöpfe am Steuerknüppel. Die ›Lancaster‹ verglüht in einem orangefarbenen Blitz ...« In Berlin werden in einer Nacht 35.000 Menschen obdachlos, aber die Briten verlieren 58 Viermot-Bomber, 9,1 Prozent der gestarteten Maschinen. Major Herrmann jedoch, der verwegen-verrückte Anführer der ›deutschen Kamikazes‹, meldet, dass er in dieser Nacht nur eine Maschine verloren habe.

Acht Tage später kommen die Engländer wieder. Und wieder sprengen die ›Wilden Säue‹ die Angriffsformation, schicken 31 Viermots zur Erde. Der frühere Lufthansapilot Friedrich Karl Müller, wegen seines gewaltigen Gesichtsvorsprungs in der Luftwaffe nur ›Nasen-Müller‹ geheißen, fuhrwerkt wie ein Berserker in die Pulks hinein und schießt allein drei Maschinen ab, was beweist, dass selbst Kamikazepiloten überleben können, sofern sie seine Erfahrung haben.

Am 3. September riskieren die Briten den nächsten Bomben-Raid. »Er zeichnet zwar weitere Narben in das Gesicht der Stadt, war aber angesichts der Verteidigungsbereitschaft recht kostspielig«, berichtet der britische Autor Alfred Price: »Die ersten drei Angriffe zusammengenommen kosteten die Royal Air Force 123 Bomber nebst Besatzungen. Dies entsprach 7,5 Prozent der beteiligten Maschinen und war zu viel, um auf die Dauer ertragen werden zu können. Die Deutschen hatten sich von dem anfänglichen Düppelschock mit unerwarteter Schnelligkeit erholt.«

In unmittelbarer Folge dieser Erkenntnis ließen die Engländer zunächst einmal von Berlin wieder ab und wechselten ihre Ziele. Dreimal hintereinander griffen sie Hannover an. Mannheim lag im Bombenhagel. Überall wurden die heulenden Sirenen zur deutschen Nachtmusik. Vorgetäuschte Angriffe waren eine bewusst eingesetzte Waffe gegen die Arbeitskraft in den Rüstungsbetrieben. Wer Nacht für Nacht, aus dem ersten Schlaf gerissen, im Keller kauert und auf die Bombeneinschläge wartet, bezahlt dafür am Arbeitsplatz mit Leistungsabfall.

Die Alliierten bleiben bei ihrer Arbeitsteilung: Den Engländern gehört die Nacht, den Amerikanern der Tag, an dem die Düppelstreifen wenig ausrichten können. Die Yankees holen sich bei ihren Einflügen blutige Köpfe, aber sie bleiben bei dem System Punktangriffe auf strategische Ziele. Sie greifen die Produktionsstätten ihrer direkten Gegner, Me 109 und FW 190, an. Sie versuchen immer wieder, die Schweinfurter Kugellagerwerke in den Boden zu stampfen. Erstens misslingt ihnen das, zweitens haben die Rüstungsbetriebe seit langem Kugellager gehortet, und zum Dritten müssen die ohne Jagdschutz operierenden US-Bomberpulks Verluste hinnehmen, die auch das ›Land der unbegrenzten Möglichkeiten‹ nicht verkraften kann.

Typisch für den Aderlass der Besatzungen in den ›Fliegenden Festungen‹ war die ›Operation Doppelschlag‹ am 17. August, ein gleichzeitiger Angriff auf Regensburg und Schweinfurt. Die Verbände verloren im Kampf mit 300 deutschen Jägern 60 Viermots, das heißt 16 Prozent. Es war ein Blutzoll, der in keinem Verhältnis zum Erfolg stand.

»Zwölf Me 109 schwangen in einer weit ausholenden Kehrtwendung ihre gelben Nasen herum und kamen dann zu zweit und zu viert von vorn auf uns zu«, berichtet der US-Colonel Beirne Lay, der den Angriff als Kopilot mitgeflogen hatte: »Und dann ging der Tanz los. Ein silbern schimmernder Gegenstand segelte über

unsere rechte Fläche hinweg: eine Tür vom Hauptausstieg. Sekunden später sauste ein dunkler Klumpen durch unseren Verband, haarscharf an den Propellern vorbei. Es war ein Mensch. Er hatte die Knie an die Brust gezogen und drehte sich wie ein Turmspringer beim dreifachen Salto. Ich sah nicht, dass sein Fallschirm aufging.
Eine B 17 scherte langsam nach rechts aus dem Verband aus, verlor aber nicht an Höhe. Dann - im Bruchteil einer Sekunde - verschwand sie in einer leuchtenden Explosion, übrig blieben nur vier kleine Feuerbälle, die Betriebsstofftanks, die im Fall dann aber rasch verlöschten.
Unsere Maschine lief Gefahr, von herabstürzenden Trümmern getroffen zu werden. Notausstiege, Lukendeckel, vorzeitig geöffnete Fallschirme, menschliche Körper sowie Überreste von B-17-Bombern und deutschen Jägern fegten im Propellerwind an uns vorbei. Ich beobachtete, wie nicht weit entfernt zwei Jäger unter uns explodierten und, eingehüllt in orangefarbene Flammen, verschwanden, wie überall B 17 in den verschiedenartigsten Notsituationen zurückblieben, sei es, dass Motoren brannten oder das Steuer weggeschossen war, wie Freund und Feind an Fallschirmen niedergingen und wie auf dem grünen Teppich unter uns die abgestürzten Flugzeuge Bestattungsfeuer anzündeten, qualmende Landmarken unseres Kurses. Der Anblick war fantastisch und überstieg jede Einbildungskraft ...«
Auch die Angriffe auf die Reifenwerke in Hannover wurden blutig abgewiesen. Verluste: 18 Prozent. An einem dieser Angriffe nahm die ›Mississippi-Lady‹, eine B 17, teil. Sie geriet in die wilde Attacke deutscher Jä-

Bild 45: Eine Formation »Fliegender Festungen« (Foto: Imperial War Museum).

Bild 46: B-17-Bomber der VIII. US-Air Force beim Angriff auf Dresden, 17. April 1945 (Foto: Imperial War Museum).

Bild 51: Die Me 163 B1, der erste in Serie gebaute und eingesetzte Raketenjäger (Foto: Messerschmitt-Blohm GmbH).

Bild 52: Die Do 335, der schnellste Jäger der Wehrmacht, wurde nicht mehr eingesetzt (Foto: Dornier-Werke).

ger. Sergeant Wever, der Turmschütze, wurde schwer verletzt und drohte zu verbluten. Die Männer der Besatzung hievten ihn hoch, schleppten ihn auf die Luke zu, rissen die Fallschirmleine auf, warfen den Verletzten hinaus und beobachteten, wie sich der Hilfsfallschirm öffnete.
Der Mann kam heil auf, wurde geborgen, von einem deutschen Arzt gerettet und überlebte den Krieg in einem Gefangenenlager.

Ausgerechnet zu einer Zeit, in der für Deutschland der Krieg längst verloren war, errang die Reichsverteidigung ihre größten Erfolge. Während im Erdkampf im Jahre 1943 die große Wende bereits eingetreten war, konnte nach harten Schlägen dem Gegner über Deutschland mit solcher Härte die Stirn geboten werden, dass die Angloamerikaner bereits Überlegungen anstellten, ob es sinnvoll sei, den Luftkrieg in dieser Weise weiterzuführen.
Nach der Katastrophe von Hamburg hatte selbst Göring erkannt, dass der Reichsverteidigung der unbedingte Vorrang gebühre. Die fünf Befehlsstände, ›Gefechts-Opernhäuser‹, dirigierten nunmehr in einem 24-Stunden-Betrieb die Tag- wie die Nachtjäger. Über dem ganzen Operationsraum verteilt, werden Flugplätze so ausgestattet, dass die Jäger nicht mehr mitten im Einsatz ständig ihre Spritreserven ausrechnen müssen. Sie landen jetzt einfach auch während der Luftschlacht auf dem nächstgelegenen E-Hafen und starten erneut, wo immer sie kämpfen, eine Bodenstation ist stets in ihrer Nähe.
Zwar kommen die Briten Nacht für Nacht, aber die Besatzungen wissen, dass sie - statistisch gesehen -

ihren zehnten Einsatz nicht überleben werden, und das beeinträchtigt zwangsläufig ihre Kampfmoral, die zudem von neuen deutschen Abwehrmaßnahmen und Waffen bedroht wird.

Die Besatzungen kennen inzwischen längst den schleichenden Tod, die bisherige Taktik ihrer Gegner, sich als Schlusslichter in ihren Pulk einzufädeln, dicht aufzuschließen und plötzlich aus sicherer Position zu feuern. Plötzlich aber droht ihnen der Angriff von der Seite, an der sie bislang nur die Flakgranaten zu fürchten hatten, die Attacke von unten.

Es ist rätselhaft. Die RAF-Fliegersoldaten sichern nach vorne und nach hinten ab. Und dann plötzlich, ohne jede Vorwarnung - und scheinbar ohne Feindberührung -, werden sie von einem Volltreffer zerfetzt. Solcherlei Berichte hält Bomber-Harris zunächst für den Auswuchs überreizter Nerven - aber die rätselhafte Verlustserie setzt sich noch monatelang fort.

Die Deutschen nennen ihre Geheimwaffe ›Schräge Musik‹. Es sind zwei 2-cm-Kanonen, die in einem Winkel von 10 bis 20 Grad nach oben feuern können und so ermöglichen, das Ziel unbemerkt aus der Richtung anzufliegen, in der es am größten und am wehrlosesten ist und die Besatzung den Verfolger nicht sehen kann. Der Pilot zielt mit einem Reflexvisier, das über seinem Kopf hängt. Um die schräg feuernden Oerlikon-Kanonen möglichst lange geheimzuhalten, verwendet die Nachtjägerei jedoch keine Leuchtspurmunition.

Erst als Anfang 1944 eine schwer angeschlagene ›Lancester‹ die Insel noch erreichen kann - und die Engländer die Einschüsse untersuchen können -, ist die ›Schräge Musik‹ keine Geheimwaffe mehr, wenn sie

auch noch weiter wirksam bleibt. Zudem verfügen die Nachtjäger jetzt über 3-cm-Kanonen, die in einer Minute je 600 Sprenggranaten abfeuern können, sowie über eine 112 kg schwere, flossenstabile Rakete, die, aus einer Röhre mit Zeitzünder abgefeuert, inmitten viermotoriger Bomberpulks explodiert.
Der Krieg wird immer blutiger und tückischer. Die Engländer setzen ›Serrate‹ ein, ein Bordgerät. Der Funker sucht die Frequenz seiner Verfolger und schaltet ein starkes Störgeräusch ein, das jede drahtlose Verständigung zwischen der Bodenstation und den Nachtjägern unmöglich macht.
Es ist ein Vorläufer des ›Corona‹-Verfahrens, das tatsächlich alle Funkfinten überbieten wird.
Die Falle für die Reichsverteidigung wird in monatelanger Geduldsarbeit vorbereitet. Wichtigste Voraussetzung sind die Wachsplatten, auf denen die Briten den gegnerischen Funkverkehr mitgeschnitten haben, damit perfekt Deutsch sprechende Funker Tonfall, Dialekt und Jargon der Sprecher exakt imitieren können. In der Nacht zum 23. Oktober 1944 soll die Corona-Premiere stattfinden. Die Befehlsleitstände melden mehrere ›dicke Hunde‹ im Klartext: Starke feindliche Kampfverbände.
Die Jagdflugzeuge kreisen in ihren Warteräumen. Bomberpulks werden in der Nähe von Lüttich geortet, zwischen Bingen und Mainz und über Lüdenscheid. In den ›Gefechts-Opernhäusern‹ in Arnheim-Deelen, Döberitz, Stade, Metz und Schleißheim kann man die Lage nicht einheitlich beurteilen und wartet noch ab.
»Betrat man sie«, so schildert Adolf Galland die Schauplätze der elektronischen Kriegführung, »wurde man sogleich von der nervösen Atmosphäre gefangen

genommen, die hier herrschte. Das künstliche Licht ließ die Gesichter noch abgespannter erscheinen, als sie in Wirklichkeit waren. Schlechte Luft, Zigarettenqualm, das Surren der Ventilatoren, das Rattern der Fernschreiber und das gedämpfte Gemurmel unzähliger Telefonisten schufen ein ausgesprochenes Kopfschmerzklima. Magischer Mittelpunkt des Raumes war eine überdimensionale Milchglasscheibe, auf die durch Lichtpunktwerfer und Leuchtschreiber Standorte, Höhen, Stärken und Marschkurse sowohl feindlicher wie eigener Verbände projiziert wurden. Das Ganze erinnerte etwas an ein riesiges Aquarium, hinter dessen beleuchteter Glaswand eine Unmenge von Wasserflöhen wild durcheinander wirbelte. Jeder einzelne Punkt und jede seiner Veränderungen, die sich hier dem Auge darboten, war das Ergebnis der Meldungen und Beobachtungen von Radargeräten, Flugwachen, Peilern und Abhörstellen, von Aufklärern, Fühlungshaltern oder eingesetzten Verbänden. Sie alle liefen über Draht oder Funk hier in der Zentrale zusammen, wurden aufgenommen, ausgewertet und innerhalb von weniger als einer Minute in projektionsfähige Werte transponiert. Das, was sich also auf dieser großen Karte darstellte, war das Luftlagebild im Luftraum einer Jagddivision mit etwa einer Minute Verspätung.«

Heute dauert es entschieden länger, was zum Teil an den ›Silberwolken‹ und an der ›Mosquito‹-Group 100 liegt: Über Köln, Frankfurt am Main und Kassel leuchten bereits die Zielbomben. Während noch unklar ist, welcher Stadt der Großangriff wirklich gilt, meldet eine fremde Stimme auf der Jägerwelle:

»Achtung! An alle! Express Köln! Express Köln!«

Bevor der erschrockene deutsche Jägerleitoffizier seine Männer vor der Geisterstimme warnen kann, überlagern starke Störgeräusche den Funkverkehr.
Endlich kommt er durch:
»Der Feind ist in der Leitung!«, brüllt er. »Der Angriff gilt Kassel! Express Kassel! Express Kassel!«
»Lasst euch nicht irreführen, Kameraden«, erwidert der Engländer, mit der typisch deutschen Kommandostimme: »Das neue Angriffsziel: Express Frankfurt! Express Frankfurt!« hetzt der Feind die deutschen Nachtjäger in die falsche Richtung.
Wie sollen die Besatzungen in der Luft unterscheiden, welche Weisung oder Zielangabe richtig ist ? Wer befiehlt, und wer blufft?
Als die Brände den Weg nach Nordhessen weisen, erfüllt sich bereits das Schicksal Kassels, wo es den Angreifern gelingt, einen zweiten Feuersturm zu entfachen. »Die engen, noch aus der kurfürstlichen Zeit stammenden Innenstadtbezirke von Kassel wurden einem großen Teil der Bewohner zum Scheiterhaufen ... ein einziges großes Krematorium«, schreibt Hans Rumpf, der Generalinspektor des Feuerlöschwesens. »Kassel bleibt die Stadt, die prozentual den stärksten feststellbaren Verlust an Bombenopfern aufweist ...«
Verzweifelte, wie der Vorarbeiter Friedrich E. aus der Bettenhäuserstraße, hasten durch die brennende Stadt. Er zieht zwei Frauen und einen Jungen hinter sich her. »Nach dem fünften Volltreffer waren alle Kellerausgänge verschüttet«, berichtet er, »nur der Weg durch das Fenster blieb uns noch ... Ich räumte den Ausgang frei und zog den Jungen und die beiden Frauen nach. Der ganze Hof stand in Flammen ...«
Die Flüchtenden erreichten im Feuerregen die Fulda-

brücke, laufen weiter über den Altmarkt zur Fischgasse. Die Brüderstraße und die Marktgasse stehen in hellen Flammen. Sie ziehen den Freiheiter Durchbruch hinauf, hasten den Graben bis zur Lutherkirche entlang, erreichen den Martinsplatz, der rundum in Flammen steht.

»Hier sah ich die ersten Menschen wieder«, berichtet Friedrich E. »Auch sie fliehen durch die Flammen. Ein Auto explodiert. Viele andere brennen. Neue Bomberwellen fliegen an. Ich stürme hinunter in die Gewölbe unter den mächtigen Türmen. Außer mir haben schon etwa 400 Frauen und Kinder hier Schutz gesucht. Eng aneinandergepresst, stehen und knien wir da.

Da gibt es einen fürchterlichen Schlag. Das Gewölbe bebt und schwankt. Aber es hält. ›Das war keine Bombe‹, schreit jemand durch die Dunkelheit, ›das war die Glocke, die heruntergestürzt ist.‹ Wir müssen hoch ins Kirchenschiff. Die Orgel brennt lichterloh. Nach wenigen Minuten stürzt sie herab. Auch Dachbalken lösen sich schon und zersplittern brennend auf dem Steinboden. Wir müssen wieder hinaus in das Flammenmeer ...«

Eine der Überlebenden befreit sich aus einem glühenden Trümmerhaufen, Frau C. H., die in der Moltkestraße 12 wohnt und bei der Dienststelle der Feldpost arbeitet. Als die Sirenen heulen und sich die Lichtkegel der Flak am Himmel schneiden, erreicht sie den Keller, wo gerade das Licht ausgeht. »... aber als es nach wenigen Augenblicken wieder anging«, schildert Frau C. H., »haben wir schrecklich gelacht, weil wir alle ganz schwarz waren von dem Ruß, der aus den Schornsteinen gedrungen war. Dann ist uns aber das Lachen schnell vergangen. Ohne Unterbrechung heul-

ten die Bomben herunter. Noch drei- oder viermal hat es ganz in unserer Nähe eingeschlagen. Plötzlich wurde unser Mauerdurchbruch vom Haus Moltkestraße 14 her geöffnet. Als Erster kam Herr Gedecke von drüben in unseren Keller gekrochen.
›Um Gottes willen!‹, schrie er. ›Bei uns brennt's lichterloh, und ihr sitzt hier noch in aller Seelenruhe herum!‹
Jetzt war es bei uns aus mit der Ruhe. Trotz des Bombenhagels traute sich jemand nach oben. Auch unser Haus brannte. Wir krochen also durch den nächsten Mauerdurchbruch weiter ins Nachbarhaus Nr. 8. Die seelische Belastung für mich war sehr groß. Ich musste nicht nur meiner alten Mutter helfen, sondern auch meinem Bruder, der seit seiner Kindheit sehr schlecht sehen kann, und meiner Schwägerin, die sich wegen eines Beinleidens nur noch mühsam bewegt.
In den Kellern des Hauses Moltkestraße 8 herrschte ein fürchterliches Gedränge. Es dauerte einige Zeit, bis wir feststellten, dass wir in einer Falle saßen. Inzwischen war nämlich das Feuer in beiden Nachbarhäusern bis in die Keller gedrungen. Wir konnten weder vorwärts noch zurück. Ich wollte schnell einmal nach oben laufen, um zu sehen, ob es nicht einen Ausweg gab. Aber meine Mutter und mein Bruder riefen so entsetzt hinter mir her, dass ich zurückblieb. Immer heißer wurde es im Keller. Plötzlich erschienen Soldaten und riefen uns zu, wir sollten den Pferdemarkt hinunterlaufen ... Als wir die Kellertreppe hochkamen, war der ganze Hausflur schon ein einziges Feuer. Wir sind hindurchgelaufen und haben auch die von den Flammen taghell erleuchtete Straße überquert. Vor dem Haus Nr. 7 haben mein Bruder und ich uns noch einmal umge-

sehen. Da stand die Schwägerin auf der anderen Straßenseite am Bordstein. Wir haben vor Entsetzen geschrien, denn von oben stürzte ein brennendes Dachgebälk auf sie herunter und begrub sie. Mein Bruder lief zurück. Ich konnte ihm nicht helfen, denn ich musste jetzt an meine Mutter denken, die sich kaum noch auf den Beinen halten konnte. Ich habe sie in den Keller von Nr. 7 geführt.

Mein Bruder und meine Schwägerin sind seitdem verschwunden.

In der Moltkestraße 7 gab es drei größere Luftschutzräume. Dort und in den Kellergängen drängten sich an die 300 Menschen aus den umliegenden brennenden Häusern.

Draußen tobte der Angriff mit unverminderter Wucht weiter.

Plötzlich gab es einen unbeschreiblichen, furchtbaren Schlag ... Ich muss besinnungslos geworden sein. Als ich aufwachte, war es mir gerade so, als wenn ich zu Hause im Bett läge. Nur schien das Oberbett bleischwer zu sein.

Ich lag einen Augenblick regungslos in der pechschwarzen Dunkelheit. Da auf einmal kam es mir zum Bewusstsein, wo ich war. Ich wollte mich aufrichten und griff nach hinten, um mich zu stützen. Meine Hände trafen auf etwas Kaltes, Glitschiges. Ich ließ mich entsetzt wieder zusammensinken. Erst nach längerer Zeit dachte ich an die Taschenlampe in meiner Manteltasche. Ich knipste sie an und stellte fest, dass ich mitten unter Toten lag. Der ungeheure Luftdruck hatte ihre Lungen zerrissen.

Als ich etwas klarer im Kopf wurde, hörte ich ein Röcheln in der Dunkelheit. Ich befreite meine Füße

von den beiden Toten, die darüberlagen, und suchte. Das Röcheln kam von einer Frau in einem Pelzmantel. Dann hörte ich noch jemanden stöhnen. Das war meine Mutter.
Die Hitze im Keller war unerträglich. In einem Luftschutzeimer fand ich noch etwas Wasser. Es war vielleicht ein Liter. Ich habe meiner Mutter und der Frau im Pelzmantel die Lippen befeuchtet. Zu trinken konnte ich ihnen nicht geben, denn das Wasser war kochend heiß.
Meine Mutter starb nach einiger Zeit. Als ich ihr die Augen zugedrückt hatte, wollte ich wieder zu der Frau im Pelzmantel. Das sah ich erst, dass in der Mitte des Raums ein eiserner Schachtdeckel aufgesprungen war. In dem engen Schacht stand ein Stuhl, und auf dem Stuhl saß ein Mann, der noch Lebenszeichen von sich gab.
Es war Herr Baum aus der Moltkestraße 9. Der Luftdruck muss ihn in den Schacht geschleudert haben. Er litt große Schmerzen. Auch ihm feuchtete ich die Lippen an. Und da fand ich noch einen Mann, der lebendig war. Auch er verlangte Wasser. Danach wurde es still. Beide waren bewusstlos geworden.
Ich tastete mich zu der Frau im Pelzmantel zurück. Sie war in der Zwischenzeit gestorben. Ich schob sie etwas zur Seite. Nun war ein Platz auf der Erde für mich frei. Dort habe ich mich hingelegt. Zwischen all den Toten. Ich konnte mich nicht mehr auf den Beinen halten, die Hitze nahm mir den Atem ...
Auf einmal hörte ich Schritte. Im Torweg des Hauses. Ich sprang auf, ergriff einen Krankenstock und schlug mit der Krücke gegen die Eisentür der Gasschleuse. Erregt wartete ich. Und da wurde zurückgeklopft. Er-

mattet legte ich mich wieder auf die Erde. Die Schritte entfernten sich. Nach einer Viertelstunde wurde von oben erneut geklopft. Ich antwortete. Eine halbe Stunde lang wurde Schutt geräumt. Und dann hörte ich eine Stimme ganz aus der Ferne: ›Wie viele Personen sind da unten?‹«

Frau C. H. wird gerettet. Einen Tag nach dem Angriff, dem 12.000 Menschen zum Opfer fielen. Die Massengräber, die auf den sechs Friedhöfen der Stadt von Baggern ausgehoben werden, reichen nicht aus. Die gefallenen Zivilisten müssen zweischichtig beigesetzt werden. 45 Lastwagen mit hoch aufgestapelten Toten rollen zur letzten Ruhestätte. Wiederum tut Eile not, wegen der Seuchengefahr.

Mehrere Luftschutzärzte sehen auf den Friedhöfen die Toten, von denen bei vielen die Identität nicht mehr festgestellt werden kann, noch einmal an, bevor man sie in der Grube aufeinander schichtet. Kassel erleidet die höchsten Verluste des Luftkriegs; jeder 20. Einwohner wird von den Bomben erschlagen, verbrannt oder erstickt.

Schutt und Tod, Vernichtungsbrände und Massengräber - den Engländern ist es gelungen, Kassel als zweite deutsche Stadt zu ›hamburgisieren‹.

Die dritte soll Berlin sein.

Die abgebrochene Offensive wird umgehend wieder aufgenommen; der offizielle Start der ›Battle of Berlin‹ - die nach britischer Auffassung den Krieg beenden wird - ist auf den 28. November festgelegt.

Berlin bangt, brennt und blutet, aber Berlin stirbt nicht in der Dauerluftschlacht des Winters 1943/44. Mit den langen Nächten kommen die großen Bomberströme.

Abend für Abend heulen die Sirenen. Oft erscheinen über der geschlossenen Wolkendecke nur ein paar britische Schnellbomber, um die Nerven der Bevölkerung zu drangsalieren, aber wenn die erschöpften Berliner einmal nicht in den Keller gehen, erfolgt prompt ein Großangriff von barbarischer Wucht.
Air Marshal Harris versucht in Berlin wenigstens in einem Monat zu erreichen, was ihm in Hamburg innerhalb einer Woche gelungen ist.
»Wer jetzt noch lebt, ist selber schuld«, sagten die Spree-Athener mit grimmigem Witz nach dem ersten schweren Bombenregen. Sie werden zu Kellermenschen, die an manchen Tagen die Schutzräume nur verlassen, wenn sie auf die Toilette oder zur Arbeit müssen. Die Fahrt in ihren Betrieb wird nicht selten zu einem Slalomlauf zwischen Bombeneinschlägen.
Schon vor der Vorwarnung gehen die Berliner - gleich den Londonern während der ›Battle of Britain‹ - scharenweise mit Decken und kleinem Fluchtgepäck in die Tief- und Hochbunker, oder klettern in die U-Bahn-Schächte. So wenig sich die Engländer vor drei Jahren von deutschen Bomben demoralisieren ließen, brechen jetzt die Berliner im britischen Feuerhagel zusammen, obwohl Feindmaschinen nicht in Verbänden zu 100, sondern zu 500 - bald auch zu 1000 und mehr - erscheinen, und die Viermots fast die doppelte Todesfracht schleppen können wie die deutschen He 111 und Ju 88 anno 1940. Damals kam an der Themse die Parole auf: »London can take it«, das gilt umgewandelt nunmehr auch an der Spree: »Berlin kann's verkraften.«
Novemberstürme, Dezembernebel und Januarfröste: Deutschland erlebt den schlimmsten Winter seit lan-

gem, er begünstigt die Angreifer. Die britischen Pulks fliegen in großer Höhe ein. Unerreichbar für die Flak kreisen sie über der Reichshauptstadt. Ihre neuen Zielgeräte machen es ihnen möglich, ihre Bomben ziemlich genau durch die geschlossene Wolkendecke zu werfen. Vom Schlechtwetter schützend eingehüllt, fliegen sie zurück, ihre Blindfluggeräte machen den Sichtflug überflüssig.

Das Bomber Command kann sich leicht damit abfinden, dass das ›Corona‹-Verfahren - anders als in Kassels Todesnacht - nicht mehr funktioniert. Fast mühelos setzen jetzt die deutschen Bodenstationen die englische Geisterstimme schachmatt, indem sie Mädchen an das Mikrofon setzen, oder auch Sprecher mit starker Dialektfärbung verwenden. Wenn die Besatzungen der in den Warteräumen lauernden Nachtjäger noch immer im Zweifel sind, können die Funker auf einer inzwischen eingerichteten neuen Welle zurückfragen.

Der Bluff ist enttarnt - aber die Engländer verwenden ›Corona‹ weiter. Sie senden, um die Leitfrequenzen durcheinander zu bringen, klassische Musik, Dichterworte und Hitlerreden. Während die deutschen Nachtjäger verzweifelt darum kämpfen, dass Berlin nicht, wie angekündigt, ›von einem Ende zum anderen zertrümmert wird‹, brüllt im Kopfhörer ihr Führer: »Ich werde die englischen Städte ausradieren - ... ausradieren ... ausradieren!«

Nach den ersten RAF-Schlägen sind in Berlin 400.000 Menschen obdachlos und 68.000 Häuser ausgebrannt. 2966 Todesopfer werden im November beigesetzt. Die Überlebenden erhalten als Lohn der Angst auf Abschnitt d 56 je 50 Gramm Bohnenkaffee, auf Abschnitt d 57 eine Büchse Fischkonserven, auf Abschnitt d 58

eine Dose Kondensmilch. Es macht sie so wenig satt wie die falschen Lebensmittelmarken, die die Engländer abwerfen; auf ihrer Verwendung stehen drakonische Strafen.
Die Berliner leben nur noch von Angriff zu Angriff; Menschenleben sind das billigste Material in einer Zeit, die nur noch in Abwurfmengen und Abschusszahlen rechnet. Wer keine kriegswichtige Arbeit zu leisten hatte, durfte die Reichshauptstadt verlassen, aber kriegswichtig ist noch die jüngste UFA-Schülerin, die irgendwo Granaten dreht. Die Kinder sind zwar evakuiert, doch auf den Flaktürmen stehen neben russischen Hilfswilligen - ›Hiwis‹ aus Hunger - 15-jährige Jungen im Feuer und verfolgen ungeschützt Berlins Todeskampf, diese Agonie ohne Ableben.
Bombenteppiche legen sich auf die Arbeiterviertel im Osten ebenso wie auf den feinen Berliner Westen. Brände toben im Grunewald. Der Stadtteil Lankwitz sieht aus wie nach einem Erdbeben. Die Bomben treffen nach und nach die Reichskanzlei, den Reichstag, das Brandenburger Tor, die Gedächtniskirche, das Berliner Schloss, den Dom, das Schillertheater und den Zoo, in dem sich brüllende, brennende Tiere wälzen.
Die Prunkstraße Berlins, der Kurfürstendamm, wird zu Schutt und Asche. Charlottenburg liegt im Bombenhagel. Dann brennt der Sportpalast, in dem Goebbels den ›totalen Krieg‹ proklamiert hatte.
»Der Tiergarten gleicht einem durch Trommelfeuer aufgewühlten Schlachtfeld des Ersten Weltkriegs in Flandern«, schildert in seinem Buch ›Im Anflug auf die Reichshauptstadt‹ Werner Girbig den Angriff in der Nacht zum 23. November: »Zerfetzte, zersplitterte und gefällte Bäume überall. Daneben Trichter und

Krater, die den märkischen Boden kennzeichnen. Die über der Charlottenburger Chausee gezogenen Tarnnetze sind zerrissen und hängen an den meisten Stellen in Fetzen herunter. Ausgebrannte Lastwagen liegen an den Straßenrändern. Immer mehr Bomben fallen, reißen Wohnungen auseinander, setzen durch Umherspritzen der leicht entzündbaren Mischungen große Flächen in Brand. Treffer in den unterirdischen Leitungen oder durch den Explosionsdruck gebrochene Rohre lassen an vielen Ecken das Wasser aus der Erde sprudeln und riesige Seen bilden. Im Hansaviertel finden die prasselnden Flammen immer wieder neue Nahrung. Hell lodern sie hinter den dunklen Häuserwänden auf, züngeln durch die leeren Fensterhöhlen, gierig um sich greifend und alles niedersengend.«
Luftminen machen den Stettiner Bahnhof für längere Zeit unbenutzbar. Auch der Bezirk Moabit leidet erneut, und diesmal sehr schwer, unter dem Bombensturm. Zerrissene Oberleitungen der Straßenbahn hängen wirr herab ...
In der nächsten Nacht kommen die Engländer wieder: »Nahe dem Lützowplatz reißt eine Luftmine ein großes Mietshaus auseinander. Volltreffer! Die Trümmer des mehrstöckigen Gebäudes verschütten sämtliche Notausgänge für die zahlreichen Bewohner in den Kellern. In wenigen Minuten ist das Schicksal der unglücklichen Menschen dort unten besiegelt ... Noch in der gleichen Nacht arbeiten sich Rettungsmannschaften, unterstützt von Angehörigen der Wehrmacht, in die Keller der Nachbarhäuser vor. Dabei machen sie schaurige Entdeckungen. Einem der Männer, einem Feldwebel der Nachrichtentruppe, hat sich das Erlebte bis heute noch unvergesslich eingeprägt: ›Beim Vor-

dringen in die Kellerräume waren wir auf alles gefasst. Wir bereiteten uns auf das Schlimmste vor. In einem der nahezu intakten Luftschutzräume saßen die bedauernswerten Menschen, scheinbar, als wenn nichts geschehen wäre, um einen Tisch. Ihre Körper waren nur etwas zusammengesunken. Auf einem doppelstöckigen Holzbett in der Ecke saß ein Mann an einen der Pfosten gelehnt. Ich hatte das Gefühl, dass er jeden Augenblick aufstehen müsste, genau wie die anderen am Tisch auch. Doch sie waren alle tot. Der Luftdruck der explodierenden Luftminen hatte ihre Lungen zerreißen lassen.‹«

Man hat ihnen eingeschärft, unter allen Umständen im Keller auszuharren, wo man sie nach einer Verschüttung ausgraben werde. Hier kommen sie, allein gelassen mit ein paar Schaufeln Sand und ein paar Eimern Wasser, um. Die Mauern zittern im Rhythmus der Flaksalven. Sand rieselt ihnen in den Nacken, Staub pudert ihr Haar. So weit sie noch denken können, beginnen sie zu begreifen, dass das System, das ihnen den Mann oder den Sohn, das Haus, Habe, Gesundheit und die Lebensfreude genommen hat, noch weit unmenschlicher sein muss als die Vernichtungsangriffe.

Trotz aller Horrorszenen wissen sie nicht, welche Gefahren ihnen wirklich drohen, denn der Feuersturm von Hamburg wurde auf Anweisung des Propagandaministeriums ebenso geheimgehalten wie der von Kassel. An der Widerstandskraft der Zivilbevölkerung soll nicht gerüttelt werden, lieber faselt man von neuen Wunderwaffen. Goebbels zieht es vor, viele tausende von Menschen vom Monoxydgas in den Kellern einschläfern oder durch Sauerstoffmangel ersticken zu lassen, als sie darüber aufzuklären, dass bei einem

Feuersturm der grausame Weg durch das Flammenmeer die einzige Überlebenschance bietet.
Für die Auslöschung Berlins hatte die RAF einen Kostenvoranschlag von 60.000 Tonnen Bomben erstellt, gemischt nach dem gleichen Rezept wie in Kassel und Hamburg, um in der Reichshauptstadt einen Feuersturm zu zünden, aber die Bomberströme stoßen auf erbitterte Gegenwehr.
Der Draufgänger Hajo Herrmann, der Anführer der ›Wilden Sau‹, verlangt, dass in Berlin die Verdunkelung aufgehoben wird und nicht nur der Himmel über der Stadt, sondern auch ihre Ruinenfelder hell beleuchtet werden. Goebbels lehnt dies als Gauleiter von Berlin ab, und dem abenteuerlichen Sonderverband bleibt die Wahl, seine Selbstmordeinsätze bis zum Frühling auszusetzen oder ›bei einem Wetter zu starten, bei dem sogar noch die Vögel zu Fuß gehen‹.
»Wir mussten dem Bomberkommando auf den Fersen bleiben und ihm in das Wetter folgen, in das wir es gezwungen hatten«, erläuterte der Erfinder des ›Leichentuchs‹: »Wäre das unterblieben, hätte die RAF die Luftherrschaft über Berlin errungen ...«
Was sich nun abspielt, fügt sich nahtlos in die Schreckensszenerie der längsten Luftschlacht über Deutschland ein: Jagdeinsitzer sind typische Schönwetterflugzeuge. Sie haben normalerweise so wenig eine Blindflugeinrichtung wie ihr Flugzeugführer eine Blindflugausbildung. Das gilt zwar nicht für den ehemaligen Kampfflieger Herrmann und nicht für ›Nasen-Müller‹, den früheren Verkehrspiloten, der es auf die unglaubliche Zahl von 36 ›Wilde-Sau‹-Abschüssen bringen wird, aber für die meisten Freiwilligen des mittlerweile zu einer Fliegerdivision ausgebauten JG

300. Viele Piloten müssen als ›Aufsitzer‹ fliegen, das heißt, mit einer Me 109 oder einer FW 190, die sie sich von den Tagjägern ausleihen.
Das kann nicht gut gehen. Ersten halten die Maschinen den Verschleiß nicht aus; und häufig kommen die Leihgaben ohnedies von den Nachteinsätzen nicht mehr zurück. Die im Nebel startenden ›Wilden Säue‹ erleiden oft schon Totalschäden beim Anrollen auf der Piste, sie stoßen in der Luft zusammen, verfranzen sich in den Wolken, überziehen ihre Mühlen, schmieren ab; längst sind sie von der Waschküche dezimiert, bevor sie an den Feind herankommen, dessen Schrecken sie dann freilich noch sind. Beim Rückflug aber finden sie nicht selten ihren E-Hafen nicht mehr und müssen - oft staffelweise - aussteigen und mit dem Fallschirm landen.
Die ›Wilde Sau‹ ist gebändigt, nicht vom Feind, sondern vom Wetter. Für die seltsamen Kamikazehaufen gilt: Der Mohr hat seine Schuldigkeit getan ... Die konventionellen zweimotorigen Nachtjäger starten nunmehr zu einem letzten Höhenflug und zahlen den englischen Pulks die Ohnmacht, zu der sie nach Hamburg verdammt worden waren, mit Wucherzinsen zurück.
Das Lichtenstein-SN-2-Gerät ist endlich einsatzreif, äußerlich erkennbar an einem noch größeren Hirschgeweih am Bug der Me 110 und der Ju 88. Die so ausgerüsteten Maschinen fallen auf die feindlichen ›Silberwolken‹ nicht mehr herein. Sie können ihre Gegner auch noch im dichtesten Gewölk auf 6 km Entfernung orten. Die sich daraus ergebende Taktik nennt sich ›Zahme Sau‹ und ist weniger riskant für die Besatzungen, dafür aber weit gefährlicher für den Feind.

Ein geplanter Vernichtungsangriff auf Berlin in der Weihnachtsnacht wird durch die energische Intervention des Bischofs George Bell der kleinen Diözese Chichester in Südengland verhindert, aber in der Silvesternacht kommen die Angreifer, um in der Reichshauptstadt ein blutiges Neujahr zu veranstalten. Von allen Seiten strömen Einheiten der ›Zahmen Sau‹ herbei, um den Berlinern zu helfen. Die ›Lancasters‹ und ›Halifaxes‹ geraten in ein stundenlanges Gemetzel, werden ununterbrochen angegriffen, erleiden sieben Prozent Verluste. Die Nachtjägerei stellt den Bomberströmen 100, 200 und noch mehr zweimotorige Abfangjäger entgegen. Ihre Asse - damals noch Experten genannt - erzielen bei einem Einsatz oft ganze Abschussserien. Der Erfolgreichste der Nachtjäger, Major Heinz Wolfgang Schnaufer, bringt es auf 121 Nacht-Luftsiege und ist beim Feind so legendär, dass nach dem Krieg seine Maschine in Londons Hyde Park ausgestellt wird.
Die überlebenden Besatzungen berichten Bomber-Harris, dass die deutsche Abwehr ihre Einsätze zu Todesflügen macht. Die Verluste sind unerträglich. Man spricht in der Umgebung des Luftmarschalls ganz offen von einem Abbruch der dritten englischen Luftoffensive, aber auch in der Royal Air Force sticht der Ober den Unter.
Der Amoklauf geht weiter. Wenn der Air Marshal seine Schlacht um Berlin aufgäbe, würde er sein ohnedies umstrittenes System der Flächenangriffe gegen die Wohnbevölkerung in Frage stellen. Nicht nur die Bundesgenossen beginnen, ihm mehr oder weniger offen vorzurechnen, dass die ›gesättigten‹ Bombenwürfe sinnlos sind, weil die deutsche Rüstung ihren Ausstoß

in dieser Zeit sogar verdoppeln und verdreifachen kann. Strategisch gesehen, bringt der Krieg gegen Frauen und Kinder ›Butch‹ Harris kaum mehr ein als den Ruf, nicht weniger unmenschlich zu sein als das System, das er vernichten will.
Am 11. Januar greifen die Amerikaner mit 663 Viermots unter Ausnutzung einer leichten Wetterbesserung bei Tag in die Luftschlacht ein. Ihr Ziel sind Flugzeugwerke im Raum Oschersleben-Magdeburg. Es kommt zu einem blutigen Zusammenstoß mit 207 deutschen Jägern und Zerstörern, die bei 41 eigenen Verlusten 59 ›Fliegende Festungen‹ zur Erde schicken.
Dieser furchtbare Aderlass kann die Kampfkraft der Amerikaner jedoch kaum schwächen, denn sie bauen monatlich über 5000 Kampfflugzeuge. Sie gehen jetzt daran, die Neujahrsparole ihres Oberbefehlshabers zu verwirklichen: »Vernichten Sie die deutsche Luftwaffe, wo immer Sie sie treffen: in der Luft, auf dem Boden und in den Fabriken.«

Als Zaungast geriet in diesen blutigen Januartagen 1944 der berühmteste Jagdflieger der Ostfront in die Schlacht um Berlin: Oberleutnant Erich Hartmann nutzte einen Dienstflug in die Heimat dazu, seine Mutter zu überraschen. Kurz vor der Landung auf einem der zahlreichen E-Häfen rings um Berlin verdüsterte sich der Himmel zusehends. Aber der 22-jährige Oberleutnant konnte seine Me 109 noch auf eine Piste setzen, bevor die Waschküche ganz dicht wurde.
Er schwang sich aus der Kabine, wurde von Jagdfliegern mit Pennälergesichtern umringt und gefeiert. Der schmächtige Offizier, wegen seines jugendlichen Aussehens noch immer ›Bubi‹ genannt, erschrak über die-

sen Kindergarten. Unmittelbar danach flitzten die fliegenden Benjamine an ihre Maschinen. Alarmstart. Tageseinflug ›Fliegender Festungen‹. Verblüfft und verärgert verfolgte der Gast von der anderen Front, dass der Befehl hier blutige Anfänger in die Waschküche hetzte, in der sich selbst alte Hasen nur schwer zurechtfanden. Das Ergebnis dieses kriminellen Einsatzes konnte Oberleutnant Hartmann noch mit eigenen Augen verfolgen: Zehn Flugzeugführer waren gestartet, zehn stürzten ab, ohne auch nur einen Schuss abgefeuert zu haben.
Unmittelbar danach wurde dem Oberleutnant von seinem Reichsmarschall das Flugzeugführerabzeichen mit Brillanten verliehen.
Hartmann nutzte die Gelegenheit, sich bei Göring - der längst im Volksmund Meier hieß - zu beschweren.
Aber welche Antwort erwartet er von dem Mann, der am 7. Oktober 1943 auf dem Obersalzberg festgestellt hatte: »Ich habe meine Auszeichnungen abgelegt. Ich werde sie nicht wieder anlegen, bevor die deutsche Luftwaffe sich so einsetzt und schlägt wie damals, als ich hohe Auszeichnungen dafür erhalten habe. Es bleibt aber dabei; ich befehle: Die Jägerei setzt sich ein bis zum letzten Mann. Das werde ich rücksichtslos durchsetzen. Tut sie dies nicht, dann geht sie in den Infanteriekampf. Um die Verluste der Jägerei kümmert sich das deutsche Volk einen Dreck.«
Oberleutnant Hartmann flog wieder zu seiner Einheit zurück, an die schrecklichste Front eines schrecklichen Krieges. Seit dem gescheiterten ›Unternehmen Zitadelle‹, der letzten deutschen Offensive im Osten, mussten die deutschen Armeen vor der sowjetischen Übermacht ununterbrochen zurückweichen. Die Ukra-

ine ging verloren, und am 3. Januar 1944 hatte die Rote Armee die ehemalige polnische Ostgrenze erreicht. Es war nur noch eine Frage der Zeit, wann ihre massierten Panzerverbände bei dichtem Luftschirm das deutsche Reichsgebiet berennen würden.
Die Russen des Jahres 1944 waren mit denen des Jahres 1941 nicht mehr zu vergleichen - und die Deutschen auch nicht. Abgekämpft, unterlegen in der Bewaffnung, belastet mit der Sorge um ihre Angehörigen, vollbrachten die Soldaten unvorstellbare Leistungen. Sie wichen zurück, aber sie stellten sich immer wieder zu Gegenstößen.
Sie wussten, dass der Krieg im Osten verloren war, aber die Geschlagenen kämpften mit der Illusion, dass sie sich so lange gegen die rote Sturzflut zu stellen hätten, bis die milderen angloamerikanischen Sieger ganz Deutschland besetzt hätten.
Wenn Flugzeuge am Himmel auftauchten, waren es fast immer sowjetische. Die Soldaten in den Auffangstellungen sahen oft wochenlang keine Maschine mit dem Balkenkreuz. Deutsche Kampfflugzeuge, die dringend benötigt wurden, um einen Einsturz der Front zu verhindern, flogen auf Befehl Hitlers gerade Vergeltungsangriffe in England. Und das bedeutete, dass die deutschen Bomber im Januar und Februar auf London 275 Tonnen Bomben abwarfen, auf ganz England 1700. Das war genau der 27. Teil der Todesfracht, den die Briten im gleichen Zeitraum über Deutschland abluden.
So wurden also die letzten Ju-88-Verbände verheizt, und so kam auch die unglückliche He 177 zum Einsatz. Ein Bomber, der - zunächst zu spät, dann überstürzt entwickelt - mit seinen je zwei hintereinander

gebauten Motoren sich während des ganzen Krieges gefährlicher für die eigene Besatzung erwies als für den Feind.
Schon beim Einfliegen waren zwölf Testpiloten nebst Besatzungen brennend abgestürzt. Über Stalingrad, dem ersten Fronteinsatz, weitere fünf. Nach wie vor fing die He 177 plötzlich zu brennen an, sodass die Flieger sie als ›Reichsfeuerzeug‹ verspotteten.
Nach dem Angriff auf London am 22. Januar 1944 sagte Hitler: »Diese Bruchkiste ist offensichtlich der schlimmste Schrott, der je produziert worden ist.«
Solcherlei Fehlplanungen - verschuldet von über 4000 Rüstungsbürokraten - trugen entscheidend zu der sich im Osten anbahnenden Katastrophe bei. Völlig ungehindert von deutschen Luftangriffen konnte die sowjetische Rüstung allmonatlich ihre eigenen Rekorde brechen und die Rote Armee mit Übermacht ausstatten, zum Beispiel mit 30.000 Geschützen im Jahr und 2000 Panzern im Monat.
Ein deutscher Offizier allein hat mit einer speziell umgerüsteten Ju 87 an einem Tag 17 und im ganzen Krieg die unglaubliche Zahl von 519 sowjetischen Panzern abgeschossen, und Generalfeldmarschall Schörner sagte, dass dieser Stuka-Oberst eine ganze Division ersetzt hätte - aber mathematisch gesehen hatte der Pfarrerssohn Hans-Ulrich Rudel nur etwas mehr als eine viertel Panzermonatsproduktion erledigt. Er erzielte mit seiner lahmen Krähe sieben Flugzeugabschüsse. Er versenkte 70 Landungsboote am Kuban-Brückenkopf. Er zerschmetterte Lastwagen, Artillerie- und Flakstellungen, Brücken und Bunker, wurde abgeschossen, schlug sich aus dem russischen Hinterland bis zu den deutschen Linien durch, verlor ein Bein,

flog weiter, insgesamt 2530 Einsätze. Seine persönliche Tapferkeit stand ebenso außer Frage wie sein politischer Fanatismus. Im Gegensatz zu vielen anderen Fliegeroffizieren erwies sich der Mann, für den ein eigener Orden - das goldene Eichenlaub mit Schwertern und Brillanten zum Ritterkreuz - erfunden werden musste, auch nach dem Krieg noch als ein bornierter Nazi.

Die drei Ostgeschwader, JG 51, JG 52 und JG 54, flogen unter unerträglichen Bedingungen weiter. Sie verloren 1000 Flugzeugführer, ebenso viele wie vorübergehend an die Ostfront ausgeliehene andere Jagdfliegereinheiten. Die Überlebenden waren alle dem Tod schon ein dutzend Mal von der Schippe gesprungen, waren drei-, vier-, fünfmal abgeschossen worden, hatten sich, wie Erich Hartmann, bis zur HKL durchgeschlagen und waren dann gleich wieder in die Maschine gestiegen. Hauptmann Helmut Lipfert wurde 15-mal abgeschossen, quittierte den Krieg mit 203 Luftsiegen und stand trotzdem in der Rangliste des Erfolges nicht ganz obenan, nicht einmal in seinem Geschwader JG 52, dem insgesamt mehr als 10.000 Abschüsse zugesprochen wurden.

Der inflationäre Erfolg führte zu der irrigen Meinung, er sei gegen einen leichten Gegner errungen worden. Der Luftkrieg im Osten war anders. Man kämpfte in sehr niedriger Höhe, meistens direkt über dem Boden, und man ging auf den Gegner bis auf 30 m heran. Bewährteste Piloten versagten oft im Westen und die westlichen Asse im Osten, der Front der Einzelkämpfer.

Tatsächlich hatte sich nicht nur die Qualität der sowjetischen Flugzeuge in sehr kurzer Zeit verbessert,

sondern auch das Können ihrer Piloten erstaunlich gesteigert. Die erfolgreichsten alliierten Jagdflieger des Zweiten Weltkriegs waren nicht Engländer und nicht Amerikaner, sondern Russen. Generalmajor Iwan N. Koschedub brachte es auf 62 Luftsiege gegen deutsche Gegner; Oberst Alexander I. Pokryschkin auf 50; weitere 47 Sowjetpiloten erreichten 30 bis 50 Luftsiege.
Wer auf deutscher Seite noch immer flog und kämpfte, war schon ein Überlebensartist und wurde nicht selten zweimal im Jahr ins Führerhauptquartier befohlen, um noch höhere Auszeichnungen entgegenzunehmen. Einmal forderte man dabei Oberleutnant Hartmann auf, seine Pistole abzugeben.
»Sagen Sie dem Führer, dass ich auf die ›Schwerter‹ verzichte, wenn er kein Vertrauen zu seinen Frontoffizieren hat«, fuhr er einen SS-Offizier an - und setzte sich durch.
Lustiger verlief am 3. März 1944 die Fahrt auf den Obersalzberg. Vier Offiziere des JG 52 trafen sich im Zug und stießen auf einen Schaffner mit beachtlichen Schwarzbeständen an Schnaps und Wein. Sie ließen sich zielstrebig vollaufen. Neben ›Bubi‹ Hartmann saßen Gerhard Barkhorn (301 Luftsiege), Johannes Wiese, der an einem Tag im Gebiet Orel-Kursk zwölf bestätigte Abschüsse errungen hatte und zwischendurch fünfmal notlanden musste, und Walter Krupinski (147 Luftsiege).
Am Bahnhof Salzburg empfing die blauen vier der pikierte Luftwaffen-Ordonnanzoffizier Major von Below. Seine Gäste waren laut und lustig, hielten sich aneinander fest und hatten eine gewaltige Schnapsfahne. Und so sollten sie dem ›Führer‹ gegenüberstehen.
Zunächst einmal wurde das Dach des Mercedes bei

vier Grad unter Null abgehoben. Die letzte Wegstrecke mussten die Jägerasse zu Fuß gehen. In der Halle des Berghofs sah Oberleutnant Hartmann eine goldbesticke Militärmütze. Er setzte sie unter dem Gelächter der anderen auf, sie war zu groß, rutschte ihm über die Ohren. Major Below riss Hartmann die Mütze vom Kopf - sie gehörte Hitler. Er dekorierte die vier Offiziere und schickte sie gerade noch rechtzeitig zur nächsten Sowjetoffensive zurück. Auf dem Weg dorthin sahen sie am Himmel riesige Bomberformationen, viermotorige, amerikanische; Pulk an Pulk.

Am 24. März verkündet London unter großem Presserummel, dass die RAF auf Berlin bisher 44.845 Tonnen Bomben abgeworfen habe. Die Angriffe werden fortgesetzt, und damit ein Massaker, das letztlich beide Seiten verlieren müssen.

Typisch für die Sinnlosigkeit der Luftschlacht war der Nachtangriff vom 21. Januar. Nach einem tatsächlichen Bombardement der Reichshauptstadt wurde einen Tag später ein Anflug nur vorgetäuscht. Im letzten Moment schwenkten die fünf Wellen des Bomberstroms nach Magdeburg, 120 km südwestlich, ab. 169 Nachtjäger waren in der Luft, unter ihnen der Kommodore des NJG 2, Prinz Heinrich zu Sayn-Wittgenstein. Er holte in dieser Nacht fünf Viermot-Maschinen herunter, aber nach seinem 84. Luftsieg brannte die linke Tragfläche, und seine Ju 88 driftete nach unten. Es gelang dem Prinzen, sie so lange zu halten, bis die anderen beiden Besatzungsmitglieder ausgestiegen waren. Er selbst schaffte es nicht mehr. Am Morgen fand man ihn unter den Trümmern seiner Maschine.

In dieser Nacht verloren die Engländer 56 Bomber und

die Deutschen mit Hauptmann Manfred Meurer - 65 Luftsiege - ein weiteres Nachtjägerass. Er wurde von einer ›Lancaster‹, die er abgeschossen hatte, mit nach unten gerissen. Ineinander verkeilt, trudelten Freund und Feind zur Erde.
Die Amerikaner bereiten die ›Operation Big Week‹ vor: In einem Sechs-Tage-Einsatz wollen sie mit 2500 Viermots unter starkem Jägerschutz die deutschen Flugzeugfabriken in Dauerangriffen zerschmettern. Der General der Jagdflieger warnte vor Fernjägern, aber Göring tat das ›als Hirngespinste schlapper Defätisten‹ ab.
Als ihn jetzt die Meldung erreicht, dass die ersten ›Mustangs‹ (O 51) im Einsatz sind, lässt er dem zuständigen Kommandeur seinen Tadel übermitteln. Die Zurechtweisung nimmt er zurück, nicht jedoch seinen Befehl, grundsätzlich nur Bomber anzugreifen, worauf einer seiner Kommodores spottet: »Niemand fliegt so sicher über Deutschland wie ein amerikanisches Jagdflugzeug.«
Der ›Mustang‹ hebt die Reichsverteidigung aus den Angeln: er ist ein pfeilschneller Einsitzer, allen anderen Jagdflugzeugen überlegen und zudem - mit einem riesigen Aktionsradius - als Jabo, Sturzkampfflugzeug, leichter Bomber und Aufklärer zu verwenden.
Am Morgen des 20. Februar starten 16 Kampfgeschwader der 8. US-Luftflotte, begleitet von 1200 Jägern, zu den Angriffen auf zwölf Flugzeugwerke in den Räumen Braunschweig, Leipzig und sogar im westlichen Polen. In ihrer ›Großen Woche‹ greifen die Amerikaner bei 3800 Einsätzen 23 Flugzeugfabriken an und mindern deren Produktion um ein Fünftel. Noch kommen von 1000 ›Fliegenden Festungen‹ 60

nicht zurück, aber die Amerikaner bleiben erstmals bei ihren Präzisionsangriffen am Tag unter der Verlustrate der britischen Nachteinsätze.
Deren Ende kommt in der hellen Mondnacht am 30. März. Die ›Battle of Berlin‹ endet nicht über der Reichshauptstadt - wo die Engländer 953 Bomber mit 7000 Mann Besatzung verloren -, sondern über Nürnberg. 795 englische Viermots sollen ›die Stadt der Reichspartei‹ ›hamburgisieren‹ und geraten dabei in die wilde Treibjagd der ›Zahmen Sau‹. Am Morgen muss die RAF 107 Totalverluste und weitere 37 schwer beschädigte Maschinen registrieren. Es ist das vorläufige Ende der Nachtangriffe auf Berlin und auf alle anderen Städte. Ein bitterer Sieg der Reichsverteidigung und zudem nutzlos, denn inzwischen erringen die Amerikaner die totale Luftherrschaft.
Die ›Mustangs‹ fegen die deutschen Jäger vom Himmel. Der Kommodore des JG 2, Oberstleutnant Egon Meyer - der Erfinder des Frontalangriffs -, fällt ihnen, nach 102 Luftsiegen, ebenso zum Opfer wie Oberst Wolf Dietrich Wilcke, nach 162 Abschüssen, und Oberst Walter Oesau, der Kommodore des JG 1, nach 123 Luftsiegen.
»Das Zahlenverhältnis, unter dem jetzt gekämpft wird, liegt etwa bei 1 : 7«, meldet Adolf Galland. »Die Tagjagd hat in den letzten vier Monaten weit über 1000 Flugzeuge verloren, darunter die besten Staffelkapitäne, Kommandeure und Geschwaderkommodores. Diese Lücken sind nicht zu schließen. Wir verlieren je Einflug etwa 50 Jäger. Es ist so weit, dass man sagen muss, es besteht die Gefahr des Zusammenbruchs unserer Waffe.«
Die Jäger kämpfen ohne Chance, aber wenigstens mit

der Illusion, sie könnten den alliierten Luftterror gegen die Heimat einschränken. Jeder Tag erteilt ihnen neue Lektionen, neue Verluste. Ohnmacht brütet Wahnideen aus; und der halbverrückte Major Hajo Herrmann, der das von ihm erfundene Verfahren ›Wilde Sau‹ gegen jede Erwartung überlebt hat, ist mit einer neuen Selbstmordidee zur Stelle.

Göring, der den alliierten Bomberpulks nichts mehr entgegenzusetzen hat, greift sie nur zu gern auf: Rammjäger - wiederum deutsche Kamikaze.

Im Mai wird die erste Sturmgruppe ›feierlich verpflichtet‹. Auf dem Gefechtsstand in Treuenbrietzen sprechen 68 Freiwillige die Worte nach: »Wir geloben bei jedem Einsatz, der zur Feindberührung mit viermotorigen Bombern führt, den Gegner aus nächster Nähe anzugreifen, und falls der Abschuss durch Bordwaffenwirkung nicht gelingt, den Gegner durch Rammen zu vernichten.«

Während die deutschen Kamikazes mit Spannung auf ihren Einsatz warten, lassen die alliierten Angriffe auf das deutsche Reichsgebiet vorübergehend nach und verlagert sich die Luftaktivität der Angloamerikaner nach Frankreich.

Die deutsche Bevölkerung atmet auf, aber die Generale wissen, dass der überraschende Zielwechsel nur die Ankündigung der Invasion auf den Kontinent sein kann, der Anfang vom Ende.

Anfang Juni kommen von allen Fronten alarmierende Nachrichten: In Südpolen und Galizien tritt die Rote Armee zu einer Offensive an. Im südlichen Europa ist der Weg nach Rom frei. Am Sonntag, dem 4. Juni, ziehen die Angloamerikaner in die unverteidigte Ewige Stadt ein.

In Frankreich hat sich die Bombardierung von Bahnhöfen, Brücken, Straßen und Schienenwegen in der letzten Woche noch einmal furios gesteigert. Insgesamt fielen 71.000 Tonnen Vernichtung; oberhalb Nantes steht keine Seine-Brücke mehr. Die eigentliche Zielrichtung tarnt sich hinter einer Wand aus Sprengwolken, aber die deutschen Generale sind sich weitgehend darüber einig, dass die Invasion an der engsten Stelle des Kanals, etwa zwischen Calais und Dieppe, erfolgen wird.
Der Montag, der 5. Juni, ist unfreundlich. Der Wind peitscht den Atlantik mit 50 km/h Geschwindigkeit und wirft 2 m hohe Wellen auf. Die meteorologischen und militärischen Fachleute stimmen überein, dass bei dieser Witterung mit der jetzt täglich zu erwartenden Invasion nicht zu rechnen ist.
Erwin Rommel, der neue Oberbefehlshaber der Heeresgruppe B, nutzt den Aufschub, um zu Hitler auf den Obersalzberg zu fahren. Er will ihm ohne Beschönigung sagen, dass der Krieg verloren ist, wenn sein Abschnitt nicht die angeforderte Verstärkung erhält. Der ›Wüstenfuchs‹ hatte im Sonderauftrag die Verteidigungsanlagen inspiziert und dabei festgestellt, dass der legendäre Atlantikwall in erster Linie eine Propagandafestung war. Von 15.000 geplanten Bunkern stehen erst 5000, weil die Arbeiter nach Bombenkatastrophen immer wieder in das Reichsgebiet abgezogen wurden. Von 547 schweren Küstengeschützen sind erst 299 einbetoniert. Die anderen bieten als bespannte Artillerie mit ihren Pferden den Tieffliegern ein billiges Ziel. Rommel kommt zu der Feststellung: Entweder es gelingt, die Invasionstruppen unmittelbar nach ihrer Landung ins Meer zurückzuwerfen, oder der Weg nach

Deutschland steht ihnen offen. Während er seine schwere Reise antritt, sind die Truppen der ersten Invasionswelle bereits an Bord der 4121 Landungsboote, die von 1213 Kriegsschiffen geleitet werden, und vernehmen den Tagesbefehl des gemeinsamen Oberbefehlshabers Dwight D. Eisenhower ... »Falls ihr über euch ein Flugzeug seht, seid sicher, es ist eines der unseren.«

Gegen Mitternacht überfliegen die Vorauseinheiten von je zwei englischen und zwei amerikanischen Luftlandedivisionen die französische Küste. Die Erde ist in Bodendunst gehüllt, am Himmel steht Gewölk. Die Vorhut des D-Day springt in Nacht und Nebel ab. Die Lastensegler klinken aus und gleiten lautlos in der Seine-Bucht der Normandie nach unten. Auf einmal platzt durch einen Wolkenriss mildes Mondlicht. Ein deutscher Posten feuert auf die Aufkommenden und alarmiert seine schlafende Einheit. Die ganze 7. Armee sollte um zehn Uhr am Strand üben, wie man den Feind zurückwirft. Jetzt vertauschen die Männer ihre Platzpatronen mit scharfer Munition, und Stunden später beginnen sie zu befürchten, dass sie ihr Planziel nie erreichen werden.

Unter dem vernichtenden Feuer der in künstlichen Nebel gehüllten Schiffsartillerie waten zwischen Orne und Vire Wille auf Welle im seichten Wasser an Land, wo jeder Meter Boden von Granaten oder Bomben mehrmals umgepflügt wird. Die Bomber setzen Teppiche von bisher nie erreichter Dichte. Wenige Meter über dem Boden beharken Tiefflieger, was sich auf deutscher Seite bewegt.

Die Angloamerikaner setzen 12.837 Flugzeuge ein, viermal so viele, wie die Luftwaffe an allen Fronten

zusammen besitzt. Die Verteidiger in Dreck und Blut warten verzweifelt auf eine eigene Luftunterstützung. Das Stichwort: ›Drohende Gefahr West‹ sieht vor, dass sämtliche Verbände der Reichsverteidigung - bis auf zwei als ›Stallwache‹ zurückbleibende Jagdgeschwader - nach Frankreich aufrücken, um mit etwa 600 Maschinen - die Hälfte auf Jagdbomber umgerüstet - in die Kämpfe um die Brückenköpfe einzugreifen. Alles, was die Verteidiger an diesem Tag über dem umkämpften Strand sehen, sind drei FW 190, die schleunigst abdrehen, von ›Mustangs‹ verfolgt.
Wegen der gestörten Nachrichtenverbindungen erreicht die Führungsstäbe der Luftwaffe in Frankreich die erste Meldung über die Landung der alliierten Invasionstruppen mit sieben Stunden Verspätung.
Zur gleichen Zeit wird Generaloberst Alfred Jodl aus dem Schlaf gerissen; er weigert sich, Reserven heranzuführen, da er die Landung für ein Scheinmanöver hält, das von der tatsächlichen Invasion ablenken soll. In diesen entscheidenden Stunden schläft Hitler, und keiner wagt, ihn zu wecken. Als er erwacht, sagt bereits Premierminister Churchill im Unterhaus nach einer langen Rede, dass die Invasion angerollt sei, und stellt lapidar fest: »Zur Stunde läuft alles nach Plan.«
Hitler billigt Jodls Entscheidung, die ›tatsächliche‹ Invasion abzuwarten. Er fährt mit seinem Stab zur ›Großen Lage‹ in das Schloss Kleßheim bei Salzburg, wo er einer ungarischen Regierungsdelegation ein Essen gibt. Vor einer großen Karte der Normandie sagt er gut gelaunt: »Die kommen, um vom großen Wolf verschlungen zu werden.«
Die Tischrunde lacht und applaudiert - dabei ist, wenn Rommels Alternative stimmt, die Entscheidung bereits

gefallen, denn 156.000 Angloamerikaner fassen am ersten Tag an fünf Landestellen Fuß.
General Eisenhowers Bluff hatte darin bestanden, nicht zu bluffen. Darauf fallen seine Gegenspieler herein. Das Stichwort ›Drohende Gefahr West‹ wird noch immer nicht gegeben. Schließlich nehmen die Verbände der Luftwaffe am zweiten Invasionstag auf eigene Faust Verlegungen nach Westen vor. Die E-Häfen für die Zwischenlandungen sind überfüllt. Immer wieder werden noch während des Anflugs die Ziele geändert. Kurz nach der Landung erfahren die Flugzeugführer, dass auch die Ausweichhäfen inzwischen durch Bombardierung unbrauchbar geworden sind.
Einheiten werden auseinandergerissen oder von ihren Bodenorganisationen getrennt. Viele Piloten geraten, verzweifelt nach einer Landemöglichkeit suchend, in ausweglose Luftkämpfe. Die Angloamerikaner haben den Himmel über Frankreich schon in der ersten Minute erobert.
Sechs Tage nach der Landung halten die Invasoren ein zusammenhängendes Gebiet von 65 km und erweitern es am 12. Juni durch die Vereinigung mit den auf der Halbinsel Cotentin gelandeten Amerikanern auf eine Breite von 100 km. Sie beginnen, Pipelines und künstliche Häfen zu bauen.
Am gleichen Tag platzen die ersten Explosionen deutscher Raketen in die Siegesstimmung. Durch den Einsatz der V(Vergeltungs)-Waffen kommt ›the Blitz‹ nach London zurück. Während die RAF seit langem auf den verspäteten und jetzt doch überstürzten Einsatz deutscher Raketen vorbereitet war, trifft er die Zivilbevölkerung völlig unerwartet.
Der polnische Untergrund hatte London schon vor ei-

nem Jahr vor einer deutschen Geheimwaffe gewarnt. Durch das vernichtende Bombardement Peenemündes am 18. August 1943 konnte die Auslieferung der ›Wunderwaffen‹ um einige Monate verzögert, nicht jedoch verhindert werden.

Die Konstruktionszeichnungen waren noch vorhanden, und die meisten Forscher hatten - wie Wernher von Braun - den Angriff von 597 Viermots überlebt. Schon ein paar Monate später konnte an der Kanalküste mit dem Bau von 55 Abschussrampen begonnen werden. Sie lagen im Ziel pausenloser Luftangriffe. Mit den Amerikanern zusammen warf die RAF über 100.000 Bomben. Dann konnte, mit fortschreitender Eroberung Frankreichs, General Eisenhower seine Luftstreitkräfte davon überzeugen, dass es zweckdienlicher war, die Raketenküste zu erobern, statt über ihr zu verbluten.

Der V-1-Beschuss sollte am ersten Invasionstag einsetzen, aber der Start verzögerte sich um eine Woche. Oberst Fritz Wachtel, der die Spezialeinheit der Luftwaffe leitet, muss - von Hitler bedrängt und bedroht - vorzeitig mit der ›Vergeltung‹ beginnen.

Die ersten fünf Raketen explodieren beim Start, die sechste im Kanal. Die nächsten vier überfliegen die englische Küste, und eine trifft das Mammutziel London; sie schlägt in Bethnal Green ein und tötete sechs Menschen. Hitler tobt. Die lange angekündigte Wunderwaffen erweisen sich bei ihrer Premiere als fast lächerlich.

Nach dreitägiger Pause kommt es zu einem Masseneinsatz der rückstoßbetriebenen Flügelbombe, die eine Sprengladung von 800 kg mit einer Geschwindigkeit von 650 km/h über den Kanal schicken kann und leicht und billig zu produzieren ist. Am 16. Juni fliegen 244 V 1 nach England. Ihre Steuerung ist mangelhaft, aber 144 krepieren auf der Insel, davon 73 in London.

Die besondere Tücke der neuen Waffe ist, dass sie einschlägt, bevor noch Alarm gegeben werden kann. Täglich heulen jetzt etwa 100 V 1 über den Kanal, eine rauscht während des Gottesdienstes in die Gardekapelle und tötet 130 Zivilisten und Offiziere. In einem Warenhaus sterben 198 Menschen.

Einen Monat nach Beginn des V-1-Beschusses gibt Churchill bekannt, dass 2725 Menschen von den wahllos einschlagenden Flügelbomben getötet wurden. Der britische Regierungschef erwägt - als britische Vergeltung auf die deutsche Vergeltung - den Einsatz von Giftgas über den deutschen Großstädten. Der Premierminister ist nur mit Mühe von seinem Vorhaben abzubringen.

Inzwischen kann die englische Verteidigung fast jede zweite Rakete vor Erreichen des Ziels abschießen: 24 Prozent erledigen die Fighter, 17 Prozent holt die Flak herunter. Aber der V-1-Beschuss geht weiter, der Krieg ist nach London zurückgekehrt. Nach Verlust der Abschussrampen werden die V 1 von Flugzeugen aus abgeschossen.

Dann kommt die V 2 an den Start, die eine Tonne Sprengstoff trägt, mit fünffacher Schallgeschwindigkeit fliegt und deshalb nicht mehr vorzeitig heruntergeholt werden kann. London wird bis Ende März 1945 leiden, dann ist der 1115. Einschlag der letzte. Aber: Insgesamt werden in England während des ganzen Kriegs den Bomben und Raketen 65.000 Menschen zum Opfer gefallen sein - das ist ›nur‹ etwas mehr als

ein Zehntel der deutschen Luftkriegstoten während des Kriegs.
Mit den V-Waffen tritt die Welt - mit deutschem Vorsprung - in das Raketenzeitalter. Früher eingesetzt und technisch besser ausgereift, hätten die V-Waffen womöglich den Kriegsverlauf ebenso beeinflussen können wie eine andere neue Waffe, bei der die Deutschen einen noch größeren Vorsprung hatten: Das erste Turbinenflugzeug war als Me 262 in der Entwicklung, zweistrahlig und rund 200 km/h schneller als die bisher schnellsten.
Die Versuche mit Düsenmaschinen reichten noch in die Vorkriegszeit. Nach der ›Luftschlacht um England‹ wurden alle weiteren Entwicklungen von Flugzeugen, die bis Kriegsende nicht in Serie gehen konnten, eingestellt. Da die deutsche Führung voreilig das Kriegsende 41/42 erwartete, legte man die Turbopläne in die Schublade. Auch die Italiener und Engländer befassten sich mit Düsenmaschinen, aber als man in Deutschland endlich wieder an die Me 262 heranging, betrug der Vorsprung noch immer eineinhalb Jahre.
Am 28. März 1942 war die erste Me 262 - geflogen von Testpilot Fritz Wendel - in der Luft und erreichte eine Geschwindigkeit von fast 900 km/h. Erst im Dezember 1942 wurde die Produktion eingeplant, und das hieß, dass ab 1944 20 Maschinen mit Düsenantrieb gebaut wurden. Der General der Jagdflieger flog am 22. Mai 1943 erstmals die Me 262. Er war fasziniert: »Das ist, als wenn ein Engel schiebt ...«
Dann wurde das Wunderflugzeug Hitler in Insterburg vorgeführt. Er war begeistert - und das war das vorläufige Ende der grandiosen Neuschöpfung, weil er anordnete, sie auf Blitzbomber umzurüsten, obwohl sie

als Jagdflugzeug entwickelt worden war. Die Jagdfliegerasse kämpften um das Flugzeug, mit dem sie - falls es in Massen hergestellt würde - den Himmel über Deutschland wieder hätten freikämpfen können. So nützte Johannes Steinhoff, der Kommodore des JG 77, den Empfang hochdekorierter Luftwaffenoffiziere im Führerhauptquartier, um von Hitler die Me 262 als Düsenjäger zu verlangen.
»Er wandte mir das Gesicht zu und sah mich mit toten Augen an«, berichtet der spätere Inspekteur der Bundesluftwaffe: »Offensichtlich hatte ich ein Tabu verletzt, denn seine Wangen röteten sich ... ›Immer versucht man, mich zu hintergehen und bedient sich meiner frontbewährten Kämpfer, um mich unter Druck zu setzen.‹
›Mein Führer‹, sprach ich schnell weiter: ›Ich habe vor ein paar Tagen die Me 262 geflogen.‹
Seine Stimme klang plötzlich metallisch hell und drohend: ›Ich will das nicht mehr hören. Ich möchte mit diesem Unsinn in Ruhe gelassen werden. Das Schicksal bietet mir hier eine einmalige Chance für eine furchtbare Vergeltung, und da will man mir diese durch kurzsichtige Querelen zwischen den Bombern und Jägern zerschlagen. Ich habe entschieden, dass dieses Flugzeug ein Bomber, ein Blitzbomber - meine Vergeltung - sein wird ...‹«
Hitlers unsinniges Veto verzögerte daher den Bau der Me 262 um ein Jahr. Dann soll der erste Jet der Welt Anfang August seine Feuertaufe in der Schlacht um Avrenches als Jabo mit Piloten des KG 51 erhalten. Das Aufgebot besteht aus neun Maschinen. Beim Start gehen durch Bedienungsfehler die ersten beiden zu Bruch, weil für die Flugzeugführer keine Zeit gewesen

war, das Abheben mit vollem Gewicht zu üben. Die dritte 262 fällt bei einer Zwischenlandung in Schwäbisch-Hall aus. Die vierte macht schließlich bei einer Notlandung Bruch.
Die übrigen fünf sollen Hitlers ›furchtbare Vergeltung‹ gegen eine 50fache Übermacht herbeiführen. Die alliierten Luftflotten operieren seit 24. Juni auch von 23 in Frankreich eroberten Flugplätzen, sowohl zu taktischen Einsätzen an der nahen Front wie zu strategischen Flügen auf Ziele in Deutschland. Ihre Bombeneinschläge sitzen so dicht, dass der Kommandeur der hervorragenden Panzerlehrdivision nach einem massiven Angriff von fast 2500 Feindmaschinen feststellt: »70 Prozent meiner Truppe sind tot, verwundet oder mit den Nerven am Ende.«

Der 7. Juli ist ein schöner Sommertag, und das heißt nach der Erfahrung des Jahres 1944: Mit der Sonne kommt der Tod. Schon um 6.20 Uhr meldet die Funkhorchabteilung West den Massenstart amerikanischer B 17 und B 24. Die Stunde der Rammjäger ist gekommen, dieser verwegenen, verzweifelten und verstiegenen Freiwilligen.
Die Motoren springen an. Die Bremsklötze werden zur Seite gerissen. Während die von süddeutschen E-Häfen gestarteten Maschinen des JG 300 sich in 1000 m Höhe über dem Fliegerhorst Ansbach sammeln, sind 756 ›Fortresses‹ und 373 ›Liberators‹, eingemottet in Jagdschutz, unterwegs nach Mitteldeutschland, um die Leuna-Werke in Merseburg zu zerbomben. General Carl Spaatz, Befehlshaber der US-Streitkräfte in Europa, war sich des Sieges in Frankreich so sicher, dass er schon zwei Tage nach dem D-Day die Vernichtung der

Ölversorgung zum ›strategischen Ziel Nummer eins‹ proklamiert hatte.
Die Rammjäger bilden die Sturmgruppe. Durch die Panzerung ihrer Maschinen erhöht sich das Normalgewicht der FW 190 von 4,4 auf sieben Tonnen. Da die Maschinen dadurch unbeweglich werden, müssen sie von je zwei Gruppen Me-109-Jägern begleitet werden, die man ›abmagerte‹, um sie so leicht und beweglich zu machen, dass sie den ›Mustangs‹ ebenbürtig waren.
Während des Anflugs erfahren die Rammjäger und ihr Begleitschutz pausenlos den Kurs der eingeflogenen Viermots. Über Leipzig geraten sie in 4000 m Höhe in das Feuer der eigenen Flak. Major Walther Dahl, der Kommodore, lässt Erkennungssignale schießen, aber die erste Maschine schmiert schon ab, und drei weitere sind angeschossen.
Der US-Verband kommt in Sicht. Zwölf Pulks mit etwa 600 ›Liberators‹, weit auseinandergezogen, begleitet von 400 Fernjägern - die Blitzluftschlacht über Allersleben beginnt.
90 Maschinen, unter ihnen zwei Gruppen Rammjäger, erhalten den Angriffsbefehl. Aus den Kopfhörern dröhnt der Schlachtruf: ›Rabazanella:‹ In einem Halbkreis jagen sie von hinten mitten in den Pulk der 492. Bombergroup, sprengen ihn und schießen aus nächster Nähe eine Viermot nach der anderen ab. Während die Me-109-Begleiter in wilde Luftkämpfe mit den ›Mustangs‹ und ›Lightnings‹ verwickelt sind, sammeln sich die Rammjäger wieder und stürzen sich auf die nachfolgende Welle.
»Noch dichter aufschließen zum Sturzangriff!«, befiehlt der Kommodore. »Wer keinen abschießt, rammt!

Ra-ba-za-nel-la!« Die vierte Sturmgruppe, angeführt von Hauptmann Wilhelm Moritz, nimmt Maß und fegt geschlossen in den Verband. Die Rammjäger eröffnen das Feuer aus 200 m Entfernung und schießen 30 ›Liberators‹ in Brand. Feldwebel Föllgens sieht, wie sich die Stichflammen seiner Hexogenmunition in die B 24 hineinfressen, er verfolgt, wie der Rumpf brennt und der Bomber nach unten torkelt und reißt seine gepanzerte FW 190 hoch, um dem Wrack auszuweichen.

Die nächste ›Liberator‹ kommt in Sicht. Föllgens feuert sofort - und hat Ladehemmung. Da fliegt er so nahe auf die B 24 zu, dass der Heckschütze immer größer wird. Seine Maschine bohrt sich in den Bomber, er spürt den Anprall als harten Stoß, der sein Kabinendach wegreißt, und dann den beißenden Luftstrom. Gleichzeitig trudelt die Viermot mit ihren zehn Mann Besatzung über die linke Tragfläche nach unten.

Der Feldwebel löst sich von seinen Haltegurten, kommt aus der FW 190, hat die Nerven, sich fast 40 Sekunden frei nach unten fallen zu lassen, sonst würden ihn Kälte und Sauerstoffmangel töten - er zieht die Reißleine seines Fallschirms, spürt den Entfaltungsstoß und schwebt sanft der Erde entgegen - ein Überlebender des Rammangriffs.

Der erste Pulk wurde völlig vernichtet, der zweite verlor 28 Viermots. 24 US-Jäger werden von deutschen Jagdeinsitzern heruntergeholt. Noch stärker als die Verluste ist der psychische Schock der Bomberbesatzungen. Sie werden mit einem Schreibverbot belegt. Das JG 300 verliert fünf Flugzeuge mit ihren Piloten.

Nach dem Einsatz sagt Major Dahl zu Adolf Galland: »Herr General, sofort zehn solcher Gruppen, und die

Zivilbevölkerung ist gerettet.« Sie ist es nicht, obwohl jetzt jedes Jagdgeschwader seine eigene Sturmgruppe erhalten soll und die Rammjäger - sie unterscheiden sich von den japanischen Kamikazes nur durch die häufig theoretische Möglichkeit, nach dem Zusammenstoß noch mit dem Fallschirm auszusteigen - mit gleicher Verve und Wucht immer wieder in die feindlichen Pulks fahren.

Seit dem Frühsommer verliert die Luftwaffe jede Woche 500 Jäger. Als Ersatz für die ausgefallenen Flugzeugführer liefern die Kriegsschulen im Fließbandverfahren halbflügge Pimpfe nach, von denen jeder Zweite spätestens beim zehnten Einsatz vor dem Feind bleibt. Anfänger mit 50 Flugstunden müssen sich mit einem Gegner messen, der in 250 bis 300 Stunden zur Frontreife ausgebildet wurde. Aus der Jagdwaffe wird, wie ihr General feststellt, die ›Gejagt-Waffe‹.
Sie haben sich den Fronteinsatz anders vorgestellt. Sie müssen sich auf ihren Plätzen förmlich verkriechen. Jede Maschine, die nicht meisterlich getarnt ist, geht bereits am Boden in Flammen auf. Unbewaffnete Flugschüler, die ihre ersten Platzrunden drehen, werden abgeschossen, bevor sie überhaupt begreifen, dass sie in einen Angriff geraten sind. Die Novizen des Grauens erleben die Hölle am Himmel. Ihr Horizont ist der Heldentod.
Aber die Luftwaffe hat auch im Jahre 1944, das ihre Niederlage vorwegnimmt, ihre Faszination auf die Jugendlichen nicht verloren. Noch immer melden sich weit mehr Freiwillige, als sie gebrauchen kann: Sportlichkeit, Zeitgeist, idealistische Verblendung und salbadernde Lehrer, die ihre U.k.-Stellung dadurch auf-

rechterhalten, dass sie sich als besonders blindwütige Nationalsozialisten gerieren, sorgen dafür, dass die Luftkriegsschulen überbelegt bleiben. Und die schicken jungen Leutnants mit dem Ritterkreuz, denen alle Mädchen nachsehen. Jagdflieger mit Eichenlaub, den goldenen Frontflugspangen. Bilderbuchoffiziere mit den pelzkragenbesetzten ledernen Paletots, mit wachen Augen und gespannten Gesichtern.
Und die Wochenschau, die unentwegt zeigt, wie feindliche Flugzeuge brennend zur Erde stürzen und die eigenen Jäger durch das Wackeln mit den Tragflächen ihre Luftsiege signalisieren. Die 17-jährigen, die den Hochdekorierten nachsehen und nacheifern, wissen nicht, dass einer stellvertretend für 100 oder 500 steht, die bei dem Versuch, sich die ›Blechkrawatte‹ zwischen den Kragenecken zu verdienen, das Birkenkreuz gewannen - abgestürzt, abgeschossen, zerschmettert oder verbrannt.
Und weiter wirkt der Traum vom Fliegen, locken die ›Eierstarts‹ nebst Fliegerschokolade und Frontkaffeezulage, und auch das Gesöff in der Feldflasche: Rum oder Cognac mit Pervitin.
Zwei Jahre dauerte im Frieden die Ausbildung zum Piloten; jetzt wird die Grundausbildung gekürzt und zuletzt ganz gestrichen. Erich Kreuzer aus München, einer der Jungen von damals, im Schnellkurs vom Flugschüler zum Fluglehrer im Leutnantsrang ausgebildet, erinnert sich, dass jeder Dritte der Nachwuchsflugschüler schon bei der Ausbildung auf der Strecke blieb, abgestürzt aus Mangel an Erfahrung, aus Unvorsichtigkeit oder abgelöst wegen des berüchtigten Paragrafen 91: Verstoß gegen die fliegerische Zucht und Ordnung.

Ersatz war vorhanden. Mit der Auswahl ging es nicht mehr so genau, weder was die Schulbildung noch was die Sehschärfe betraf. Der Kampfgeist war wichtiger. Und wenn man bei der psychologischen Prüfung auch noch die albernen Fragen beantworten konnte: Warum im Wald Bäume wachsen, oder was geschähe, wenn der Mond aus Käse wäre, oder wie man sich verhielte, wenn beim Tanz einer Dame das Monokel in das Dekolletee fiele, war man als Offiziersbewerber für das fliegende Personal angenommen. Als Antworten wurden übrigens erwartet: »Weil die Bäume im Blumentopf keinen Platz haben«, oder »Es gäbe keine Gezeiten«, oder »Ich würde mich höflich entschuldigen und mein Ersatzglas aus der Tasche holen«. Das genügte, um als Aspirant des Fliegertodes akzeptiert zu werden. Ein paar Platzrunden mit dem Fluglehrer, dann hieß es: frei fliegen oder Infanterie. Nach seiner Grundausbildung erlebte Kreuzer, wie während des theoretischen Unterrichts ein Flugschüler unmittelbar neben der Schulungsbaracke ungespitzt in die Erde jagte und in einem einzigen Feuerball verbrannte.

»Wo gehobelt wird, da fallen Späne«, sagte der Inspektionsschef. »Gelobt sei, was hart macht«, sprach er sein barbarisches Requiem und kam wieder zum Thema. Am Nachmittag stiegen 17- und 18-jährige in die Schulungsmaschinen und versuchten, nicht ungespitzt in die Erde zu rammen.

Viele von ihnen wurde halbflügge von ›Lightnings‹ oder ›Mustangs‹ abgeschossen. Andere bauten Bruch und wurden von erbosten Bauern für alliierte ›Mordbrenner‹ gehalten. Die Goebbels-Propaganda war dazu übergegangen, zuerst versteckt, dann fast offen den ›gesunden Volkszorn‹ gegen abgeschossene angloame-

rikanische Bomberbesatzungen anzuheizen, weshalb das Oberkommando der Luftwaffe anordnete, dass von nun an alle Kombinationen mit der Aufschrift ›Deutsche Luftwaffe‹ versehen werden mussten.
Die jüngsten Piloten mit der Patentausbildung waren Morituri, und so versuchten sie im Schnellgang noch etwas vom Leben zu haben, erschreckten zum Beispiel am Wannsee Segler durch Tiefangriffe. Einer von Kreuzers Crew-Kameraden vergnügte sich damit, auf der Autobahn Dresden-Breslau Kraftfahrer zu ärgern: Er jagte mit einer ›Arado 96‹ in 5 m Höhe über den linken Autobahnstreifen entlang, bis ihm ein Fahrzeug entgegenkam. Dann fuhr er das Fahrwerk aus und rollte ein paar Meter über die Autobahn und riss, als der Fahrer anhielt und im Straßengraben Deckung suchte, die Mühle wieder hoch und zischte knapp über das anvisierte Ziel hinweg. Alles, was verboten war, reizte, und so wurden die bunten Halstücher, das unmilitärische Benehmen, der verwegene Haarschnitt letztlich zur Werbung für einen verlorenen Haufen.
Kreuzers Crew wurde auf den Flughafen Göppingen verlegt, wo sie auf eine wilde Horde von Flugzeugführern stieß: »Jeder flog in einem anderen Aufzug: gelber Schal, roter Schal, Halbschuhe, Pelzstiefel, Lederkombi, Sommerkombi, ohne Kombi. Jeder nach seiner Fasson. Wir waren an die 40 Piloten, und der Zufall wollte es, dass just zu diesem Zeitpunkt 800 Mädchen zu Motorwarten ausgebildet wurden. Wir lebten wie im Paradies. Wir brauchten unsere Fallschirme nicht mehr von den Lagerräumen zur Maschine zu tragen; unsere Stuben und Fenster wurden auf Hochglanz poliert, und wir bedankten uns dafür, indem wir mit einem kurzen Gasgeben unsere fleißigen Lieschen von

den Tragflächen herunterpusteten.« Solcherlei Episoden sprachen sich herum, und die 17-jährigen, die von Göppingen träumten, landeten auf dem Heldenfriedhof und zogen sich dabei noch den Hass der Infanteristen zu.

»Die Fliegerpriviligierten waren oft der Grund bösartiger Angriffe durch die anderen Truppenteile«, schreibt in seinem Buch ›Stuka‹ Valentin Mikula, der als junger Ju-87-Pilot Kampf und Niedergang der Todesvögel erlebt hatte: »Sie hatten besseres Essen und schliefen in Offiziersbetten. Flieger hatten es wirklich gut, solange sie lebten, aber meistens lebten sie nicht lange. Dies wussten die anderen nicht so genau, sie sahen sie immer wieder fliegen. Es war aber innerhalb der Luftwaffe nur ein kleiner Bruchteil, der an den Feind musste, und dieser Bruchteil löste sich oft und oft in Staub auf und kam den Engeln des Himmels als Sand vor die Augen geflogen. Der Erdtruppe ging es viel schlechter, aber sie lebten etwas länger. Fliegendes Personal war Verschleißmaterial, und ein paar Tage, die sie vom Tod trennten, wurden ihnen angenehm gemacht, sie mussten es haben, sonst hätten sie nicht fliegen können, mit leerem Magen kann man nicht fliegen. Die Flieger brachten am wenigsten Verwundete aus dem Krieg nach Hause, prozentual hatten sie aber die größten Ausfälle, diese Ausfälle waren tot. Zurück blieb nur das Bodenpersonal, das auf Flieger wartete, um diese zu bedienen. Die alten Flieger vereinigten sich beim Teufel und warteten dort auf Nachschub.

Der Flieger wartet nicht, bis der Feind angreift, er muss angreifen, immer wieder. Er muss auf alles achten, auf Motor und Instrumente und den Luftraum und seine Kameraden. Erst wenn die Maschine ausgerollt ist und steht, kann er sagen: ›Hurra, die Erde hat mich wieder.‹ Vom Start bis zur Landung besteht Lebensgefahr, aber dies sah man von der Erde aus nicht.«

Zur blutigen Narrenposse des Jahres 1944 gehörte auch, dass auf einmal Flugzeuge in jeder Menge zur Verfügung standen - freilich ohne Sprit. Die Produktionsstätten waren unter die Erde verlegt worden, und trotz massierter Luftangriffe brachte es die deutsche Flugzeugindustrie im vorletzten Kriegsjahr auf 40.000 Maschinen, ein Drittel so viel, wie während des ganzen Zweiten Welkriegs hergestellt worden waren. »Das bedeutete«, schreibt in seinem Buch ›Die Luftwaffe‹ Herbert Molloy Mason, »die deutsche Flugzeugproduktion hatte vier Jahre zu spät ihren Höchststand erreicht. Mehr als 60 Prozent der Produktion des Jahres 1944 waren Jäger, darunter waren aber viel zu wenig Düsenmaschinen, die - wären sie früh genug in ausreichender Zahl erzeugt worden - die amerikanischen Tagesangriffe bis zum Einsetzen wirksamer Gegenschläge aufgehalten hätten. Willy Messerschmitts zweimotoriger Düsenjäger, die Me 262, war als Prototyp bereits am 1. März 1940 in Auftrag gegeben worden. Probeflüge hatten bei den Luftwaffenpiloten, die das Glück hatten, mit dieser Maschine zu starten, Begeisterung erweckt. Die Standardausführung der Me 262 hatte eine Geschwindigkeit von etwas weniger als 900 km/h und eine Gipfelhöhe von 12.000 m.«

Aber Hitler wollte keinen Jäger, sondern einen Bomber. Selbst noch als Wrack im unterirdischen Befehlsstand erwog er, mit Hilfe von Fernbombern Giftgas einzusetzen, und, wie sein Leibarchitekt Albert Speer -

der nach dem Schlimmsten in letzter Stunde wenigstens das Allerschlimmste verhinderte - mitteilte, malte er sich mit grellem Enthusiasmus Luftangriffe auf die Häuserschluchten von New York aus, geflogen von viermotorigen Strahlflugzeugen, die er nicht hatte.
Inzwischen setzten auch wieder RAF-Nachtangriffe gegen das Ruhrgebiet ein. Sie galten in erster Linie zehn Werken der synthetischen Benzingewinnung. Die Verluste der Engländer gingen schlagartig auf 2,2 Prozent zurück, was das Ende der deutschen Nachtjagd bedeutete. Einmal büßte diese durch den raschen Vormarsch der Alliierten in Frankreich ihre Frühwarnkette ein, und dann war den Engländern ein unerwartetes Geschenk in die Hände gefallen:
In den Morgenstunden des 13. Juli ersuchte ein für einen ›Mosquito‹ gehaltenes Flugzeug auf dem Flughafen Woodbridge in Suffolk um Landeerlaubnis. Die Maschine setzte auf und rollte zum Ende der Piste. Die verdutzten Engländer sahen das Balkenkreuz an der Ju 88, sie schickten einen Bus. Und erst jetzt merkte der Pilot, ein Unteroffizier des 7. NJG. 2, dass er sich verirrt hatte, dass er auf der Insel gelandet war. Mit der Ju 88 fielen den Briten das neue SN-2-Radargerät und die Flensburg-Peilanlage in die Hände.
Sie schnitten ihre Stanniolstreifen auf die veränderte Wellenlänge zurecht, und die deutsche Nachtjagd war wieder geblendet. Den furchtbaren Tagesangriffen der Amerikaner folgten nahtlos wieder katastrophale Nachtraids der Engländer.
Längst waren die 8. US-Luftflotte in England und die 15. in Italien zur Technik des ›Shuttle-Bombing‹, der Pendel-Bombardierung, übergegangen: Die in Foggia startenden Pulks landeten auf der Insel, die von süd-

englischen Häfen aus operierenden in Italien; der Anflug war zugleich Rückflug - und auf halbem Weg lag Deutschland. Von Frankreich aus griff jetzt auch die 9. US-Flotte in die Kämpfe ein. Nur als der Pendelschwung auch noch nach Russland ausgedehnt werden sollte, kam die Luftwaffe zu ihrem letzten Schlag an der Ostfront.

Die misstrauischen Russen hatten lange gezögert, den Amerikanern in ihrem Aufmarschgebiet Landeplätze einzurichten. Ihre Zusage von sechs verringerten sie später auf drei Base: Poltawa, Mirgorod und Pirjatin.

Von Italien her starteten am 2. Juni 130 ›Fliegende Festungen‹ und 70 ›Mustangs‹ zu Angriffen auf ungarische Ölziele. Dann flogen sie in Paradeformationen in das Aufmarschgebiet der Roten Armee und von da neun Tage später zurück.

Um wenigstens diesen Pendelschwung zu unterbinden, starteten am 22. Juni 200 deutsche Kampfflugzeuge von Ostpolen aus auf die 1000 km entfernter liegenden Ziele. Unter ihrem Angriff zerbarsten 43 ›Fliegende Festungen‹ und 15 ›Mustangs‹, 1,7 Millionen Liter Kraftstoff gingen in Flammen auf, aber im Gegensatz zur Luftwaffe konnten die Alliierten den Verlust verschmerzen.

Die konzentrierten Angriffe auf Hydrierwerke und Raffinerien hatten katastrophale Folgen. 90 Prozent des Flugzeugbenzins entstanden an 54 Orten, die von nun an im ununterbrochenen Bombenhagel lagen. Die Herstellung ging von April bis Juni um die Hälfte zurück, und die Luftwaffe hatte bereits während der Invasion Spritsorgen.

Im Juli lagen Leipzig, München, Augsburg, Schweinfurt, Dessau, Kiel und wiederholt Stuttgart im Zentrum der Luftangriffe. Im August Peenemünde, Saarbrücken, Rüsselsheim, Königsberg und Stettin. Es geht zurück an allen Fronten: Am 10. August fällt Florenz, am 25. Paris, am 27. fliegt die RAF den ersten Tagesangriff auf Deutschland, und am 31. nehmen die Sowjets Bukarest ein und bemächtigen sich des rumänischen Ölgebiets.

Im September erhalten die fliegenden Verbände gerade noch ein Sechstel ihres Sprit-Mindestbedarfs, und für ihre Besatzungen gilt das drastische Wort des US-Generals George Patton: »Meine Männer können ihre Koppel und auch ihre Stiefel fressen, aber sie können nicht den Treibstoff pissen, den sie brauchen.«

Die US-Truppen haben Luxemburg erreicht. Amerikanische Tiefflieger, endgültige Herren im Luftraum über Deutschland, zerstören die Fabriken, knallen Lokomotiven ab, setzen jeden Tankwagen in Brand, stöbern noch das letzte Benzinlager auf.

An den Flakgeschützen stehen jetzt 900.000 Menschen beiderlei Geschlechts, Mädchen und Baby-Kanoniere: sie verwandeln mit der elektronisch gesteuerten 8,8, der 10,5 und der 12,8 die Bombenziele in »Hydrier-Festungen‹. 300.000 Zwangsarbeiter fahren als ›Sonderstab Geilenberg‹ hinter den Schäden her, versuchen zu retten, was zu retten ist, aber die Produktion von Flugzeugbenzin sinkt auf 7000 Tonnen (April: 175.000).

Während General Galland auf Sprit und gutes Wetter wartet, um mit einem Massenstart seinen ›großen Schlag‹ zu führen, wird seine Reserve aufgelöst und tausende von Luftwaffensoldaten als verspottete Hermann-Göring-Spende an das Heer abgegeben und der Westfront überstellt.

Längst ließ sich vor der Bevölkerung die geborstene Luftabwehr nicht mehr verheimlichen. Göring war nicht mehr der Eiserne, sondern der Schwabbelige. Selbst bornierte Nazis konnten dem alten Volkswitz, der Krieg sei zu Ende, wenn Göring in die Hosen von Goebbels passe, nichts mehr abgewinnen. Sie begriffen allmählich, dass er früher und fürchterlicher enden würde.

Um bei seinem Führer nicht noch mehr in Ungnade zu fallen, suchte der Reichsmarschall Sündenböcke. Auf einer Kommandeurtagung Anfang Oktober 1944 nahm er sich die Offiziere vor, die sich bisher am tapfersten für ihn geschlagen hatten, die Kommodores der Jagdgeschwader; er bezeichnete sie vor allen anderen als ›alte, fette Kakadus, müde Hengste, mit und ohne Eichenlaub‹.

»In diesem Augenblick betrat der ›Kapaun‹ den Saal... Es wurde eine beißende Anklagerede«, schildert in seinem Buch ›In letzter Stunde - Verschwörung der Jagdflieger‹ Joachim Steinhoff die Szene: »Ohne Umschweife begann er in der unwürdigsten Form Vorwürfe auf uns Jagdflieger zu häufen. Die Lage sei ernst, und das deutsche Volk verstünde nicht, warum die Jagdflieger feige versagten. Man sähe die Verbände der viermotorigen Festungen bei strahlendem Sonnenschein ihr Vernichtungswerk verrichten - aber weit und breit sei kein deutscher Jäger in Sicht. ›Ich habe euch verwöhnt. Ich habe euch mit Auszeichnungen überhäuft. Das hat euch satt und faul gemacht. Der ganze Abschussrummel war doch eine einzige Lüge. Kein Mensch glaubt euch diese astronomischen Abschusszahlen - erstunken und erlogen. Wir haben uns bei den Engländern unsterblich blamiert, nicht ein Bruchteil

dessen, was ihr als Erfolge gemeldet habt, ist abgeschossen worden.‹«
Kommodore wie Steinhoff, Lützow, Trautloft und andere schlossen sich unter dem Motto ›Der Dicke muss weg!‹ zusammen. Sie verlangten die Ablösung Görings - statt dessen wurde ihr Jagdfliegergeneral Galland abgesetzt.
Und sie flogen weiter, bis zur letzten Stunde.
Einer von ihnen war der damals 20-jährige FW-190-Pilot Rudolf Braunburg. Er überlebte, wurde später Flugkapitän der ›Lufthansa‹ und erfolgreicher Autor spannender und vielgelesener Romane. Braunburg brauchte mehr als 30 Jahre, um sich in ›Der verratene Himmel‹ von seinem Trauma freizuschreiben. Nichts könnte den Wahnwitz der Zeit besser zeigen als seine erschütternde, suggestive Schilderung: »Starten und steigen und kurven und kämpfen ... den ganzen Winter über - wie ich den ganzen Herbst lang gestartet, gestiegen und gekurvt und gekämpft habe. Und wenn der Winter vorbei ist, kommt der Frühling; und auch dann werde ich starten und steigen und kurven und kämpfen. Ich will nicht mehr! ... Meine Arme zucken wie im Veitstanz; ich muss die Hand vom Steuerknüppel gleiten lassen. Jetzt beginnen auch meine Eingeweide zu toben; mein Magen explodiert. Säure und Speisereste schießen mir in den Mund; ich schlucke, schlucke wie verrückt. Vergeblich! Was ich einen Herbst lang zurückgedrängt habe, kommt jetzt hoch, muss raus, muss rülpsen, kotzen, stinken können ...
Schwarze Punkte vor den Augen, die größer und größer werden. ›Mustangs‹, ›Lightnings‹, ›Thunderbolds‹, ›Spitfires‹, ›Hurricanes‹, ›Fortresses‹, ›Marauders‹, ›Havocs‹, ›Black Widows‹, ›Liberators‹, ›Man-

chesters‹, ›Lancasters‹, ›Super Fortresses‹, ›Super super Fortresses‹ ... ›Lightnings‹ ...
Ich reiße hoch, ich schiebe Kampfleistung rein, der Motor heult auf wie ein gepeinigtes Tier, ich mache alles, was falsch ist: Ich latsche links rein statt rechts, ich drücke, wenn ich ziehen müsste, ich rolle, wenn ich stürzen sollte ...Jetzt sind sie um mich, über mir, hinter mir, vor mir, zwischen mir, in mir ist die Sonne, der Mond ist aufgegangen, sechs, sieben, acht ›Lightnings‹, neun, zehn, elf, zwölf Leuchtspurgarben, durch die ich trudle, slippe und giere, ich rolle mich auf den Rücken und über mir ist die Erde, endlich die richtige Perspektive, die Sonne im Revi, ich drücke auf alle Knöpfe, es schüttelt, rüttelt und kotzt aus mir heraus, Brandmuni, Sprengmuni, Schweiß, Kot, Urin ...
Es brüllt, stampft, rasselt, es kracht, klirrt, knallt. Meine Hände haben sich um die Waffenhebel und Knöpfe verkrampft. Acht Leuchtspurbahnen rasen auf die Sonne zu. Meine Maschine bäumt sich auf, torkelt durchs All, mein Körper taumelt durchs All ... Ich überziehe, die Geschwindigkeit fällt runter wie ein Stein, die Hundertneunzig fällt runter wie ein Stein, ich trudle. Der Wind, der Sturm heult, pfeift, dudelt, jodelt. Die Hundertneunzig schreit grell und scharf auf, sie ist voller Leben, sie will nicht sterben, sie wehrt sich, ihr Motor keucht, röchelt. Sie schüttelt sich, und sie fängt sich schließlich wieder ...
Aufschwung, Abschwung, Immelmannn und Turn. Halbe Rolle: Jetzt schleudert der ganze Unrat, den ich produziert habe, gegen das Dach. Ich habe literweise Schweiß, Kot, Urin produziert, ich habe nichts als stinkenden Unrat in mir gehabt, jetzt bin ich leer, jetzt sind die Magazine leer, ich sauge meinen eigenen Unrat

durch die Atemmaske ... Lautlose Stunde. Alle ›Lightnings‹ sind jetzt hinter mir; alles konzentriert sich auf die folgenden Sekunden, die Welt hält den Atem an ... jetzt wird, jetzt muss, jetzt soll es geschehen, damit endlich, endlich Ruhe, Frieden, Harmonie ist, damit alle Kriege aufhören, dies ist der Tod, der alle Tode beenden wird ...
Meine Hundertneunzig stellt sich quer wie ein verstörter Gaul. Schwarze Schleier, schwarzer Dunst. Aus dem Dunst ragt die Spitze der Marienkirche ... Dort die Ziegelei am Wartheufer, die Steinbrücke, die Raddampfer ...
Mein Motor steht. Die Luftschraube steht. Rote Lampen im Cockpit. Nichts als das sanfte Heulen des Windes, Eisfelder, Schneewiesen vor mir: der Warthebruch. Meine Hand am Knüppel. Im Rückgrat, dicht überm Gesäß, stechende Schmerzen ...
Abgefangen. Eine Schar Wildgänse fliegt auf. Runter! Aufschlag! Vorbeiorgelnde ›Lightnings‹, flächenwackelnd ...
Der Backsteinturm der Marienkirche in der Scheibe ...
Raus! Raus!! Raus!!!
Ich bin schon raus, etwas hat das Dach abgesprengt, mich rausgehoben, mich sanft in die vereisten Wiesen gesetzt; die dünne Eisschicht hat gehalten. Eine unendlich sanfte Leichtigkeit ist in mir; kein Wunder: ich habe keine Eingeweide, keine Munition mehr in mir; ich habe allen Unrat ausgekotzt, ausgepisst, ausgeschissen ...«

Im Dezember erging der seltsamste Kampfauftrag des ganzen Kriegs an die Luftwaffe: Bei schlechtem Wetter hatten die Piloten möglichst tief über der Erde in den Wolken über den alliierten Stellungen zu kreisen, ohne zu kämpfen. Sie sollten viel Lärm erzeugen, um vom Rumpeln der Panzermotoren abzulenken. Hitler startete seine Ardennenoffensive, die im Westen die Reserven aufzehrte, die der Wehrmacht im Osten fehlten.

An Silvester 1944 - der deutsche Vormarsch war längst stecken geblieben - wird der deutschen Jagdwaffe mit der ›Operation Bodenplatte‹ der kollektive Selbstmord befohlen: Im Tiefflug sollte jede verfügbare Maschine die feindlichen Linien überfliegen und die angloamerikanischen Flugzeuge am Boden vernichten.

Die Männer stießen noch auf das neue Jahr an, das für viele nur ein paar Stunden währen würde. Um vier Uhr stiegen sie in die Maschinen, um von den Nachtjägern im Blindflug über die eigenen Linien an die Einsatzziele gelotst zu werden. Die deutsche Flak, aus Geheimhaltungsgründen schlecht informiert, wurde zu ihrem gefährlichsten Feind.

»Die Jagdwaffe erhielt ihren Todesstoß«, stellt Adolf Galland fest. »Wir opferten in diesem Gewalteinsatz die letzte Substanz. Im rasenden Abwehrfeuer der angegriffenen Flugplätze und der überflogenen V-1-Sperrfelder, durch feindliche Jagd und infolge Betriebsstoffmangels hatten wir einen Totalverlust von fast 300 Jagdfliegern, darunter 59 Verbandsführern.«

Im Januar 1945 wurde der Krieg noch blutiger und sinnloser. Hitler hatte die deutschen Städte zum Tode verurteilt, und die alliierten Bomberpulks übernahmen ihre Hinrichtung. Vom Krieg bislang unberührt, hatten Würzburg und Dresden unterzugehen, und fast vernichtete Städte wie Berlin, Köln, Hannover, Stuttgart

lagen wiederum im Feuer. Von der Nordsee bis zu den Alpen heulten in jeder Stunde und an jedem Tag die Sirenen. Der Tod war allgegenwärtig.
Die Russen eroberten Frankfurt an der Oder und die Amerikaner Frankfurt am Main. Es war das Ende in Sicht, aber das Finale an der Heimatfront sollte noch einmal hunderttausende von Menschenleben kosten. Bewohner von Hamburg und München, von Essen, von Mainz und Duisburg hatten selbst so viel Leid erfahren, dass sie eine Steigerung nicht mehr für möglich hielten. Auch diese letzte Illusion wurde ihnen brutal genommen.
Am 3. Februar 1945 griffen 1000 Viermot-Bomber die Reichshauptstadt an. Die Amerikaner selbst teilten mit, dass bei diesem Angriff rund 25.000 Berliner getötet worden seien. Zehn Tage später, in der Nacht zum 13., erreichte die Inflation des Grauens den absoluten Höhepunkt: Nicht nur die Dresdner nannten ihre Stadt Elbflorenz. Obwohl die sächsische Hauptstadt jetzt von hunderttausenden von Flüchtlingen überschwemmt ist - längst wird die schlesische Hauptstadt Breslau von den Sowjets belagert -, gibt sich die Stadt relativ heiter, als sei immer noch etwas von der barocken Lebenslust aus den Tagen Augusts des Starken in ihr zurückgeblieben. Nicht nur viele Kinder sind an diesem Faschingsdienstag maskiert. Der Zirkus Sarrasani gibt eine Galavorstellung. Als sie beginnt, sind die ersten 244 ›Lancasters‹ schon im Anflug. Die zweite Welle wird mit 529 Viermots folgen. Für Bomber-Harris ist Dresden kein Rokokokleinod, sondern eine noch unzerstörte Feindstadt; leicht zu vernichten, weil die Flak zum Erdeinsatz an die Front in Schlesien abgezogen wurde.

Gegen 22 Uhr verkünden die Zirkusclowns den Luftalarm und bitten die Zuschauer, die Schutzkeller aufzusuchen. Dann knallen die ersten von 650.000 Brandbomben in das verwinkelte, historische Viertel. Tausende von Phosphoraufschlagbomben verwandeln sich in einen Feuerzyklon.

»Kurze Zeit nach dem ersten Angriff hatte sich der Feuerring geschlossen. Damit war das Todesurteil über die Bevölkerung ausgesprochen und vollzog sich in minuziöser Präzision«, schreibt in seinem Buch ›Der Tod von Dresden‹ der Augenzeuge Axel Rodenberger. In den Lazaretten der Innenstadt verbrennen die Amputierten. Im Polizeigefängnis ersticken an die 1000 Gefangene. Die aus dem Zoo ausgebrochenen Raubtiere suchen Schutz bei den Menschen, die als brennende Fackeln herumirren. Am Altmarkt stehen zwei riesige Wasserbecken. Die Verzweifelten klettern an den zwei Meter die Erde überragenden Rändern - eine Fehlkonstruktion! - hoch.

»Panik ergriff die Menschen. Wasser - nur Wasser!«, schildert der Autor. »Sie sprangen hinein. Immer mehr folgten ... Sie ertranken alle. Einer wie der andere. Wer schwimmen konnte, wurde von den Ertrinkenden fest umklammert und mit hinuntergerissen. Wer an den Rändern der Becken hochklettern wollte, kam nicht heraus. Die schrägen Betonwände, mit Algen und Moos bewachsen, gaben den krallenden Fingern keinen Halt. Die Hände rutschten ab. Zum Schluss brodelte das Wasser, als ob es kochte, als ob ein Wasserbehälter mit unzähligen Fischen gefüllt sei. Gellende Schreie. Ein Johlen. Ein Schrillen. Unvorstellbar die Laute Todgeweihter ...«

Als die zweite Welle um 1.30 Uhr angreift, steht die

ganze Stadt bereits in Flammen. Die 450 US-Bomber müssen am nächsten Mittag ihre Fracht in eine 6000 m hohe Rauchwand werfen.
»Wer in den Luftschutzkellern blieb, erstickte. Wer die Keller verließ, verbrannte in dem Flammenmeer«, schildert der französische Autor Raymond Cartier die Katastrophe: »Der Asphalt der Straßen brannte. Auf dem Altmarkt verbrannte eine Menschenmenge wie ein Wald ... Die Dresdner Feuerwehr war durch den Brand vernichtet worden und die aus den Nachbarstädten herbeieilenden Feuerwehren wurden von den ›Mustangs‹, die die ›Fliegenden Festungen‹ des dritten Angriffs begleiteten, mit Bordwaffen belegt. Der Brand dauerte vier Tage, verzehrte 20 km^2 und erfüllte das Elbtal mit verkohlten Trümmern. Die Menge der Leichen war schreckenerregend. Man sammelte 20.000 Eheringe in Eimern. Fünf große Leichenscheiterhaufen wurden auf dem Altmarkt errichtet, und man begrub die zwei Meter hohe menschliche Asche mit Schaufeln. Die Zahl der Opfer lässt sich heute unmöglich exakt feststellen, erreichte jedoch eine geschätzte Höhe von etwa 135.000; das Bombardement von Dresden war also das mörderischste des ganzen Kriegs. Hiroshima eingeschlossen.«
Es konnten auch 200.000 Menschenopfer gewesen sein. Einige Quellen sprachen sogar von 300.000. Im 2. Polizeirevier zum Beispiel waren 23.000 Dresdner gemeldet. Weniger als 1000 ließen sich nach den Angriffen registrieren. Von 1200 Häusern standen noch zwei als Ruinen. Von 1500 Bewohnern der Serrestraße überlebten zwölf.
Die Szenen des Grauens gingen weiter. An den geborstenen Wänden ließ Goebbels auf roten Plakaten ver-

künden, dass ›der glorreichste Sieg der deutschen Geschichte‹ unmittelbar bevorstünde. Aus den Kellern schafften betrunkene Wlassow-Soldaten Berge von Toten; ohne Schnaps war diese Arbeit nicht durchzustehen. Oft noch nach drei Tagen hob sich plötzlich unter einer fünffachen Leichenschicht eine Hand oder bewegte sich ein Fuß.

Ein Schweizer Staatsbürger, der Zeuge des Infernos von Dresden geworden war, schrieb in einem aus Deutschland herausgeschmuggelten Bericht, der in fast allen Zeitungen des Nachbarlandes abgedruckt wurde: »Der Anblick war so erschütternd, dass ich mich entschloss, meinen Weg nicht durch diese Leichen fortzusetzen. Aus diesem Grund kehrte ich um und ging in Richtung Großer Garten weiter. Aber hier war es noch schlimmer. Als ich durch die Anlagen ging, sah ich abgerissene Arme und Beine, verstümmelte Körper und Köpfe, die von den Rümpfen gerissen worden und davongerollt waren. Manchmal lagen die Leichen so dicht, dass ich mir einen Weg bahnen musste, um nicht auf Arme und Beine zu treten.«

In seinem Buch ›Der Untergang Dresdens‹ zitiert David Irving Berichte Überlebender, unter ihnen Feststellungen des Leiters der Vermisstenabteilung, Voigt: »Nie habe ich geglaubt, dass der Tod in so verschiedenen Formen an den Menschen herantreten kann. Nie habe ich für möglich gehalten, dass Tote in so vielen Gestalten den Gräbern übergeben werden könnten, Verbrannte, Verkohlte, Zerstückelte, Teile von ihnen als unkenntliche Masse, scheinbar friedlich schlafend, schmerzverzerrt, völlig verkrampft, gekleidet, nackt, in Lumpen gehüllt und als ein kümmerliches Häufchen Asche, darunter Reste verkohlter Knochen. Und über

allem der beizende Rauch und der unerträgliche Verwesungsgeruch.«
»Die Opfer, von denen noch immer jede Woche hunderte und tausende aus den zerbombten Straßen und Kellern der Innenstadt geborgen wurden«, berichtet David Irving, »durften nicht mehr auf den im Norden Dresdens inmitten von Kiefern- und Eukalyptuswäldern liegenden Massenfriedhof gebracht werden. Durch diese endlosen Wagenkolonnen verwesender Leichen war die Gefahr von Epidemien und der Verbreitung von Typhus zu groß. Das ganze Stadtzentrum um den Altmarkt war bereits abgesperrt worden. Polizei- und Parteibeamte wiesen die Angehörigen zurück, die mühsam durch die unpassierbaren Straßen in die Innenstadt zu gelangen suchten. Die Dresdner Parteizeitung ›Der Freiheitskampf‹ hatte über die sofortige Hinrichtung einer Gruppe deutscher Zivilisten berichtet, die beim Plündern in einem zerbombten Gebäude überrascht worden waren, und darauf hingewiesen, dass Zivilisten die Innenstadt nicht mehr ohne Genehmigung betreten durften ...
Die von zwei Pferden gezogenen, mit Leichen beladenen Wagen wurden nunmehr von dem Sicherheits- und Hilfsdienst und von Zwangsarbeitern bis an den Rand dieses abgesperrten Gebietes gefahren und dort den Fahrern und Offizieren der Wehrmacht übergeben. Diese fuhren die Wagen mitten auf den Altmarkt, wo die Wagenladungen auf das Pflaster gekippt wurden. Dutzende von Polizeibeamten unternahmen hier den letzten Versuch, die Menschen zu identifizieren; sie waren verpflichtet worden, über die sich hier abspielenden Ereignisse Stillschweigen zu bewahren. Die nicht verbogenen Träger des Kaufhauses Renner wa-

ren aus dem Ruinengebäude herausgerissen und auf provisorisch zusammengetragene Sandsteinblöcke gelegt worden. So war eine Reihe massiver Roste von acht Metern Länge entstanden. Unter diese Stahlträger und Stangen wurden Holz- und Strohbüschel gesteckt. Auf die Roste wurden die Körper von 400 bis 500 Todesopfern geschichtet, wobei zwischen jede Schicht eine Lage Stroh kam. Die Soldaten, von denen viele den ukrainischen Wlassow-Truppen angehörten, stampften auf diesen verwesenden Haufen auf und ab, legten die Leichen gerade, versuchten Platz für weitere zu schaffen und schichteten die Haufen sorgfältig auf. Viele der toten Kinder, die in diese furchtbaren Scheiterhaufen gezwängt wurden, waren noch immer in Fetzen der bunten Karnevalskostüme gekleidet, die sie zwei Wochen zuvor am Fastnachtsdienstag angezogen hatten.«

Weitere Leichen wurden mit Drahtseilen aus den Kellern gehievt. In einem Trichter fand man 387 Tote. Auf dem Heidefriedhof wurden 10.000 Menschen in einem 4 mal 10 m großen Grab beigesetzt. Ab 16. April gab es keine Erdbestattung mehr. Die Keller wurden mit Flammenwerfern ausgebrannt.

Die Bergungsarbeiten gehen bis zum Kriegsende weiter. Zuletzt werden die Keller wegen der Seuchengefahr einfach zugemauert. In diesen Tagen starten von Gardelegen und Stendal aus 183 Rammjäger des ›Sonderkommandos Elbe‹ zum letzten Selbstmordeinsatz gegen amerikanische Bomberpulks.

»Aus den Jägern waren sämtliche Waffen bis auf ein durch die Luftschraube schießendes MG 131 ausgebaut worden«, berichtet in seinem Buch ›Der Luftkrieg über Deutschland‹ Franz Kurowski. »Dadurch war das

Flugzeug, mit dem sich die Piloten aus großer Höhe direkt auf den Feindbomber stürzen sollten, leichter und steigfähiger geworden.
Am Start waren 120 solcher Flugzeuge. Sie flogen einem 20fach überlegenen Gegner entgegen. Düsenjäger der JG 7 und der I./KG (J) 54 waren außerdem gestartet, um diese Me 109 abzuschirmen und ihnen die Jäger vom Leib zu halten.
Westlich des Steinhuder Meeres kam es zur Feindberührung. Die Jäger stiegen auf 11.000 m und stürzten sich aus dieser Höhe auf die von ihnen anvisierten Bomber und rammten sie.
Es wurde ein grausiges Schauspiel, und von den 120 Me 109 G kehrten ganze 15 zum Horst zurück. Alle anderen hatten sich entweder auf ihre Ziele gestürzt und waren mit diesen explodiert, oder sie waren von den Begleitjägern abgeschossen worden. Von den Piloten des Sonderkommandos ›Elbe‹ starben an diesem Morgen 77 Mann.
Über Prag errang Major Erich Hartmann seinen 352. Luftsieg. In München-Riem führte der abgesetzte General Galland als Staffelkapitän den Jagdverband 44, den sogenannten ›Meutererverein‹, mit Düsenjägern gegen den Feind, um in einer Protestdemonstration vorzuführen, was die Me 262 letztlich hätte leisten können.
Über dem Flughafen Salzburg kreisten bereits die Amerikaner, als die dort abgestellten Düsenmaschinen in Brand gesetzt wurden.
Reichsmarschall Göring verkroch sich auf dem Obersalzberg und sandte dem im Bunker der Reichskanzlei verbliebenen Hitler eine Anfrage, ob er einverstanden sei, dass der Reichsmarschall nunmehr die Führungs-

geschäfte übernehme. »Der Herrgott schütze Sie, und ich hoffe, dass Sie doch noch aus Berlin herauskommen«, schloss der Text.
Der dahinsiechende Diktator bekam einen letzten Wutanfall, enthob Göring seines Ranges und seiner Ämter. Er ließ ihn von SS-Leuten unter Hausarrest stellen und gab zur Antwort:
»Auf Ihrer Handlungsweise steht die Todesstrafe.«
Sie wurde nicht vollstreckt. Göring suchte - mit reichlichem Gepäck - Kontakt zu den Amerikanern. Einheiten der 36. Texas-Infanterie-Division nahmen ihn gefangen und brachten ihn in einem Jeep zu ihrem Kommandeur, General Robert J. Stark. Hier, in Zell am See, spielte der Morphiumsüchtige den Reichsmarschall in alter Leutseligkeit, scherzte mit den Offizieren und Soldaten und ließ sich freiwillig vor einer großen Flagge mit dem Stern von Texas fotografieren. Dann trank er Champagner mit dem US-General.
Deutschland beklagte mindestens 593.000 Luftkriegstote, die Zerstörung von 3.370.000Wohnungen, die Vernichtung unersetzlicher historischer Bauwerke. Das Dürerhaus in Nürnberg und das Goethehaus in Frankfurt, die Münchner Residenz und der Dresdner Zwinger waren in Schutt und Asche versunken, zwei Millionen Spreng- und Brandbomben über den deutschen Städten abgeladen worden.
Die Luftwaffe hatte rund 70.000 Feindflugzeuge abgeschossen und 94.453 eigene Maschinen verloren, darunter 38.977 Jagdflugzeuge aller Art, 9827 Nachtjagd- und Zerstörermaschinen, 21.807 Kampfflugzeuge, 7825 Schlachtflugzeuge, 5926 Transportflugzeuge - aber Hermann Göring trank in Zell am See mit US-General Stark artig und launig Champagner.

Bis es der Oberkommandierende Dwight D. Eisenhower erfuhr und dafür sorgte, dass der Reichsmarschall in die spartanische Umgebung des War Crime Prison nach Nürnberg kam und bis zur Verhandlung vor dem Internationalen Tribunal eingesperrt wurde. Seiner Hinrichtung entkam Göring durch Selbstmord.
Für die Überlebenden des Zweiten Weltkriegs auf beiden Seiten aber galten die erschütternden Worte des greisen Dichters Gerhart Hauptmann, der Dresden überlebt hatte, ohne seine Vernichtung zu begreifen: »Ich bin nahezu 83 Jahre alt und stehe mit einem Vermächtnis vor Gott, das leider machtlos ist und nur aus dem Herzen kommt. Es ist die Bitte, Gott möge die Menschen mehr lieben, läutern und klären zu ihrem Heil als bisher.«
Das Gebet verstummte.
Ein paar Monate vor Hiroshima.

Außer eigenen Recherchen benutzte der Autor folgende Quellen:

Raymond Cartier: *Der Zweite Weltkrieg* - Piper
Winston S. Churchill: *Memoiren* - Europa-Verlag
Cajus Bekker: *Angriffshöhe 4000* - Gerhard Stalling Verlag
Adolf Galland - *Die Ersten und die Letzten* - Heyne
Len Deighton: *Unternehmen Adler* - Hestia
Blitzkrieg - Hestia
Fighter - Jonathan Cape, London
Hans Ring und Werner Girbig: *Jagdgeschwader 27* - Motorbuch-Verlag
Alfred Price: *Battle over the Reich* - Jan Allan, London
Wolfgang Dietrich: *Kampfgeschwader 51, Edelweiß* - Motorbuch-Verlag
Kampfgeschwader 55, Greif - Motorbuch-Verlag
David Devine: *The nine Days of Dunkirk* - White Lion Publishers
Das Dritte Reich, Die deutsche Luftwaffe von 1914 - 1941
Das Dritte Reich, Die deutsche Luftwaffe von 1941 - 1945, John-Jahr-Verlag
Peter C. Smith: *Stuka, die Geschichte der Ju 87* - J. F. Lehmanns Verlag
Alastair Revie: ... *War ein verlorener Haufen - Geschichte des Bomber Command der R.A.F., 1939 - 1945* - Motorbuch-Verlag
Alfred Price: *Luftkampf, Jagdflugzeuge im II. Weltkrieg* - Stalling
David J. Irving: *Und Deutschlands Städte starben nicht* - Schweizer Verlagshaus
Der Untergang Dresdens - Heyne
Rommel-Biographie - Heyne
Robert Jackson: *Dunkirk* - Arthur Barke Ltd.
Richard Collier: *Dünkirchen* - Heyne
Adlertag - Heyne
Der Zweite Weltkrieg in Wort und Bild - Heyne
Edward H. Sims: *Jagdflieger - die großen Gegner von einst* - Motorbuch-Verlag

Valentin Mikula: *Stuka* - Neuer Kaiser Verlag
Richard Hillary: *Der letzte Sieg* - Econ
Herbert Molloy Mason: *Die Luftwaffe* - Heyne
Rudolf Braunburg: *Der verratene Himmel* – Schneekluth
Toliver Constable: *Holt Hartmann vom Himmel* - Motorbuch-Verlag
Janusz Piekalkiewicz: *Luftkrieg 1939 -1945* - Südwest-Verlag
Liddel Hart: *Geschichte des Zweiten Weltkriegs* - Fourier-Verlag, Wiesbaden
Eric Taylor: *1000 Bomber auf Köln* - Droste-Verlag
Günter Karweina: *Geleitzug PQ 17* - Heyne
Franz Kurowski: *Der Luftkrieg über Deutschland* - Heyne
Joachim Steinhoff: *In letzter Stunde - Verschwörung der Jagdflieger* - List-Verlag
Albert Speer: *Erinnerungen* - Ullstein

Bildquellennachweis:
Bilderdienst Süddeutscher Verlag Bild 1, 5, 6, 7, 8, 10, 11, 15, 23, 31 - Bildarchiv Preußischer Kulturbesitz Bild 38
Bundesbildarchiv Bild 2 (101/343/691/14), 17 (101/454/1066/20), 18 (101/505/373/11) 32 (146/71/11/41) 49 (146/122) - Milch Archiv Bild 35 - Ullstein Bilderdienst Bild 19, 24, 28, 34 - DASA Bild 50, 51 - Franz Kurowski Bild 47 - Dornier Werke Bild 52 - Heinz J. Novarra Bild 44, 48 - Valentin Mikula Bild 12, 27, 29, 30, 40, - Heinz Schröter Bild 25, 26, 36, 37, 41 - TRH Pictures Bild 3, 13 - Chris Ailsby Bild 4, 20, 21, 33 - Imperial War Museum Bild 8, 9, 16, 22, 39, 42, 43, 45, 46